CROYANCE ET RÉALITÉ

DU MÊME AUTEUR

Des Notions de Matière et de Force dans les sciences de la nature. — Paris, Germer-Baillière, 1878.

SOUS PRESSE

Le Réalisme de Thomas Reid.

EN PRÉPARATION

La Psychologie du musicien.

CROYANCE
ET
RÉALITÉ

PAR

Lionel DAURIAC

PROFESSEUR DE PHILOSOPHIE A LA FACULTÉ DES LETTRES
DE MONTPELLIER

PARIS

ANCIENNE LIBRAIRIE GERMER-BAILLIÈRE ET Cie

FÉLIX ALCAN, ÉDITEUR

108, BOULEVARD SAINT-GERMAIN, 108

1889

MONTPELLIER. — IMPRIMERIE G. FIRMIN, 3, PLACE DE LA MAIRIE

A

Charles RENOUVIER

AVERTISSEMENT

Les essais qui composent ce volume ont paru, pour la plupart, dans la Critique philosophique *de 1883 à 1888. Les essais sur la Réalité sont presque entièrement inédits ; ils résument une suite d'idées développées à mainte reprise devant nos étudiants des Facultés des lettres de Lyon et de Montpellier (1881 et 1888). Le sujet du cours était l'exposé des principes du criticisme français contemporain, et, par suite, le commentaire des premiers chapitres du* Premier Essai de Critique générale. *— Les essais précédents, et qui ont trait au problème de la Croyance, sont les fragments d'un cours sur « la Certitude ». Les trois derniers essais sont la reproduction, à peu près complète, de trois leçons d'ouverture de cours, sur « la Métaphysique antésocratique » (Montpellier, 1882); sur « l'Objet de la Philosophie » (Montpellier, 1885); sur « la Science de la Morale » (Montpellier, 1883). Il nous a semblé que ces leçons avaient leur place marquée dans ce recueil d'études, en raison même du titre que nous lui avons choisi.*

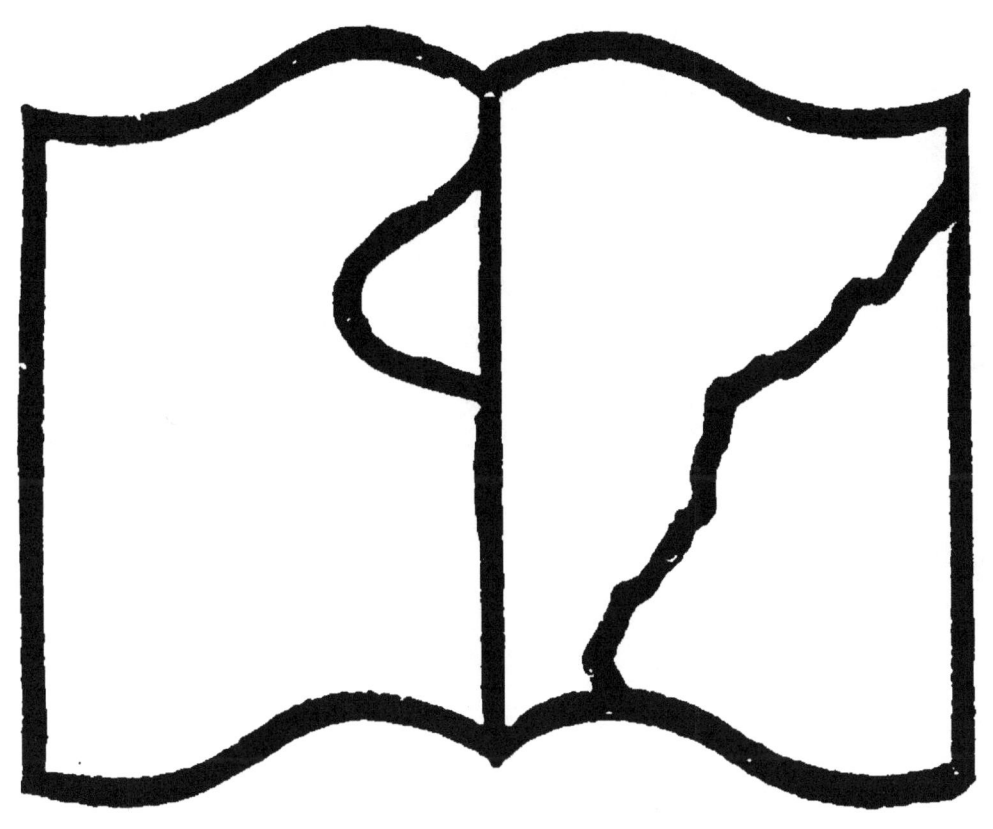

Texte détérioré — reliure défectueuse
NF Z 43-120-11

l'opinion de Kant, démenti par la science, non seulement la science n'en fait aucun usage, mais elle ne semble nullement l'impliquer. Dès lors, si Kant avait eu à traiter le même problème que l'auteur du *Fondement de l'Induction,* il s'en serait tenu sans aucun doute à la loi des causes efficientes. Or, c'est ce que M. Lachelier appelle s'arrêter à mi-chemin. Nous voici déjà à quelque distance du kantisme primitif.

En effet, si pour expliquer la tendance du savant à induire, c'est-à-dire « à passer de la connaissance des faits à celle des lois qui les régissent », on estime insuffisant le principe des causes efficientes, si l'on croit devoir faire appel à des raisons dont notre sensibilité semble, après tout, meilleur juge que notre entendement, on ne quitte pas le point de vue de Kant, mais on lui en superpose un autre. Le kantisme de M. Lachelier est, à certains égards, pénétré d'aristotélisme ; or, chez Aristote, tout se subordonne à la cause finale. Un illustre disciple d'Aristote au XIX⁰ siècle, M. Ravaisson, avait déjà proclamé, en termes persuasifs, l'impossibilité pour la science ou de ne rien devoir qu'à elle seule, ou de prétendre à l'explication définitive. L'admirable péroraison du *Rapport sur la Philosophie en France au XIX⁰ siècle* n'est pas autre chose qu'une plaidoirie en faveur d'Aristote et de sa méthode, heureuse et féconde alliance des procédés de la science et des procédés de l'art. Au jugement de M. Ravaisson, la première se tiendrait à la superficie des choses, tandis que l'art pénétrerait jusqu'à leur essence. En effet, s'il n'est de science que du général, on est bien près d'en conclure que dans la science la démonstration a le pas sur l'intuition : mais

2

c'est par l'intuition seule que l'on arrive à l'être. Pour satisfaire ses ambitions, le savant décompose le réel : l'analyse est l'instrument de la science. La synthèse, au contraire, est la méthode de l'art. « Un tout résolu en ses éléments, ceux-ci en d'autres, et ainsi de suite jusqu'à ce qu'on parvienne à des éléments indécomposables ; il peut sembler qu'on a expliqué ce tout, qu'on en a rendu complètement raison. C'est ce qui est vrai peut-être de ces choses dont les propriétés ne sont guère autres que celles de leurs éléments, c'est-à-dire des choses de l'ordre géométrique et même mécanique, où les parties expliquent entièrement le tout... Au contraire, on peut considérer dans les choses le mode d'union des matériaux, ou la forme ; on peut considérer comment elles s'assemblent, se combinent avec d'autres ; c'est le point de vue de la combinaison, ou la complication, ou la synthèse. Ce point de vue est essentiellement celui de l'art, l'art consistant surtout à composer, à construire (1). » De là à dire que l'esthétique domine la philosophie tout entière, au point de s'identifier à elle, il n'y a qu'un pas. Il nous semble qu'à la suite d'Aristote, M. Ravaisson l'a franchi.

L'opinion de M. Lachelier n'est point d'effacer les différences entre le bon et le beau ; il veut que la morale reste distincte de l'esthétique. Il veut cependant que le principe de l'induction soit double et que pour rendre compte de la certitude dont s'accompagne en nous l'affirmation du

---

(1) *La Philosophie en France*, etc., 2ᵉ édition, pages 251-252.

cours uniforme de la nature, on fasse intervenir le principe des causes finales. L'unité des phénomènes, exigée par l'axiome des causes efficientes, se marie, dans la nature, à la diversité. En effet, la perception de l'unité dans la variété, source de l'émotion esthétique, resterait sans raison assignable, si le déterminisme mécanique était la loi suprême. Mais un monde que ne gouvernerait aucune autre loi, réunirait-il l'ensemble des conditions nécessaires à l'existence proprement dite ? L'existence virtuelle, seule, lui appartiendrait ; car, là où la quantité se suffit à elle-même, on reste dans la région du possible et, avec le déterminisme mécanique, on ne peut guère espérer en sortir. Pour que le monde passe de l'existence virtuelle à l'existence concrète, il faut qu'à la quantité homogène se superpose la qualité hétérogène ; en outre, et afin qu'entre l'une et l'autre catégorie il y ait pénétration, disons mieux participation, il est indispensable que l'unité de l'univers subsiste en dépit de la variété de ses manifestations. C'est mal dire : il faut que la variété lui serve en quelque sorte d'interprète, qu'elle l'annonce et la dévoile, bien loin de la dissimuler. Pour que le monde soit vrai, il faut que le monde soit beau (1).

---

(1) Kant, dans la *Critique du Jugement*, rétablit la *finalité* dans une partie de ses anciens privilèges. Il estime que cette notion doit intervenir dans les sciences biologiques. Kant ne va pas plus loin. On voit combien M. Lachelier le dépasse, car le principe de finalité sert, à ses yeux, à l'explication du principe de causalité, ainsi que, dans la *Métaphysique* d'Aristote, la cause motrice trouve sa raison d'être dans la cause finale.

La science naît de la curiosité ; celle-ci naît à son tour de l'admiration, soit qu'on l'éprouve ou que seulement on l'espère : un monde qui laisserait l'homme indifférent ne ferait point sortir la pensée du sommeil de la puissance ; aussi bien, l'univers, pour exister, ne veut pas être réduit à la quantité pure. En effet, le mouvement, sans lequel le déterminisme resterait inconcevable, reste à son tour sans explication tant qu'il se borne à lier des phénomènes identiques. Or, la qualité supprimée, la diversité ne l'est-elle pas à l'instant même, ou, du moins, la distinction des choses ne consiste-t-elle pas uniquement dans des rapports de succession et de coexistence ? Mais si ces rapports se réduisent à eux-mêmes, s'il n'y a plus rien à chercher au delà, ce n'est plus seulement la sensibilité qui souffre, c'est aussi la pensée, qui ne comprend plus son office, car l'explication qu'elle réclame lui échappe absolument. En effet, tout mouvement est changement et tout changement est passage d'un état à un autre. On se demande alors ce qu'il faut penser de ce perpétuel chassé-croisé, dans le monde, d'éléments similaires ; pourquoi ne gardent-ils pas les uns vis-à-vis des autres la place qui, à l'origine, leur avait été assignée ? Le monde est bien près de nous apparaître absurde, et c'est pourquoi, sans doute, M. Lachelier a pu dire : « L'explication mécanique d'un phénomène donné ne peut jamais être achevée, et une existence exclusivement fondée sur la nécessité serait pour la pensée un problème insoluble et contradictoire (1). »

---

(1) *Du Fondement de l'Induction*, p. 93.

S'exprimer en ces termes, c'est affirmer implicitement la pluralité des catégories, c'est encore donner raison à ceux qui, sans admettre la génération des catégories les unes par les autres, ce qui équivaudrait à les abolir, établissent entre elles un ordre hiérarchique. La quantité n'exige pas la qualité, ou du moins, si elle l'exige, ce n'est pas au point de vue de l'efficience : c'est au point de vue de la fin. La quantité existe pour la qualité.

Si la quantité est extensive, si, pour y introduire la pluralité, il faut la répéter, la juxtaposer dans l'espace, il en va autrement dans l'ordre de la qualité. Une sensation lumineuse peut croître sans s'étendre : de sa nature la qualité est intensive, aussi sa perception s'accompagne-t-elle en nous d'émotion. Le monde de l'art va naître et le monde de la science trouver sa raison d'être, car il faut à la causalité efficiente une cause, et l'on ne saurait la chercher ailleurs que dans la finalité.

Subordonner les causes efficientes aux causes finales, c'est faire dépendre la nécessité brute d'une « nécessité de convenance et de choix, la seule qui rende raison de tout, puisque le bien seul est à lui-même sa raison. » Aurions-nous tort de voir, dans la thèse sur le *Fondement de l'Induction*, un essai de synthèse du kantisme et du péripatétisme, ou, ce qui revient à peu près au même, une tentative de rapprochement partiel entre la première et la dernière des trois *Critiques* ? Et si notre interprétation est acceptée, cette opinion sera bien près de l'être : à savoir que la même inspiration qui dictait à M. Ravaisson les dernières pages du *Rapport*, dictait à M. Lachelier la conclusion de sa thèse.

V

On ne doit pas oublier, cependant, l'aveu par lequel M. Lachelier termine, et qu'il est bon de transcrire pour en faire comprendre la portée : « L'empire des causes finales en pénétrant, sans le détruire, dans celui des causes efficientes, substitue partout la force à l'inertie, la vie à la mort et la liberté à la fatalité. L'idéalisme matérialiste, auquel nous nous étions un instant arrêtés, ne représente que la moitié, ou plutôt que la surface des choses ; la véritable philosophie de la nature est, au contraire, un réalisme spiritualiste, aux yeux duquel tout être est une force, et toute force une pensée qui tend à une conscience de plus en plus complète d'elle-même. Cette seconde philosophie est, comme la première, indépendante de toute religion ; mais, en subordonnant le mécanisme à la finalité, elle nous prépare à subordonner la finalité elle-même à un principe supérieur, et à franchir, par un acte de foi moral, les bornes de la pensée en même temps que celles de la nature. »

Supposons ces bornes franchies. Il n'est plus qu'un principe capable de dominer la finalité : celui de la volonté absolument bonne. Il peut la dominer sans la détruire. Mais le peut-il, sans détruire la causalité mécanique ? Le royaume des causes finales peut soumettre celui du déterminisme des causes efficientes sans exiger sa disparition. Sans disparaître à son tour, il lui est possible de se subordonner à la morale. La question est de savoir si la suzeraineté de la morale est compatible avec le déterminisme.

On sait la solution de Kant ; on sait aussi qu'y renoncer, c'est, ou supprimer le monde de la morale, ou supprimer le monde de la science. Ni M. Lachelier ni M. Ravaisson ne s'y résigneraient sans aucun doute. Il est permis de penser, néanmoins, que s'ils avaient admis l'impérieuse nécessité de choisir entre l'un et l'autre monde, c'est en faveur du monde de la morale qu'ils se seraient décidés. Leur respect de la science n'est rien moins qu'un respect superstitieux, et le jour où la conviction se ferait en eux que le déterminisme universel est moins un principe constitutif qu'un principe régulateur ou, si l'on autorise cette expression, un postulat de méthode, peut-être ils laisseraient la liberté descendre de ce monde intelligible où Kant, en désespoir de cause, avait cru lui trouver un refuge. D'ailleurs, il faut bien convenir qu'en subordonnant le point de vue de la science au point de vue de l'art, on inflige à la nécessité mécanique un sérieux échec, puisqu'on la soumet à une autre, de laquelle on ne sait vraiment plus le nom véritable. De quel nom faut-il l'appeler, nécessité ou contingence ? L'hésitation est permise ; mais, une fois les bornes du monde moral franchies, l'hésitation ne durera guère, la contingence sera victorieuse.

Prolongez la thèse sur le *Fondement de l'Induction* jusqu'au moment où l'auteur a franchi le seuil de la moralité. Supposez-lui (ce qui n'est point le cas de M. Lachelier, notre hypothèse est *uchronique*) des scrupules à l'égard du monde intelligible et de la liberté intemporelle ; qu'adviendra-t-il du déterminisme mécanique, auquel il ne reste plus guère qu'à donner le coup de grâce ? La réponse n'est pas douteuse.

On trouvera, de cette réponse, un admirable développement dans l'œuvre d'un jeune maître, élève de M. Lachelier. La thèse de M. Boutroux (1) est un plaidoyer contre le déterminisme universel et l'on y soutient que les lois de la nature sont contingentes ; mais pour démontrer, non pas la contingence de l'univers en général, mais celle des différentes formes apparues aux différentes époques de son histoire. On donne souvent le nom « d'histoire de la création » à des livres où il s'agit de démontrer que l'évolutionisme est le dernier mot de la grande énigme ; dans ces livres, création est synonyme de métamorphose. Or le second de ces mots est, à proprement parler, la négation du premier. Créer, c'est introduire l'être dans un milieu où il ne serait pas spontanément éclos ; créer, c'est déterminer l'apparition de la qualité à la surface de la quantité qui ne la contenait point ; créer, c'est produire la vie au sein de la mort, l'organique au sein de l'inorganique ; créer, c'est semer dans l'inconscient les germes de ce qui sera plus tard la conscience. Lorsque le Dieu de la Genèse fit les animaux, il avait d'abord créé la terre, et si la terre d'elle-même avait pu produire les animaux, la création se serait terminée dès le troisième jour ; création est donc exactement le contraire d'évolution.

Contingence, d'autre part, n'est-ce pas exactement le

---

(1) *De la Contingence des lois de la Nature.* Paris, G. Baillière, 1874.

contraire de nécessité ? Si l'on admet que le monde, en soi, dans sa totalité, n'est point nécessaire, pourquoi vouloir qu'après l'acte de la toute-puissance auquel il doit l'être, tout en lui se développe nécessairement ? Pourquoi réduire au minimum la part de la contingence ? On y serait vraisemblablement autorisé, dans le cas où l'idée de contingence appellerait celle d'imperfection. Du point de vue de la science il semble qu'il en doive être ainsi ; du point de vue de l'art, c'est le contraire. Admettez avec MM. Lachelier et Ravaisson que le second de ces points de vue, loin d'être subordonné à l'autre, le domine, et que le beau est la dernière raison du vrai, vous aboutirez précisément à cette philosophie de la contingence dont M. Boutroux nous offrait, il y a bientôt quinze ans, l'esquisse magistrale (1).

Notre dessein n'est pas de résumer une philosophie dont le succès, chez nous, aurait été, vraisemblablement, plus complet et plus décisif, si l'auteur, cédant à des scrupules d'excessive modestie, n'avait point cru devoir s'en tenir à un simple projet de système. Sans doute, le moment n'eût pas été bien choisi d'éveiller l'attention « du public » sur une œuvre aussi décidément hostile à l'es-

---

(1) Nous souhaiterions, sans oser trop l'espérer, que l'écart entre ces vues sur les doctrines de nos maîtres et ces doctrines mêmes ne fût point considérable; il se pourrait que mainte nuance nous en eût échappé ; c'est assez ordinairement ce qui arrive aux disciples. Et puis, est-il bien sûr qu'il n'en soit pas du philosophe comme du poète, « dont les meilleurs vers sont ceux qu'il n'a jamais faits », et que ses pensées les plus intimes ne soient pas toujours restées inédites?

prit de « la science contemporaine. » En un temps comme le nôtre, où M. Berthelot étonnerait sans doute ses admirateurs s'il leur disait, comme à son ami Renan, qu'il n'a point cessé de croire au libre arbitre, il n'est pas sans danger, pour la bonne réputation d'une philosophie, de prendre vis-à-vis du déterminisme l'attitude de M. Boutroux ; on risquerait de ne convaincre personne, à commencer par les philosophes. La philosophie de M. Boutroux n'est décidément pas de ce siècle.

Croire à la diversité irréductible des formes organiques et inorganiques, creuser entre les différents genres des intervalles tels que l'insertion hypothétique de moyens termes ne réussirait pas à les combler, n'est-ce pas contester à la science et à Leibnitz, entre autres, que la nature ne fait point de sauts ? Admettre que la variété qualitative ne peut être réduite, sans être aussitôt supprimée, n'est-ce pas donner de cette grande loi métaphysique du continu, une interprétation qui va jusqu'à la contredire ? Car, si la nature ne fait pas de bonds, en ce sens qu'elle ne laisse pas, entre les êtres, d'intervalles longs à franchir, elle procède bien par sauts, puisqu'en ce monde les choses changent, et que ce changement ne consiste pas en de simples déplacements dans l'espace. Reconnaître la réalité de la qualité, ou, si l'on veut, car l'un revient presque à l'autre, le droit, pour la qualité, de ne plus se subordonner à la quantité, c'est affirmer la réalité du changement, autrement dit de l'hétérogène. Or, selon M. Boutroux, hétérogène et continu se repoussent. Que serait, d'ailleurs, le continu s'il n'était la multiplication de l'homogène ? En effet, multiplier, c'est ajouter le même au même, et la diversité, quand elle ne

franchit pas l'enceinte de la catégorie de nombre, mérite
à peine son nom.

Dans la *Contingence des lois de la Nature*, le mot
catégorie n'est point prononcé. Il serait pourtant facile
d'esquisser un tableau des lois fondamentales et irréductibles de l'être, à ne considérer seulement que les grandes
divisions du livre. Comme ses maîtres, MM. Lachelier
et Ravaisson, l'influence des doctrines d'Aristote et de
Kant tient M. Boutroux en garde contre la tentation de
faire dériver non-seulement l'inférieur du supérieur,
mais encore l'*autre* du *même*. Il lui paraît que si l'inférieur est la condition nécessaire du supérieur, on se
tromperait à l'ériger en condition suffisante. Dès lors, ce
qu'il faut ajouter aux conditions nécessaires, dans l'inférieur, pour amener infailliblement le supérieur à l'acte,
reste absolument indéterminé. En conséquence, deux
hypothèses se disputent notre choix, sans qu'il nous soit
possible de décider laquelle des deux est la plus vraisemblable. Autre est le point de vue de la science, autre est
celui de l'art ; en se plaçant au premier, il faut admettre,
sans être capable de dire pourquoi, que les conditions
nécessaires pour promouvoir le supérieur de l'état de simple possible à l'état de réel sont enveloppées dans l'inférieur, encore qu'elles ne soient point toutes apparentes :
en d'autres termes, on affirme sans preuves le conditionnement nécessaire, l'emboîtement nécessaire de ce qui
sera dans ce qui est. Une telle affirmation passe, sans
contredit, la science positive. C'est pourtant l'esprit de
la science qui nous l'impose. En revanche, on s'en délivre, quand on se place au point de vue de l'art, qui est
celui de la contingence et, si l'on ose tout dire, de la

génération spontanée. Comme celle de ses maîtres, c'est donc dans la direction de l'art qu'est orientée la doctrine de M. Boutroux. Elle n'en est point, tant s'en faut, une simple paraphrase : elle en serait plutôt, à certains égards, presque le contrepied, si l'on se bornait à une comparaison superficielle. Que M. Boutroux ait coupé le câble qui retenait encore MM. Lachelier et Ravaisson dans les eaux du déterminisme universel, il y aurait mauvaise grâce à le mettre en doute. Mais que ce câble fût mince, et que M. Boutroux l'ait rompu précisément à l'endroit où la rupture semblait imminente, M. Boutroux lui-même nous reprocherait de ne le point reconnaître. Si l'on met en regard la thèse du déterminisme universel et celle du libre arbitre, on voit tout de suite que la première contredit la seconde, et cette contradiction les empêche d'être vraies simultanément ; il faut opter entre l'une des deux. Laquelle va-t-on choisir ? — Celle qu'on jugera vraie. — Sans doute, mais est-il défendu de penser que le jugement par lequel on exprimera son vote dépendra de l'angle sous lequel on aura examiné successivement les termes de l'antinomie ? Spinosa, par exemple, méconnait la finalité : l'idée de réalité se confond à ses yeux avec celle de nécessité mathématique. Leibnitz, mis en demeure de se prononcer entre la nécessité et la liberté, se décide pour la première. On ne peut cependant confondre les deux attitudes. Spinosa avait choisi le déterminisme, et ce choix lui avait été imposé par ses principes ; Leibnitz devait voter dans le même sens, mais ses principes, j'entends tous ses principes, ne lui en faisaient pas une obligation ; il croyait aux causes finales. Or cette croyance ne sert-elle pas, en quelque sorte, de pont

pour passer d'une rive à l'autre, du déterminisme universel à l'indéterminisme partiel ? MM. Ravaisson et
Lachelier avaient mis le pied sur le pont et s'étaient avan-
cés assez près de l'autre rive, et ils avaient conduit
M. Boutroux à l'endroit où il ne restait, pour y atteindre, qu'un pas à faire. De là vient que la doctrine d'où
est sortie la thèse sur la *Contingence des lois de la nature*
peut revendiquer, au nombre de ses causes efficientes,
celles qui ont fait éclore à peu d'années de distance le
Rapport sur la philosophie, etc., et la thèse sur le *Fondement de l'Induction*.

VI

Ici s'arrête l'histoire intérieure de la philosophie de
M. Lachelier, ou du moins ce que nous croyons en connaître. Le court récit qui va être essayé de « l'histoire extérieure » permettra de saisir, presque du premier regard,
entre l'une et l'autre, de frappantes analogies (1).

Ou bien nous avons fait sur la doctrine de M. Boutroux
une longue suite de contre-sens, et des plus graves, le
nom qu'il donne à sa philosophie est une amorce à l'usage

---

(1) Le lecteur comprendra, par la suite, le sens des mots
« intérieure » et « extérieure ». L'accession à une doctrine comporte deux méthodes différentes. Dans l'une, la réflexion personnelle joue le rôle unique, on ne sort pas de son propre
esprit ; dans l'autre, la réflexion tire sa matière de l'extérieur,
des livres contemporains, articles de revues, etc...

des crédules et ne répond point à sa vraie pensée, ou cette philosophie, considérée dans ses grandes lignes, ne diffère point sensiblement de celle des *Essais de Critique générale*. M. Boutroux ne les avait pas étudiés avant d'écrire son livre : les amendements considérables qu'il apportait à la doctrine de ses maîtres résultaient presque exclusivement du travail intérieur de sa pensée. Il prolongeait en quelque sorte les théories qu'il tenait de leur enseignement et, s'avançant plus loin qu'eux, dans la même direction, il atteignait insensiblement les frontières du nouveau criticisme et les franchissait sans lutte, sans crise apparente.

Ce qu'une évolution avait amené dans l'esprit de M. Boutroux, une révolution devait le produire dans le nôtre, et il serait invraisemblable de supposer qu'il n'en fût ainsi que chez nous. Nos souvenirs ne peuvent nous tromper, car ils remontent à douze ans à peine : or voici ce qui arriva. Il arriva que plusieurs normaliens, dispersés aux quatre points cardinaux de la France, séparés les uns des autres, pendant cinq ou six ans, s'écrivant peu ou point, se firent part, presque en même temps, des sympathies que leur inspirait le nouveau criticisme et de leur adhésion récente ou imminente à cette philosophie. Qui avait préparé cette adhésion ? M. Renouvier, dont on goûtait les travaux exotériques et dont les œuvres ésotériques cessaient de paraître indéchiffrables ; M. Pillon, dont la fidélité à la morale de Kant n'était pas pour déplaire et qui en appliquait fort heureusement les principes à l'examen des grandes questions contemporaines ; M. Boutroux, dont la doctrine — nous en avons jugé ainsi tout d'abord — formait avec celle de MM. Ravaisson et Lachelier un saisissant contraste ; enfin il est permis de penser que notre passage dans l'enseignement secondaire et les expériences que nous y avions faites, eurent leur part d'influence sur cette « révolution ».

On connaît le programme de l'enseignement philosophique dans les lycées. Il suffit d'y jeter les yeux, pour se rendre compte de la difficulté presque invincible qui empêcherait un professeur décidément hostile au spiritualisme de donner un enseignement efficace. Il va sans dire, n'est-ce pas, que si « Dieu » figure sur les programmes, encore que ce nom seul y soit inscrit, ce n'est point dans l'espérance que le professeur argumentera en faveur de l'athéisme, tout au contraire ; et s'il faut, dans les collèges, consacrer une ou plusieurs leçons au problème de l'obligation morale, c'est que le professeur est supposé devoir reconnaître cette obligation. Vers la fin de l'Empire, aux élections législatives de 1869, le candidat officiel avait à lutter contre le candidat de l'opposition et contre celui qui s'intitulait ou se laissait intituler « candidat agréable » : s'il l'emportait, le gouvernement feignait d'être battu, mais on applaudissait dans ses conseils, car on avait secrètement favorisé la candiature. Peut-être en est-il ainsi du vieux spiritualisme ; 'l n'est plus la philosophie officielle, il n'a point cessé 'être la philosophie agréable. Et il y a beaucoup de aisons pour cela, et les raisons ne sont pas toutes mauaises.

Entre le spiritualisme officiel d'autrefois et le kantisme el que nous étions prêts à le professer, non d'après Kant, ais d'après l'un de ses plus profonds interprètes, la disance semblait infranchissable, et les inspecteurs généraux

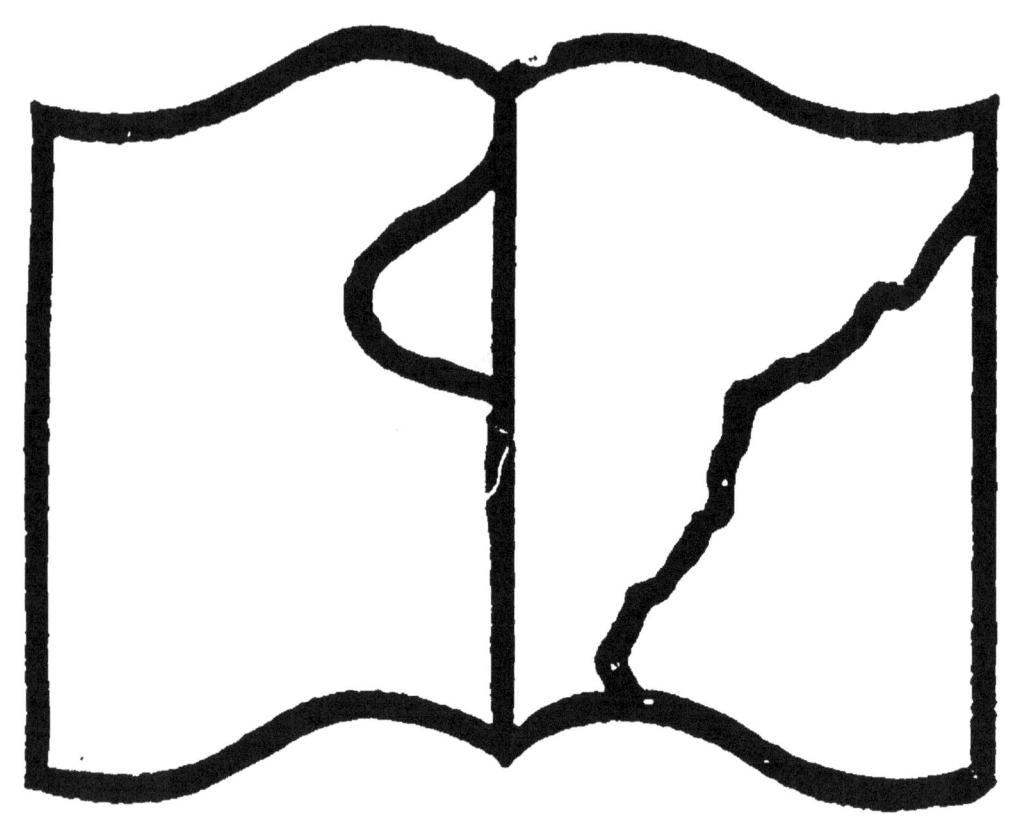

manifestaient devant nous l'espérance — très douteuse — que jamais nos leçons de lycées ne porteraient la marque de l'enseignement reçu à l'École Normale. Nous promettions, mais rien que pour la forme, et les inspecteurs ne s'y trompaient pas. Toutefois, il nous fallait tenir compte des nécessités d'un enseignement élémentaire, où, si l'on peut ne rien affirmer qu'on n'estime être vrai, on ne peut davantage affirmer tout ce qu'on sait être vrai. Allez dire à des rhétoriciens de la veille que l'homme est libre et que le déterminisme est universel ; s'ils ne comprennent pas et que vous vous fâchiez, de quel droit irez-vous leur dire, quelques semaines plus tard : « Étant données deux propositions contradictoires, si l'une est vraie, l'autre est fausse » ? On nous objectera la solution de Kant. Elle était aussi la nôtre ; nous l'exposions, mais personne ne la jugeait satisfaisante.

A force d'enseigner ce que nos élèves comprenaient avec peine, ce fut notre tour de ne pas comprendre. Nous nous avouâmes que si l'homme est libre, c'est dans ce monde-ci qu'il doit l'être et nullement dans un monde problématique. Il fallut aller plus loin et appliquer dans toute sa rigueur le principe de contradiction ; il fallut nier que le déterminisme fût universel ; or nos maîtres avaient-ils enseigné le contraire. D'autre part, revenir à la vieille thèse du libre arbitre, n'était-ce point donner gain de cause aux partisans du spiritualisme classique ?

Les dispositions d'esprit de nos camarades furent-elles, sensiblement, différentes des nôtres ? Nous ne le pensons pas. L'impossibilité de tenir pour la théorie kantienne du libre arbitre dut les préoccuper. Quand la preuve nous fut faite, que l'esprit de la philosophie de

INTRODUCTION

Qu'on se figure un auteur sur le point d'aborder les questions fondamentales de la philosophie, écrivant, en guise de préface, une sorte de confession générale publique, où il initie le lecteur au développement de sa pensée ; là, il lui fait part de ses doutes et de ses hésitations antérieurs, des qualités et des défauts qu'il tient de ses ancêtres, des habitudes d'esprit que les prédispositions héréditaires, d'un côté, et, de l'autre, les circonstances, lui ont fait prendre, des préférences spéculatives qu'elles ont fait naître, du rapprochement qu'elles ont amené entre ses propres opinions et celles de tel ou tel penseur illustre, etc. ; quelle sera, devant cet examen de conscience rétrospectif, l'attitude du lecteur ? Notons que cette préface est celle d'un livre de philosophie, et qu'un livre de philosophie perd toute valeur s'il n'est inspiré par la passion désintéressée du vrai. Or, avouer que ses opinions ont gardé quelque chose de ses goûts plus ou moins instinctifs, de ses préférences généralement involontaires, n'est-ce pas confesser qu'on s'est laissé distraire du tourment de la vérité, l'une des choses dont on a pu dire qu'elles font honneur à l'homme, le seul bien qui, selon Spinoza, remplit l'âme après qu'elle a rejeté tout le reste ? Ainsi, une telle confession, en dépit, je devrais peut-être dire en raison de son ingénuité, n'est point faite pour assurer à notre philosophe l'attention ou l'intérêt du lecteur. On cherche, dans un livre de philosophie, non ce que l'auteur pense, mais ce qu'il convient de penser soi-même. Et comment trouver cela que l'on cherche dans un livre écrit sous l'influence de préjugés, d'opinions préconçues ? L'impartialité, cette vertu de l'historien, n'est pas moins essentielle au philosophe, et c'est n'être pas impartial, ou avouer qu'on désespère de l'être, que de laisser, dans la formation d'une doctrine de philosophie, la moindre part, si petite soit-elle, aux influences de la race, de la famille, de l'éducation, du milieu.

Par malheur, nous croyons qu'une telle impartialité est impossible et que nous sommes tous, même ceux de nous qui font le plus d'effort pour penser librement, inclinés, par le fait même de notre nature ou de nos habitudes, vers telle ou telle forme de croyance, et nous considérons que la philosophie n'est rien si elle n'est un ensemble de croyances coordonnées et motivées. Dans ces conditions, le devoir du philosophe est de pénétrer aussi avant qu'il le peut dans les motifs de ses croyances, dans les causes intimes ou extérieures qui les ont fait naître. Avons-nous besoin d'ajouter que c'est aussi un devoir de les faire connaître à ceux qui veulent vous lire ? A le bien prendre, dire pourquoi l'on croit ou l'on ne croit plus, c'est donner aux autres des raisons de croire ou de ne point croire, et c'est ne parler point tant de soi-même que des idées dont la défense vous touche.

Est-ce à dire que toute préface d'une œuvre philosophique se composera de *souvenirs d'enfance et de jeunesse* ? Pas nécessairement : de tels récits intéressent quand le pinceau d'un grand artiste les illustre, quand au don de présenter exactement le vrai se joint l'art de l'embellir sans l'altérer. La sobriété ôte parfois au charme du récit : encore faut-il être assuré de ce charme pour se dispenser d'être sobre, et c'est une assurance déconseillée par la modestie. Il vaut mieux, il est plus directement instructif, quand il s'agit d'idées à faire connaître, de s'en tenir à l'histoire de ces idées. Le but est d'instruire le lecteur du comment et, si l'on peut, du pourquoi de ses convictions : tout ce qui ne mène pas à ce but veut être soigneusement écarté. L'intérêt procuré par ces indications n'est d'ailleurs pas toujours en raison directe du développement qu'on leur accorde et le motif que l'on tire de leur nécessité n'en est pas un de laisser des renseignements utiles dégénérer en confidences inopportunes.

La réflexion qu'on s'est permis de faire ne laisserait pas d'embarrasser singulièrement celui qui l'a faite, si, pressé de tenir ses engagements, il n'avait à raconter que lui-même. Fort heureusement, lorsque cette histoire se confond avec celle d'un groupe de camarades et d'amis, on se sent presque à l'aise : et l'aisance se tourne en une satisfaction des plus vives, quand c'est le moment de parler de ses maîtres et de l'ineffaçable souvenir que l'élève a gardé de leur enseignement.

I

Si les choses se passent aujourd'hui, dans l'enseignement secondaire, comme elles se passaient il y a un peu plus de vingt ans, le professeur de philosophie n'a pas à craindre de surprendre ses élèves (les bons, bien entendu) par la nouveauté des sujets qu'il va leur exposer. Dès la rhétorique, on sait de quoi il sera question en philosophie, et même combien de solutions principales comportent les principales questions. On ne lit plus aujourd'hui les éclectiques que nous lisions alors : ce serait peine perdue, n'est-ce pas ? il faudrait en moins d'un trimestre apprendre et désapprendre. On les lisait dès la rhétorique, et l'on y apprenait, en ce temps-là : même, s'il faut tout avouer, on ne savait pas toujours extraire de ces livres superficiellement pensés les quelques réflexions profondes qui s'y égarent. Certes, dans les écrits de Victor Cousin une quantité de vraie philosophie se trouve contenue, dont le poids, pour si léger qu'il semble, eût, peut-être, un peu trop lourdement pesé sur nos épaules.

Par un concours heureux de circonstances, au moment où nous suivions, dans les livres de Cousin, et dans ceux qu'il inspirait à son état-major, les vicissitudes de la doctrine éclectique, nous entendions, les jours de sortie, parler d'Auguste Comte, dont plusieurs de nos camarades savaient à peine le nom. Quelques-uns avaient lu, dans les *Études morales sur le temps présent*, un article d'une sévérité injuste, très mal informé, très amusant d'ailleurs et par les citations et par les commentaires, où M. Caro, jeune encore, et par là même inhabile à pratiquer la tolérance, raillait impitoyablement, dans le chef du positivisme, le fondateur d'une religion sans miracles, sans Dieu, mais non sans fétiches. M. Caro nous avait introduit de plain-pied dans l'Église positiviste, comme il y était entré lui-même, très disposé à saisir les ridicules de ces rites étranges et à divertir après s'être diverti. Il ne s'était pos . demandé si la doctrine positiviste avait un catéchisme ; encore moins avait-il ouvert, ne fût-ce que pour en examiner le programme, les six volumes du *Cours de philosophie positive*. On nous parlait, à nous, sur un autre ton, de ce philosophe, de ses livres, de sa méthode, et nous parvenions à comprendre ce qu'il pouvait y avoir, dans l'œuvre de ce maître, de fécond et de durable. M. Pierre Laffitte, celui qu'Auguste Comte mourant avait désigné pour être son successeur immédiat et à qui il avait légué la direction de la propagande, excellait à le faire revivre dans ses conversations ; il nous vantait sa grandeur et sa bonté d'âme, son courage à supporter la mauvaise fortune — et l'on sait assez si ce courage lui fut nécessaire — son esprit, car il en avait, paraît-il, et beaucoup, et presque du meilleur... quand il n'écrivait pas. Qui n'a pas entendu M. Pierre Laffitte causer sur Auguste Comte n'aura jamais qu'une idée fort inexacte de ce qu'était, dans ses relations de chaque jour, le chef du positivisme orthodoxe et de l'art avec lequel il excellait à s'attacher un esprit.

Lire à bâtons rompus les livres de Cousin, feuilleter ses disciples, d'une part ; de l'autre, entendre souvent et très bien parler d'Auguste Comte par celui qu'il avait jugé digne d'aller et de prêcher en son nom... n'était-ce pas suffisant pour nous entraîner vers le positivisme ? Ce penchant dura pendant l'année de philosophie où nous reçûmes, au lycée Louis-le-Grand, l'enseignement de M. Charles. L'occasion de parler de notre premier maître s'est déjà présentée (1) : nous avons déjà dit combien ses leçons étaient attrayantes, faciles à écouter, aisées à résumer et à comprendre, et avec quelle droiture de conscience et quelle pénétration d'analyse il nous faisait mettre le doigt sur les points douteux ; il y insistait pour nous mettre en garde contre les solutions trop promptes et trop faciles et, tout en répétant la parole célèbre de Royer-Collard : « On ne fait point sa part au scepticisme », et en prenant soin de ne pas laisser le doute s'installer en maître dans nos esprits, il nous disposait à comprendre qu'on peut douter autrement que par plaisir ou par paresse. Aussi le positivisme continuait-il de nous apparaître sous des dehors engageants : avec lui, du moins, on s'épargnait les méditations en pure perte, puisqu'on fermait une bonne fois la porte à l'incertain.

L'enseignement reçu par nous à l'École Normale n'empêcha point non plus la tentation de se prolonger : elle dura, mais il lui fallut compter avec les lois de l'habitude négative ; elle devint inconsciente à force de durer. Le moment allait bientôt venir de reconnaître que le souvenir seul en était resté intact.

Nous avions été troublé, profondément troublé dans notre quiétude, par l'enseignement d'un maître dont

---

(1) Voir dans la *Critique philosophique*, nouvelle série, première année, t. Ier, notre article sur la *Philosophie au Collège*.

l'œuvre est considérable, bien qu'il n'en ait paru qu'une faible partie. Les leçons de M. Lachelier sont restées inédites ; imprimées, elles formeraient plusieurs volumes et où l'on trouverait ce qu'on a vainement cherché jusqu'à aujourd'hui, un cours complet de philosophie enseigné dans une chaire d'enseignement supérieur. L'entreprise devant laquelle ont reculé les chefs de l'éclectisme a été menée à bonne fin par un philosophe étranger à cette école, l'un des chefs incontestés du mouvement philosophique contemporain. Il n'y a pas, en effet, que les livres auxquels le nom d'*œuvre* convienne : les leçons aussi sont des œuvres, et ce qui l'est au même degré, c'est la direction intellectuelle d'un groupe d'élèves dont on réussit à inspirer les travaux, sans jamais rien entreprendre contre leur indépendance.

II

On a pu dire des cours des Facultés qu'ils réussissaient d'autant plus sûrement qu'ils se rapprochaient de la prédication laïque. L'évènement l'a prouvé plus d'une fois : celui qui, pendant vingt-cinq ans, occupa la chaire de philosophie de la Sorbonne était incontestablement un prédicateur laïque, avec toutes les qualités que le genre comporte, et aussi, comme bien l'on pense, avec quelques-uns des défauts de ses qualités. Certes, le goût de la vérité, M. Caro l'avait autant que personne. Est-il sûr qu'il ne l'aima jamais en égoïste, et pour les succès oratoires qu'il s'assurait en la propageant ?

Successeur de M. Caro à l'École Normale, M. Lachelier trouva près de cet auditoire, très peu nombreux mais très choisi, l'occasion de se révéler, dès les premières conférences, un très grand maître, et cela dans toute la forte acception du terme. Mais nul moins que lui ne visa la prédication laïque. Pour se faire une idée de cet enseignement si profondément personnel à tous les points de vue, celui de la pensée, celui de l'expression, on lira la thèse sur le *Fondement de l'Induction* et l'on notera soigneusement les qualités très littéraires et très philosophiques de cette langue que personne n'avait écrite avant M. Lachelier, que beaucoup après lui se sont, plus ou moins vainement, efforcés d'écrire. La phrase se meut, comme la pensée, d'un rythme uniforme ; point de digressions, presque point de haltes. Et cependant, à plusieurs reprises, le lecteur se surprend avoir marché trop vite : il n'a entendu que les sons fondamentaux, il souhaite de les réentendre et d'écouter à loisir la succession longuement prolongée des sons harmoniques. De là vient que nous aimons à relire ces cent pages, comme on lit un bréviaire, je veux dire : aussi souvent ; car, pour pénétrer dans le détail de ces pensées dont on dirait que chacune, semblable à la monade de Leibnitz, enveloppe un infini de pensées élémentaires — y reviendrait-on pour la vingtième fois — il faut s'attendre à voir surgir des énoncés nouveaux, s'éveiller des doutes imprévus, et aussi, comme il arrive, dans les jours d'exception, se dénouer des difficultés d'apparence invincible.

La thèse sur le *Fondement de l'Induction* n'est qu'un épisode de l'histoire d'un système, histoire restée inédite, mais qui s'est développée devant huit promotions de l'École Normale, depuis 1864 jusqu'en 1875. Ce système, aux parties fortement liées, portait la marque d'un attachement profond aux doctrines de Kant, d'une longue méditation sur ces doctrines, d'un effort des plus singulièrement heureux, non pour « continuer » le maître, ainsi que l'avaient tenté Fichte et Schelling, mais pour exécuter ce dont le génie allemand s'est toujours montré ou insoucieux ou incapable, un travail de révision par le menu, consistant à reprendre en sous-main l'œuvre de Kant, à la repenser en détail, à détacher successivement chacun des morceaux de la construction pour en achever le travail, s'il a été taillé trop vite, et à les ranger dans un ordre nouveau. Que de fois, s'il avait fallu prendre au pied de la lettre les paroles de M. Lachelier, n'aurions-nous pas fait à Kant tout d'abord, à Leibnitz parfois aussi, l'honneur de cette harmonieuse reconstruction ! Heureusement on ne le croyait qu'à demi, et quand il abritait derrière les noms de Kant, de Leibnitz, telle ou telle théorie à laquelle l'un et l'autre seraient surpris d'avoir inconsciemment contribué, notre embarras était grand de savoir ce qui méritait d'être admiré le plus chez notre maître, ou de son talent, dont l'éloge recommençait après chaque leçon, ou de son caractère, exempt de tout ce qui, de près ou de loin, touchait à l'ambition personnelle. Doué comme le sont les chefs d'école, il ne semblait avoir d'autre ambition que d'entretenir en nous le culte des grands maîtres et de nous donner, en prêchant d'exemple, une perpétuelle leçon de piété philosophique.

Avoir de bons élèves lui importait plus qu'avoir de fidèles disciples. Il nous exhortait à l'indépendance, au risque de susciter des objections à ses propres théories. Ces objections, il se plaisait ou à en exagérer la force quand on les lui présentait convenables, ou, quand il les jugeait trop fragiles, à en modifier les formules, afin de les rendre dignes de la controverse. Au premier abord, ses scrupules de sincérité à l'égard de l'adversaire surprenaient et faisaient craindre pour l'issue de la discussion. Plus tard ils faisaient sourire, tant on savait que toute partie engagée contre un tel joueur était une partie compromise. Si l'on osait continuer la comparaison, il faudrait dire que M. Lachelier faisait toujours le point ; mais il se gardait bien de faire la vole, voulant laisser croire qu'il avait devant lui un adversaire plus maladroit que malheureux, et dans le jeu duquel se trouvait nécessairement quelque bonne carte.

La doctrine de M. Lachelier surpassait de beaucoup, par la profondeur, par la cohésion des parties, par l'étendue des connaissances, celles qu'avant lui on avait professées à l'École Normale, et pour la première fois, sous sa direction, on apprenait à lire les grands classiques et à les critiquer en partant, non de ses idées, à soi, mais de leurs idées, à eux ; à faire des objections à Descartes au nom du cartésianisme, à Kant au nom des principes mêmes de sa réforme, aux savants et à leurs hypothèses aventureuses, au nom de la sévérité envers soi-même et de la circonspection que semble exiger avant tout la méthode de la science. Tel était le double bienfait de cet enseignement, qu'on sortait de l'École Normale ou en possession d'une philosophie, si l'on estimait devoir s'en tenir à la doctrine de M. Lachelier, ou en possession d'une méthode pour s'en faire une à soi-même. Ceux qui doutaient de la vérité des opinions exposées par le maître trouvaient, dans la pratique de sa discipline, les moyens de s'orienter vers d'autres philosophies.

III

Hâtons-nous de dire que cette discipline eut pour résultat, chez tous, de les éclairer sur le genre d'attachement que leur avait inspiré le positivisme et que, par l'effet des circonstances, nous avions ressenti à un degré plus marqué que nos camarades. Il est deux parts dans l'œuvre d'Auguste Comte : sa *Politique*, autrement dit, son système d'organisation sociale, ce à quoi les positivistes orthodoxes ont raison de tenir le plus, autrement ils perdraient tout motif de s'appeler orthodoxes et de constituer une petite église ; sa *Philosophie*, sur laquelle, répondant au successeur de Littré à l'Académie française, M. Renan croyait pouvoir, sans manquer à la justice, exprimer ce jugement : « Je regrette comme vous, disait-il à M. Pasteur, que ce grand et fidèle ami de la vérité (Littré) se soit renfermé dans une école portant un nom déterminé, et ait salué comme son maître un homme qui, bien que considérable à beaucoup d'égards, ne méritait pas un tel hommage. Si je m'abandonnais à mon goût personnel, je serais peut-être aussi peu favorable que vous à M. Auguste Comte, qui me semble, le plus souvent, répéter en mauvais style ce qu'ont pensé et dit avant lui, en très bon style, Descartes, d'Alembert, Condorcet, Laplace... » A dire vrai, le style d'Auguste Comte n'est pas pour rendre jaloux ni ceux qui rêvent de gloire littéraire, ni ceux qui bornent leur ambition au seul désir d'être lus. Il faut avouer, cependant, qu'Auguste Comte, entre autres mérites, avait eu celui de définir une attitude de l'esprit humain très différente et de l'attitude sceptique et de l'attitude critique, et qui, à nos yeux et en ce temps-là, du moins, nous semblait fort éloignée du dogmatisme (entendez sous ce mot le dogmatisme métaphysique). Et puis, c'était peut-être une nouveauté, non seulement à l'École Normale, mais en France et ailleurs, qu'une philosophie issue en ligne directe de la science, sachant savoir, et aussi, ce qui importe davantage, sachant ignorer. « Mieux vaut, semble-t-il, savoir peu de choses, mais les savoir effectivement, que de s'imaginer savoir beaucoup de choses et se repaître de chimères (1). » C'était donc à la première partie de l'œuvre d'Auguste Comte, et à celle-là seule, que nous serions demeurés attachés, si les leçons et la discipline de notre maître ne nous avaient bientôt éclairés sur nos vraies dispositions d'esprit.

Le positivisme nous avait attirés par le contraste qu'il formait avec l'école de Victor Cousin, où l'ignorance et l'incuriosité scientifiques avaient été longtemps la règle. En entrant à l'École, chacun était persuadé qu'une doctrine de philosophie ne compte pour rien si elle reste étrangère à toute une partie, et la plus importante, du mouvement des idées générales. Les idées directrices de la science, et principalement de la science expérimentale, nous semblaient devoir renfermer toute une philosophie, qu'il fallait dégager des vérités particulières,

---

(1) Renan, *Discours à la conférence* SCIENTIA.

sous lesquelles elle demeurait latente. En cela consistait précisément l'œuvre d'Auguste Comte, et c'est par où sa doctrine inspirait aux plus indifférents, à tout le moins un commencement de sympathie. C'était donc moins le positivisme-doctrine qui nous tentait que le positivisme-méthode, et si, à ce moment, les livres de Claude Bernard avaient été dans nos mains, nous eussions, sans doute, élevé ce savant illustre au rang de philosophe ; et ses mérites dans le genre auraient balancé à nos yeux les mérites par nous attribués à Auguste Comte.

Cette impatience, cette inquiétude d'être tenu au courant, non pas des découvertes de la science, mais du mouvement d'idées conséquent à ces découvertes, notre maître l'avait ressentie comme nous. Il était notre aîné de quinze ans à peine, donc il avait traversé l'éclectisme et constaté chez ses représentants, en matière scientifique, une absence de savoir telle qu'en eût rougi Socrate, lui qui faisait profession d'ignorance absolue. L'étude approfondie de Descartes, de Leibnitz et de Kant, la conviction née de cette étude que la solidité de l'architecture d'un système est en raison de l'exactitude scientifique de ses fondements, et que pour bien penser il faut bien savoir, cela manquait aux éclectiques. M. Lachelier s'en était vite aperçu, et ses premiers soins avaient été de combler cette lacune. Il se présentait devant nous, armé de toutes les ressources d'une érudition très étendue, si tant est, comme c'est notre avis, que l'étendue de l'érudition se mesure non pas au nombre de livres maniés, mais au nombre de fois que l'on a manié les mêmes livres. Il était très attentif aux bruits du dehors, à ceux qui méritaient que l'on y prêtât l'oreille ;

il savait tout ce que la science exige ou paraît exiger, et la *Critique de la Raison pure* l'avait déjà préparé au respect de ces exigences, que sa probité de chercheur lui faisait un devoir d'observer. Auguste Comte avait fait à Kant l'honneur — et c'en était un très grand, au dire d'Auguste Comte — d'inscrire son nom sur la liste de ses précurseurs. Il ne pouvait donc se rencontrer chez un maître dont la philosophie procédait de celle de Kant, aucune antipathie préconçue contre les positivistes : M. Lachelier n'eut d'ailleurs point l'occasion de faire le procès du positivisme.

Il ne put empêcher que ce procès ne s'instruisît spontanément dans l'esprit de ses élèves ; et il devait bientôt leur devenir évident qu'il y a de tout dans la philosophie positive, excepté de la philosophie, qu'il est des vérités par-delà celles que la science nous dévoile, et que la méthode de la science expérimentale n'est pas l'unique source de la certitude. Peut-être, si en sortant des conférences de M. Lachelier, ils étaient entrés dans les laboratoires de chimie ou d'histoire naturelle, leurs idées auraient-elles pris un autre cours (nos croyances sont filles de nos habitudes et nos habitudes parfois le sont de notre volonté). Un conflit se serait engagé entre les deux méthodes à l'aide desquelles on cherche la vérité philosophique, entre lesquelles se partage ordinairement le choix des esprits : l'une est toute dans l'attention pour les choses du dehors ; — celle-là était vantée par nos camarades de la section des sciences, et il ne faut pas s'étonner si plusieurs la jugeaient seule féconde : ils ne connaissaient que celle-là ; — l'autre, dont les études littéraires nous avaient depuis longtemps fait éprouver la fécondité, consiste à regarder les choses de l'âme, soit pour admirer sa richesse et pour observer en dilettantes ses innombrables curiosités, soit pour dégager des observations les éléments d'une vérité métaphysique. Nous n'osions nous l'avouer, mais l'obstination à rester littéraires, même sur le terrain de la philosophie, n'était pas facile à vaincre, et sans doute (le souvenir de ce serment s'est effacé, mais le serment a dû être prêté), nous nous étions juré que jamais elle ne serait vaincue. N'était-ce point assez de tenir pour définitifs les résultats certains de la science expérimentale et de ne jamais aller contre ces résultats ?

Le positivisme prescrivait cette obligation, et notre obéissance lui était acquise ; le positivisme voulait nous enfermer dans cette obligation, et nous étions impatients de « dilater le *pomœrium* » ; la philosophie de notre maître devançait cette impatience : Kant l'avait déclarée légitime. Or le chef du positivisme voyait en elle le symptôme d'un cerveau malade. Mais, au moment de traduire ses idées dans la pratique, après avoir chassé la croyance de l'âme humaine, il fondait un culte ; après avoir fermé le ciel, il bâtissait une église. Nous étions décidément trop jaloux de notre liberté de penser pour accepter comme article de foi le dogme de l'infaillibilité pontificale, qu'il nous vînt du Vatican ou de la rue Monsieur-le-Prince (1).

---

(1) C'est au n° 10 de la rue Monsieur-le-Prince, dans la maison même d'Auguste Comte, que chaque dimanche après midi M. Laffitte exposait les principes de la philosophie positive.

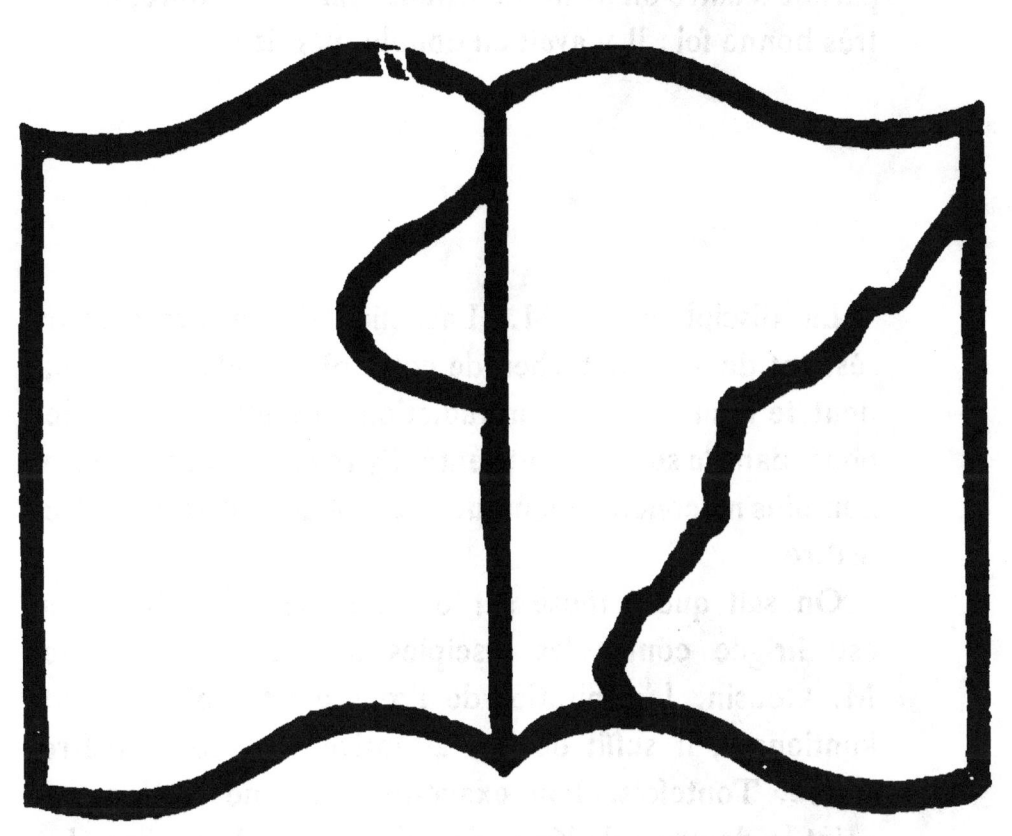

Texte détérioré — reliure défectueuse
NF Z 43-120-11

Le positivisme et les philosophes de l'École Normale n'étaient donc point faits pour s'entendre, ainsi que de part et d'autre on avait un instant semblé le croire, et de très bonne foi : il y avait eu double méprise.

IV

La discipline de M. Lachelier devait avoir pour résultat de nous détacher de cette philosophie positive, dont le nom est une contradiction formelle ; aucun de nous, dans la suite, ne fut tenté d'y revenir. L'éclectisme non plus ne conquit aucun de nous. Kant est resté notre maître.

On sait que la thèse sur le *Fondement de l'Induction* est dirigée contre les disciples de Mill et ceux de M. Cousin. L'inspiration de l'œuvre est profondément kantienne ; il suffit de lire attentivement pour en être assuré. Toutefois, l'on exagérerait en ne distinguant point la doctrine de Kant de celle de M. Lachelier. La première des trois *Critiques* a vraisemblablement pour objet de légitimer la science et de trouver dans les formes *à priori* de la connaissance les raisons d'échapper aux négations de David Hume. La science étant seule en cause, les moyens d'atteindre le résultat ne veulent pas être cherchés en dehors de la *Raison pure*. Pour se renseigner sur les bases métaphysiques de la science, on regardera donc le tableau des *Catégories*. Où est sur ce tableau la place de la finalité ? Où en est le nom ? Encore que le principe des causes finales ne soit pas, dans

Kant n'exigeait nullement la distinction d'un monde sensible et d'un monde intelligible, pas plus qu'elle n'exigeait la croyance au déterminisme universel, toutes nos hésitations cessèrent et nous fîmes nos premiers pas dans l'enceinte du nouveau criticisme. Les choses se seraient-elles ainsi passées, dans le cas où, au sortir de l'École Normale, on nous eût introduits d'emblée dans l'Enseignement Supérieur, libres de nous orienter dans la direction de notre choix et surtout de rédiger notre programme ? Notre évolution, peut-être, eût été toute différente, et bien des difficultés très sérieuses auraient passé devant nous sans nous arrêter. Rien n'est salutaire comme de sentir pendant quelques années, sur ses épaules, le poids des obligations dont ne peut s'exempter un professeur de collège sans faillir au devoir professionnel. Il doit faire le tour des problèmes et stationner devant chacun d'eux. Quand cette station recommence pour la troisième ou la quatrième fois, il faut des miracles de légèreté d'esprit ou d'indifférence pour n'avoir pas entrevu tous les accidents du terrain, pour n'avoir point fait le compte des obstacles qui rendent la marche en avant ou difficile ou impossible. Il y a toujours quelque avantage pour un officier à sortir des rangs : ces avantages sont les mêmes pour le philosophe qui a fait ses débuts dans l'enseignement secondaire. Le génie ne sera point son privilège ; aussi bien l'état de l'homme de génie et le métier de professeur se sont-ils généralement accordés assez mal ; mais, en dehors de l'audace novatrice, il est d'autres qualités, utiles au philosophe, la sagacité, la circonspection, la patience dans l'art de tourner et de retourner les questions, l'effort pour être intelligible quand on parle aux autres ou quand on se parle à soi-même ; et ces qualités-là, la pratique de l'enseignement les développe.

Il y a donc lieu de penser que le souci des intérêts temporels de nos élèves, pendant nos années de professorat dans les lycées, fut loin de nuire à nos intérêts spirituels. Là où, par suite du développement graduel de certaines conséquences impliquées dans la philosophie de ses maîtres, M. Boutroux avait atteint, là aussi nous devions atteindre. mais par un autre chemin. Etions-nous prédestinés au criticisme ? Il est douteux, cependant, que sans les livres et les articles de M. Renouvier (1) nous eussions pris une attitude qui offrait à nos yeux l'apparence d'une volte-face.

Non-seulement M. Renouvier, mais M. Boutroux lui-même nous paraissaient contredire la doctrine enseignée à l'Ecole Normale, loin de la prolonger. Aussi bien l'attitude prise par les rédacteurs de la *Critique philosophique* à l'égard des philosophes qui pensaient autrement qu'eux, sans distinction d'âge ni de titres, était celle d'une hostilité franche : ils semblaient trouver plaisir à la lutte, soulignant les points sur lesquels la conciliation semblait impossible, laissant dans l'ombre les points

---

(1) Cette lecture était-elle *fatale* ? Était-elle *fatale* aussi l'influence que devait exercer sur nous cette lecture ? Si l'on juge ces questions *oiseuses*, on sera de notre avis : les déterministes sont coutumiers de ces sortes de questions ; ils en soulèvent de fort graves, ils en soulèvent aussi d'étrangement puériles.

d'assentiment. On eût dit même qu'entre le nouveau criticisme et l'ancien, l'écart était infranchissable, que la parenté n'était que nominale, qu'il fallait rompre avec Kant pour s'allier avec son continuateur, je me trompe, avec son réformateur français.

Voilà qui donnait à réfléchir. En effet, Kant niait le libre arbitre dans l'ordre du temps : M. Renouvier niait la liberté intemporelle et proclamait la nécessité morale du libre arbitre; Kant croyait à l'existence des noumènes : M. Renouvier se déclarait phénoméniste ; Kant posait les antinomies, puis laissait se disputer entre eux les partisans des thèses et des antithèses : M. Renouvier optait en faveur des thèses. Kant et M. Renouvier affirmaient l'existence des catégories : mais le tableau des catégories différait chez l'un et chez l'autre. Il fallait choisir, il fallait subir le principe de contradiction dans toute sa rigueur, c'est-à-dire opter entre les thèses et les antithèses. La philosophie qui nous gagnait semblait décidément contredire la philosophie de notre maître : il fallait abjurer.

Maintenant que nous jugeons mieux, car nous jugeons de sang-froid, notre ingratitude spéculative ne saurait nous causer de scrupules : elle n'était qu'apparente ; l'examen des doctrines de M. Boutroux vient de nous en fournir la preuve. Et pourtant nous avons éprouvé des scrupules ; passant outre, nous avons loyalement abjuré. Ce sont là des faits contingents qui auraient pu et peut-être dû ne pas être : ils sont déjà trop loin de nous pour comporter le moindre changement, même dans leurs conséquences ; ils sont encore trop près de nous pour subir la moindre altération dans leur exposé.

On sait maintenant ce qu'il faut penser de cette abjuration et qu'elle peut être réduite aux proportions d'une dissidence. Le parallélisme entre l'histoire intérieure de la doctrine de M. Lachelier et son histoire extérieure, la presque identité des conclusions auxquelles arrivèrent en suivant des voies différentes M. Boutroux, d'une part, de l'autre, ses condisciples, voilà qui prouve à quel point les leçons de notre maître nous avaient, à son insu et au nôtre, incliné vers le nouveau criticisme. MM. Renouvier et Lachelier ne s'étaient-ils pas inconsciemment rejoints dans l'esprit de M. Boutroux ? Avant de marquer leurs points de divergence, avant même de s'être reconnus, ne s'étaient-ils pas mis d'accord ? Dans ces conditions, il faut que les disciples de M. Renouvier, anciens élèves de M. Lachelier, renoncent à se croire hérétiques : il faut aussi que d'autres renoncent à ne plus comprendre comment les leçons d'un maître aussi profondément aimé et admiré ont pu avoir pour résultat de détacher du kantisme orthodoxe ceux qui les ont reçues et précieusement recueillies. On ne prend point garde qu'avant de nous détacher de Kant, il y avait à nous faire connaître sa doctrine, et que cette doctrine, nous l'ignorions au moment de notre entrée à l'École. Ce fut précisément l'œuvre de M. Lachelier (et l'on doit convenir qu'elle fut considérable, tant par la nature des difficultés à vaincre que par l'importance des résultats futurs), d'enraciner la doctrine de Kant dans l'esprit de ses élèves. En philosophie, où des intérêts temporels ne sont pas seuls en jeu, ce n'est point comme en politique. L'essentiel est d'être d'un parti ; il importe moins de quel côté l'on incline, si c'est à droite ou à gauche. Avant d'adhérer au nouveau criticisme, il fallait nécessairement adhérer à l'ancien. Voilà pourquoi les disciples normaliens de la doctrine « renouvièriste » ne doivent point se donner pour les disciples d'un seul maître : s'ils dressent le bilan de leurs dettes, s'ils font la liste de leurs créanciers, ils trouveront deux noms inscrits en tête des autres, deux noms qu'ils ne peuvent ni ne veulent oublier, celui de l'auteur du *Fondement de l'Induction* et celui du philosophe illustre auquel la France est redevable du *Rapport*.

Aux noms de M. Renouvier, son dernier maître, de MM. Lachelier et Ravaisson, ses premiers maîtres, celui qui écrit ces lignes croit devoir en joindre un autre, le nom de son excellent ami Boutroux. Il avait lu son livre avant les *Essais de Critique générale*, et c'est après avoir adopté la philosophie de la contingence, qu'il s'est reconnu l'obligation d'adhérer au nouveau criticisme.

Le lecteur sait maintenant tout ce qu'il nous a paru nécessaire de lui apprendre. Si l'esprit dont est inspirée cette suite d'étude n'est pas de son goût, nous n'y pouvons qu'une seule chose, l'avertir de ce qu'il y trouvera ; c'est ce que nous espérons avoir fait.

CROYANCE
ET
RÉALITÉ

L'AXIOME ET LA CROYANCE

Leibnitz distinguait les « principes de connaissance » des « principes de pratique » (1). La distinction va de soi. Nous estimons cependant qu'entre les uns et les autres l'écart est moindre qu'on n'a coutume de penser, que les axiomes sont de véritables impératifs, et que, jusqu'à un certain point, ils relèvent de la conscience.

I

Penser, c'est conditionner, c'est unir deux notions, c'est rapporter une chose à une autre. On est donc fondé à dire, si l'on donne le nom de *catégories* aux lois fondamentales de la pensée, que la relation est une catégorie ;

---

(1) Leibnitz, *Nouveaux Essais sur l'entendement humain*, liv. Ier, ch. II.

penser, c'est établir un rapport entre deux termes. Parmi les relations susceptibles d'être connues et qui régissent les phénomènes, il en est de constantes, il en est de variables. Si toute relation était variable, la pensée se disperserait au hasard, cherchant un point fixe et ne le trouvant jamais; la définition serait impossible et l'homme devrait s'interdire jusqu'à l'application du verbe *être*. Qu'il y ait partout changement et mobilité, soit; qu'il n'y ait, nulle part, ni points fixes, ni lieux de halte, il serait absurde de le soutenir, dès que la science existe, dès que l'homme pense. La logique toute négative des sophistes est la suite nécessaire des spéculations de la physique ionienne : Héraclite et Protagoras offrent l'un avec l'autre des analogies frappantes. On sait quelle étrange doctrine est attribuée au philosophe d'Éphèse par l'auteur de la *Métaphysique*. Héraclite aurait implicitement contesté ce qu'Aristote appelle les principes de la démonstration : « J'appelle principes de la démonstration, écrit Aristote, ces axiomes généraux sur lesquels tout le monde s'appuie pour démontrer, ceux-ci, par exemple : Il faut nécessairement affirmer ou nier une chose ; une chose ne peut pas être et n'être pas en même temps (1). » On dit encore : « Ce qui est est ; ce qui n'est pas n'est pas »; ou encore : « A est A ; nul A n'est non A ; entre A et non A il n'est point de milieu. » Voilà les principes sur lesquels il faut que la pensée se règle. Pourquoi le faut-il ? Sont-ce là de vrais axiomes ?

Dire : « A est A », ou dire d'une chose qu'elle est ce qu'elle est, rien de moins contestable, assurément, et aussi, semble-t-il, rien de moins instructif. Un principe, d'ordinaire, est gros de conséquences, et l'axiome auquel nous

---

(1) Aristote, *Métaphysique*, liv. III (B), ch. II.

avons affaire ressemble, ou peu s'en faut, à la plus stérile des tautologies. « Au bas de l'échelle des axiomes, dit M. Taine (1), il y en a qui semblent insignifiants ; c'est que l'analyse demandée y est toute faite ; les termes de l'attribut se trouvent par avance dans les termes du sujet. Le lecteur ne trouve point la proposition instructive : il gage qu'on lui dit deux fois la même chose. Tels sont les fameux axiomes métaphysiques d'identité et de contradiction. »

M. Taine formule ainsi l'axiome d'identité : « Si dans un objet telle donnée est présente, elle y est présente ; si dans un objet telle donnée est présente, elle n'est point absente. » Puis il ajoute : « Comme les mots *présent* et *non absent*, *non présent* et *absent* sont synonymes, il est clair que dans l'axiome de contradiction, aussi bien que dans l'axiome d'identité, le second membre de la phrase répète une portion du premier ; c'est une redite, on a piétiné sur place. — De là un troisième axiome métaphysique, moins vide que les précédents, celui d'alternative, car il faut une courte analyse pour le prouver. On peut l'énoncer en ces termes : « dans tout objet, telle donnée est présente ou absente. » En effet, supposons le contraire, c'est-à-dire que dans l'objet la donnée ne soit ni présente, ni absente. Non absente, cela signifie qu'elle est présente ; les deux ensemble signifient donc que dans l'objet la donnée est à la fois présente et absente, ce qui est contraire aux deux branches de l'axiome de contradiction, l'une, par laquelle il est dit que si, dans un objet, telle donnée est absente, elle n'y est pas présente. Maintenant, reprenons l'axiome d'alternative et observons l'attitude de l'esprit qui le rencontre pour la première

---

(1) *De l'Intelligence*, t. II, p. 340 de la première édition.

fois. Il est sous-entendu dans une foule de propositions ; c'est parce qu'on l'admet implicitement qu'on les admet explicitement. Par exemple, quelqu'un vous dit : Tout triangle est équilatéral ou non ; tout vertébré est quadrupède ou non. Sans examiner aucun triangle et aucun vertébré, vous reconnaissez que, forcément, ces propositions sont vraies ; l'alternative est inévitable ; vous ne pouvez vous y soustraire. Et cependant, d'ordinaire, vous n'avez pas de preuves en main, vous n'avez pas fait l'analyse précédente ; vous ne sauriez montrer, comme nous venons de le faire, la série des liaisons par lesquelles la proposition se rattache à l'axiome de contradiction. Vous n'avez pas dégagé et suivi comme nous les idées très abstraites qui, par leur filière délicate et continue, soudent ensemble les deux membres de la proposition. Qu'est-ce à dire, sinon qu'à défaut de la vue claire vous avez le sentiment confus de cette soudure, et que la jonction existe entre les deux membres de votre pensée sans que vous puissiez toujours montrer précisément les points de jonction ? Tous les jours nous voyons cette efficacité des idées latentes » (1).

Le livre d'où ces lignes sont extraites est d'un philosophe nettement empiriste. Toutefois, il n'est pas indispensable de lire entre les lignes pour apercevoir des germes de contradiction, pour discerner combien est grand l'embarras du penseur résolu, coûte que coûte, à ravir aux aprioristes les principes formels de la pensée. « L'efficacité des idées latentes », qu'est-ce, sinon celle des premiers principes, que l'on ne formule presque jamais explicitement, selon la judicieuse observation de Locke, mais dont l'esprit ne peut s'affranchir et que, par consé-

---

(1) *De l'Intelligence,* t. II, p. 340 de la première édition.

quent, toute intelligence énonce implicitement, selon la remarque profonde de Leibnitz?

Stuart Mill, dont la subtilité dialectique ne sait jamais se borner, même quand elle arrive aux bords de l'inintelligible, serait-il allé jusqu'à reconnaître pour cause, à l'énonciation explicite de tous nos jugements, l'énonciation implicite de l'un des trois axiomes? Non, car il ne lui eût pas échappé qu'il introduisait au cœur de son système tout ce qu'il fallait pour en précipiter la ruine. D'après lui, les principes, tous les principes, sans exception, proviennent d'une évolution lente et progressive; ils se forment par agglutination de vérités particulières dont ils deviennent les substituts : les vérités sont des faits généralisés, chaque vérité générale étant l'expression abrégée d'une somme plus ou moins considérable d'observations successives, faites une à une et, aussitôt faites, emmagasinées dans la mémoire. Dire : « ce qui est est ; ce qui n'est pas n'est pas »; ou bien encore, pour s'exprimer comme un platonicien : « *le même* n'est pas *l'autre* », c'est ériger en loi une série plus ou moins étendue d'expériences. On a constaté que partout et toujours une même chose ne peut pas être ronde et carrée, en même temps et sous le même rapport, qu'en même temps, elle ne saurait être noire et blanche, puis aux valeurs concrètes : *ronde, carrée, noire, blanche*, on a substitué les valeurs abstraites : A et *non* A ; on peut, si l'on y tient, parler encore d'incompatibilité logique, mais il convient d'en reconnaître l'origine, et qu'elle est, en dernière analyse, le pseudonyme d'une collection d'incompatibilités empiriques.

Soit, en effet, ce jugement : « La neige est blanche ; en même temps elle est solide. » L'expérience ne nous montre jamais la couleur noire et la couleur blanche inhérentes au même objet dans une même portion de l'espace ; mais elle atteste qu'un même objet peut être solide et blanc. De tels faits, à la suite de confirmations fréquentes, laissent dans l'esprit des empreintes d'eux-mêmes qui se superposent et finissent par donner lieu, non seulement à des notions, mais encore à des jugements durables, affirmatifs ou négatifs, selon le caractère des relations observées. En d'autres termes, la théorie empirique de l'induction, sur laquelle repose la logique de Stuart Mill, est partout sous-entendue dans les différentes parties du système, même là où l'on ne s'attend guère à la rencontrer, même là où il semble qu'elle n'ait pas à intervenir. En effet, l'opinion de Stuart Mill consiste à interpréter tout jugement énonçant une loi de l'esprit selon le mode d'interprétation qui lui semble convenir aux lois de la nature.

Oui ou non, avons-nous affaire à des principes formels ou à de simples généralisations de l'expérience? L'origine *a priori* des principes logiques peut-elle se démontrer ou du moins s'établir directement? Aucun philosophe, depuis Aristote, n'a tenté d'en fournir la preuve. A-t-on fourni la preuve du contraire?

Il est permis d'en douter. D'abord, ces principes, en raison même de leur rôle, qui est de gouverner la pensée, s'appliqueront nécessairement à tout contenu de la pensée. Avant de les apercevoir sous leur forme abstraite et intelligible, on les apercevra dans leurs applications sensibles et concrètes, d'où il sera facile de les dégager.

Qu'il y ait une relation nécessaire entre le jugement : *A est A,* et cet autre : *la neige est blanche,* que la fausseté de l'un entraîne la fausseté de l'autre, on ne peut le contester. L'essentiel est de savoir quel est, des deux jugements, celui dont la vérité est logiquement (je n'ai point dit psychologiquement) antécédente. Est-ce parce qu'il est vrai de penser que la neige est blanche, que la terre est sphérique, que les corps sont étendus, etc. ; est-ce pour cela, qu'il y a lieu de poser comme évidentes les trois propositions : *A est A ; nul A n'est non A ; tout ce qui est, est ou A ou non A ?* Encore que l'ordre généalogique soit difficile à déterminer, cette détermination importe au premier chef.

Les axiomes logiques semblent être à Stuart Mill « les premières et les plus familières généralisations de l'expérience. » Elles sont fondées sur ce fait « que la croyance et la non-croyance sont deux états de l'esprit qui s'excluent mutuellement. C'est ce que nous apprend la plus simple observation de l'esprit sur nous-mêmes. Et si nous étendons au dehors l'observation, nous trouvons aussi que lumière et obscurité, bruit et silence, mouvement et repos, égalité et inégalité, avant et après, succession et simultanéité, tout phénomène positif et son négatif sont des phénomènes distincts, constatés en tout point, et dont l'un est toujours absent quand l'autre est présent. Je considère le principe en question comme une généralisation de tous ces faits. (1) »

Autre chose est généraliser un fait, autre chose est énoncer un principe purement formel, dont le contenu est quelconque, indéterminé. Par exemple, autre chose est dire : le produit ne change pas dans une multiplication quand il y a chassé-croisé entre le multiplicande et le multiplicateur ; autre chose est dire : 5 fois 8 égale 8 fois 5. Dans le second cas, on ne sait qu'un fait ; dans le premier, on sait la raison d'un fait et, par conséquent, de tous les faits de même genre. Après avoir constaté que 5 fois 8 = 40, de même que 8 fois 5, que 9 fois 7 = 63, de même que 7 fois 9, j'incline à croire qu'il importe peu,

---

(1) *Système de Logique*, t. I, p. 315 de la trad. française.

quand on multiplie deux nombres l'un par l'autre, de chercher quel doit être le multiplicateur, quel le multiplicande, mais dans mon for intérieur, et pour me servir d'une expression familière, « je n'en suis pas autrement certain que cela ». Vienne l'occasion d'expérimenter le contraire, je serai surpris ; je ne serai que surpris, néanmoins, et je compterai sur la grâce de l'habitude pour atténuer graduellement ma surprise.

N'insistons pas sur la distinction des vérités de fait et des vérités de raisonnement que l'usage est bien près d'avoir rendue banale. L'usage l'aurait-il affaiblie ? Dans le cas où il l'aurait affaiblie, peut-être on ferait bien de demander ses exemples à l'une des sciences de raisonnement les plus instructives, je veux parler de l'arithmétique élémentaire ; on y peut distinguer une partie empirique, le maniement des nombres ou calcul, et une partie rationnelle, la science arithmétique proprement dite, où l'on ne fait pas d'opérations, mais où l'on démontre à l'avance les résultats certains des différents genres d'opérations possibles.

Par le calcul, on se familiarise avec la pratique des opérations, et l'on arrive à entrevoir, chemin faisant et à force de faire du chemin, quelques-unes des propriétés des nombres. On peut néanmoins se tromper dans ses inductions, et l'expérience prouve que souvent on se trompe. En revanche, quand on a étudié les propriétés des nombres et qu'on est en état de démontrer les théorèmes qui servent à les établir, l'erreur devient impossible. —

Est-on certain que les volumes et les pressions des gaz sont toujours inversement proportionnels ? Oui, si l'expérience est bien faite ; non, si comme M. Regnault s'est chargé d'en fournir la preuve, le phénomène n'a pas été soumis à une vérification expérimentale suffisante.

Est-on certain que tout nombre qui divise un produit de deux facteurs et qui est premier avec l'un d'eux divise l'autre ? On en est certain ; il s'agit là d'une certitude apodictique.

Les jugements à l'aide desquels on énonce les principes formels de la pensée sous leur forme la plus abstraite et la plus générale ne peuvent être que problématiques ou apodictiques ; ils sont problématiques si l'expérience en est l'origine, car ils la dépassent. Si l'expérience ne peut en rendre compte, c'est qu'ils la dominent, qu'ils ne reposent sur aucun fait, et alors le nom d'apodictiques leur est applicable.

Voici deux propositions : « 1° le liège plongé dans un liquide descend au fond » ; « 2° quand j'affirme que je suis malade, j'affirme que je suis bien portant. » — La première exprime une erreur, la seconde une absurdité. Dans les deux cas, je m'insurge contre un fait. Où est cependant la différence ? C'est que toute absurdité est une erreur, et que toute erreur n'est pas nécessairement une absurdité. La logique de Stuart Mill ne tend à rien moins qu'à supprimer la catégorie de l'absurde.

Il ne s'agit point, à ses yeux, de contester l'universalité des axiomes logiques ; il s'agit d'établir que cette universalité ne provient pas de leur nécessité. Or c'est ce qui nous paraît impossible à établir : « Nier l'application universelle de ces trois lois, dit Hamilton, c'est, en fait, renverser la réalité de la pensée ; et comme ce renversement est lui-même un acte de la pensée, il se détruit en réalité... La pensée défait dans un cas ce qu'elle a fait dans l'autre » (1). De même qu'un corps ne peut

---

(1) Cf. Stuart Mill. *Examen de la philosophie d'Hamilton*, p. 467 de la trad. fr.

pas occuper en même temps une portion de l'espace et en être exclu, y être et n'y être pas, de même la question se pose entre *affirmer* ou *nier*. Est-ce simplement parce que la croyance et la non-croyance sont deux états d'esprit incompatibles ? Peut-être : c'est, en tout cas, un fait indéniable, et Stuart Mill a eu raison de le constater. Là où sa perspicacité se trouve en défaut, c'est quand il s'imagine qu'il n'y a là qu'un fait à constater, et un fait dont le contraire eût été possible. « Nous pourrions croire, ose-t-il dire étourdiment, qu'une chose grise peut être bleue aussi aisément que nous croyons qu'un rond peut être bleu, si l'expérience ne nous avait appris l'incompatibilité des deux premiers attributs et la compatibilité des derniers. » Certes, une chose verte pourrait sembler bleue à la lumière, et continuer, vue en plein jour, de nous donner la sensation de vert. Mais qu'une chose grise puisse être bleue sans que le terme *bleue* cesse aussitôt de désigner une espèce du genre couleur, qu'une chose puisse être grise en tant que bleue, ou bleue en tant que grise, voilà une hypothèse qu'on ne pourrait, sans excès d'indulgence, qualifier de fausse ; elle n'est même pas verbalement intelligible. Je puis bien admettre qu'un « Neptunien » ou un « Jovien » s'imagine fermer une porte, tandis qu'en réalité il l'ouvre ; il n'est pas besoin de quitter la terre pour imaginer de curieux exemples de distraction. Je ne puis concevoir un habitant d'aucune planète, condamné, quand il affirme une chose d'une autre chose, à la nier en même temps et sous le même rapport. En vain Stuart Mill nous convie à cet effort d'imagination ; dans le cas où, par impossible, cet effort lui serait devenu coutumier, peut-être il en faudrait conclure qu'il avait pris l'habitude de prononcer des suites de mots, et, quand tel était son bon plaisir, de ne leur attacher aucun sens. « Une affirmation qui unit deux concepts peut bien être fausse sans être contradictoire. » C'est de Stuart Mill lui-même que nous tenons ce singulier aveu (1), comme si son empirisme allait s'ensevelir dans son triomphe. Au fond, l'aveu reste stérile, puisque les conséquences en restent inaperçues. Oui, certes, la croyance et la non-croyance s'excluent : la remarque est juste. Malheureusement, au lieu d'attacher à son jugement le caractère assertorique, Stuart Mill aurait dû lui attribuer le caractère apodictique, car il ne fait, somme toute, et à son insu, qu'exprimer le principe d'identité sous sa forme subjective et vivante : « J'affirme ce que j'affirme, je nie ce que je nie, etc. » On pourrait varier les formules, on chercherait vainement à se dissimuler la nécessité de l'axiome. Non seulement, l'axiome d'identité et ses équivalents sont nécessaires, mais c'est d'eux que la nécessité reçoit sa plus haute expression, c'est en eux que la vérité trouve sa forme essentielle. Rien ne serait vrai, ne pourrait l'être, s'il fallait contester l'évidence attribuée à ces jugements. Or, toute évidence d'origine physique ou empirique est loin d'être incontestable ; Stuart Mill s'en est rendu compte et il n'a pu lui échapper que le scepticisme était l'aboutissant inévitable de son *Système de Logique*.

Les discussions qui précèdent prouveraient à ceux qui en exigeraient la preuve, à quel point les axiomes logiques méritent peu l'épithète de propositions frivoles. Sans doute ils n'instruisent pas, car, ou ils sont vides de tout contenu, ou ils n'ont, pour ainsi parler, qu'un contenu virtuel. Ils n'apprennent rien, en ce sens qu'après les avoir constatés, l'esprit n'a fait aucun pas dans le champ du savoir : il n'est point sorti de lui-même. Tou-

---

(1) Cf. *Examen*, etc., p. 46.

tefois, on exagérerait à soutenir que la découverte, ou, pour employer une expression platonicienne, la *reconnaissance* de ces axiomes laisse exactement l'esprit dans l'état où il était, alors qu'il n'en soupçonnait nullement la présence. Incontestablement, l'axiome d'identité, celui de contradiction, celui de l'alternative, ne peuvent même pas nous garantir qu'en dehors de la pensée il y ait quelque chose susceptible d'être pensé, pas plus que l'axiome de l'égalité de deux quantités égales à une troisième ne nous certifie la réalité d'un monde auquel il s'applique. Pourtant, quand même l'esprit n'apprendrait, à l'aide de ces principes, rien de ce qui se passe autour et en dehors de lui, il n'en résulterait pas nécessairement qu'on peut négliger de prendre garde à ces principes. Grâce à eux, la pensée en apprend beaucoup sur son compte, car elle se reconnaît, grâce à eux, indépendante des choses. Elle se pose en dehors d'elles, antérieurement à elles, au-dessus d'elles, puisqu'elle se constitue ainsi leur législatrice. Alors même qu'aucune occasion d'entrer en exercice ne s'offrirait à la pensée, la pensée n'est plus ignorante des lois auxquelles il faudra qu'elle se conforme, elle et, avec elle, ce qu'elle est appelée à penser.

II

Leibnitz déclarait qu'en l'absence de tout principe formel, le raisonnement serait impossible. Le jugement le serait aussi. Pour juger correctement, il faut énoncer une proposition, ou de la forme : *A est A*, ou réductible à cette forme. Si je dis, par exemple : *Pierre est homme*, c'est comme si je disais : *Pierre est Pierre* et comme si je remplaçais par des valeurs concrètes les symboles abstraits de la proposition : *A est A*.

Toutefois, s'il est évident que *Pierre* est *Pierre*, et cela en vertu du principe d'identité, comment suis-je autorisé à dire : *Pierre est homme* ? Le jugement *Pierre est Pierre* se substituerait aisément à la proposition identique : *A est A*. S'il en est de même du jugement : *Pierre est homme*, on ne le voit point du premier coup. Dirat-on que ces deux jugements : 1° *A est A* ; 2° *A est B*, sont réductibles l'un à l'autre ? Mais comment le premier de ces deux jugements autoriserait-il le second ? Essayons d'un syllogisme pour nous en convaincre. Mais cela est impossible, car la validité de tout syllogisme suppose précisément la reconnaissance du droit d'énoncer le jugement : *A est B*, et de le pouvoir réduire à la forme : *A est A*. Essayons de légitimer ce droit.

Qu'est-ce que penser ? c'est juger, affirmer, c'est poser un terme en relation avec un autre terme, c'est énoncer en outre un rapport de convenance ou de disconvenance entre deux notions. Tout jugement se compose de trois termes ; il exige par conséquent *deux* notions. Comment ne les point poser *distinctes*, comment échapper à cette pluralité numérique dont la disparition entraînerait l'abolition du jugement ? D'autre part, comment ne les point poser *semblables* ? On serait donc, maintenant, tenté de croire que pour juger il faut déclarer la guerre au principe d'identité. En effet, ce principe exige que le même soit le même, et non que le même soit l'autre. Or le principe d'alternative ne nous défend-il pas de concilier ces affirmations ?

Peut-être il nous le permet, mais à une condition. C'est que la notion soit décomposable en parties formelles et qu'on ne cherche point à établir la coïncidence parfaite du sujet et de l'attribut. Il y a plus de vingt siècles, Platon définissait ainsi l'acte de penser : *faire d'un plusieurs ; faire de plusieurs un*. La pensée, remarquons-le, n'est point inerte ; connaître, c'est se mouvoir au sein des choses dont notre sensibilité nous procure l'intuition, c'est aller d'un point du réel à un autre point, c'est donc distinguer et unir tout ensemble. Le jugement est *plusieurs*, témoins le sujet et l'attribut ; le jugement est *un*, témoin le verbe ou copule. Dès lors, le principe d'identité doit rester un idéal auquel tout entendement est tenu de se conformer dans ce double travail de décomposition et de composition qui est la pensée en acte. Se borner à n'admettre comme vrais que des jugements réductibles à l'axiome d'identité serait exiger l'impossible : autant vaudrait ne pas penser du tout, ou, du moins, ne penser que virtuellement, hypothèse dont l'énoncé est presque aussi obscur que la réalisation en est chimérique. Sachons donc accepter l'inévitable : exigeons de nos jugements qu'ils soient les asymptotes de l'axiome d'identité, mais réduisons là nos ambitions. Veillons à ne jamais affirmer d'une chose que ce qui, en quelque manière, fait partie de cette chose, et faisons en sorte que tous nos jugements se ramènent, en dernière analyse, à des constatations d'identité. Constater une identité, c'est vérifier si une personne dont le signalement est donné répond à ce signalement, c'est faire le dénombrement des traits particuliers qui la distinguent. On est censé savoir que si chacun de ces traits pris à part convient à plusieurs, leur somme ou plutôt leur synthèse ne se trouve réalisée que dans un seul individu. Constater une identité, c'est attribuer à César ce qui appartient à César, par où l'on voit, entre parenthèses, que toute erreur commise dans une opération de ce genre équivaut à un déni de justice.

Les opérations de ce genre comportent deux moments : l'un, de décomposition, l'autre, de recomposition, l'un, pendant lequel on distingue, l'autre, pendant lequel on identifie. Le premier donne lieu à un jugement de la forme : A *est* $B + C + D + ...X$; le second donne lieu à un jugement de la forme : $A + B + C + D + ...X$ sont A ; on déclare que cette somme, non de quantités discrètes, mais de qualités concrètes, est identique au sujet A. Notre maître, M. Lachelier, comparait la relation du sujet et de ses attributs à celle d'un accord musical où les notes composantes sont *simultanément*, non *successivement*, entendues. On ne peut analyser un accord musical sans le détruire ; de même, on ne peut décomposer un sujet concret en ses parties, sans les considérer à part, les unes en dehors des autres, et, par conséquent, sans détruire le sujet. La comparaison se soutient-elle jusqu'au bout ? Après avoir décomposé un accord dans ses parties constituantes, on peut le recomposer de manière à retrouver la synthèse primitive, telle qu'elle a été donnée tout d'abord. Tant qu'il s'agit d'objets fabriqués par la main de l'homme, d'êtres inorganiques, la comparaison subsiste. Elle s'arrête en deçà du monde organique, où les définitions deviennent approximatives, puisque la nature ne nous montre que des individus et que les individus ne se laissent point définir. Ces remarques ne sont point neuves : toutefois, on ne peut en reconnaître le bien fondé sans en apercevoir la conséquence : les trois principes formels de la pensée sont des lois idéales ; encore qu'on cherche à s'y conformer, on n'y réussit jamais complètement.

Pour soutenir le contraire, il faudrait nier : 1° le fait du mensonge, l'une des plus fréquentes violations du droit et du devoir ; 2° le fait de l'erreur. On voudrait distinguer l'erreur du mensonge, en attribuant à la volonté l'acte de mentir, à l'intelligence seule l'acte de se tromper. Est-ce toujours possible ?

Il est certes incontestable que le menteur ne se trompe

pas : il sait le vrai, mais il le cache ; il sait qu'il enfreint le principe d'identité, mais il prend toutes ses précautions pour persuader aux autres qu'il l'applique. L'auteur du *Second Hippias* a eu soin, dans son analyse des conditions du parfait mensonge, d'exiger du menteur la connaissance du vrai : il est allé jusqu'à mettre dans la bouche de Socrate des paroles étranges et qui compromettraient la renommée du sage si l'on ne savait en discerner le sens profond. Socrate ose préférer le menteur conscient au menteur inconscient. Pourquoi? 1° Parce que, si la science est un bien, et pour Socrate elle est le seul bien, la science est préférable à l'ignorance ; 2° parce que tout homme qui possède la science tend invinciblement à la communiquer et qu'aux yeux de Socrate le cas du menteur conscient et volontaire ne se réalise jamais. Socrate niait qu'en fait l'erreur et le mensonge fussent séparables. Il n'en reste pas moins, cependant, que l'*idée* de l'erreur et celle du mensonge subsistent l'une sans l'autre, que s'il y a entre elles « participation », il n'y a point coïncidence proprement dite. On ment parce que l'on veut ; on se trompe malgré soi, c'est du moins l'opinion commune. Est-elle acceptable ?

Le problème, ainsi posé, ne peut se résoudre dialectiquement. Je veux dire que la solution affirmative ou négative du problème ne dépend point d'une argumentation défectueuse ou correcte. Elle dépend de la manière dont il convient d'envisager l'homme, ou, pour mieux fixer la question à débattre, les relations réciproques des fonctions psychiques.

III

N'est-ce point de Pascal que nous tenons ce précepte :
« Il ne faut point parler des choses spirituelles corporellement » ? Or, ne semble-t-il pas qu'on parle corporellement des choses de l'âme quand on envisage les trois groupes de fonctions mentales, comme si chacun agissait isolément ? On peut interpréter de mille manières la féconde formule de Bossuet : « L'homme est un tout naturel » ; on peut l'interpréter en ne sortant pas du point de vue psychologique et comme si l'unité mentale de l'homme résultait précisément de la collaboration des *facultés* ; on peut l'interpréter comme si l'âme était un organisme spirituel. Dans l'organisme matériel, les fonctions de relation et les fonctions de nutrition ne peuvent être bien étudiées si elles ne sont point étudiées à part les unes des autres. Respirer, se mouvoir, cela fait deux ; toutefois, en un autre sens, cela ne fait qu'un. On prête à Auguste Comte ce mot plaisant : « M. X...? ne m'en parlez pas ! il a juste assez de cervelle pour respirer. » Pour respirer, il faut, en effet, que le cerveau fonctionne ; pour qu'il fonctionne, il faut aussi respirer : autrement, la circulation cérébrale serait impossible. Dès lors, l'étude analytique et successive des fonctions de nutrition et de relation devra se compléter par l'étude synthétique et simultanée de leurs relations réciproques.

C'est précisément la négligence du point de vue synthétique et dynamique qui a fait naître la vieille doctrine des facultés et lui a valu de ne pouvoir se maintenir contre les objections des uns et les railleries des autres. Comment, en effet, prendre au sérieux des philosophes, fidèles, ils le disent, à l'unité métaphysique de l'âme, mais d'une fidélité exclusivement intentionnelle ? En effet, autant cette unité leur est chère, autant ils s'efforcent de creuser entre chacune des « facultés » un fossé large, profond, infranchissable. Ils opposent, par exemple, la *fatalité* de l'intelligence à la *liberté* du vouloir, et ils ne s'aperçoivent pas que revêtir une même âme d'attributs incompatibles, c'est la démembrer et par conséquent la détruire. S'ils insistent et déclarent que ce démembrement *psychologique* ne saurait entamer l'unité *métaphysique* du sujet, une telle déclaration ne saurait être valable ; elle prouverait simplement qu'il leur déplaît de sacrifier cette unité. Le sacrifice est cependant inévitable ; car, ou le terme « unité métaphysique » ne signifie rien, ou il signifie que l'âme se sent une dans la diversité de ses opérations. C'est bien ce que l'on dit, et nos écoliers, quand on les interroge, le répètent mot à mot. Est-ce bien ce que l'on pense ? « L'âme sent, juge et veut tout ensemble, dans le même instant, dans la même fraction de la durée » ; analysons la formule et nous lui trouverons un sens sur lequel on n'a point coutume de fixer l'attention.

Si l'on admet, avec les spiritualistes, le caractère inétendu des faits de conscience, on doit s'interdire d'en parler comme s'ils se manifestaient à part les uns des autres, comme si la volonté était d'un côté, la passion d'un autre côté, le jugement d'un autre côté. N'oublions pas que cette locution « d'un autre côté » est inapplicable aux relations de temps, qu'elle est par conséquent inapplicable aux faits psychologiques, que là où il n'y a point d'étendue il ne saurait y avoir de distance, même par métaphore. Le langage ordinaire se prête mal à l'expression des vérités psychologiques, pour lesquelles il n'est, malheureusement, d'autre langage que le langage ordinaire. Ainsi, exprimer cette vérité banale : « L'homme sent, pense et veut », c'est parler le moins incorrectement possible, sans doute, mais c'est encore parler incorrectement. La conjonction *et* s'emploie d'ordinaire pour unir des termes distincts et distants tout ensemble : dans l'ordre psychique, il y a *distinction sans distance*.

En d'autres termes, l'impénétrabilité peut être la loi des corps sans être nécessairement la loi des esprits. L'homme n'est pas une sensibilité sur laquelle viendrait se greffer un entendement, auquel se juxtaposerait une volonté : il sent, juge, se décide et il y a de la volonté dans ses jugements, de l'intelligence dans ses volitions, de la passion dans ses volitions et dans ses affirmations. Quand on dit, par exemple, que la passion lutte contre le devoir, il est faux de prétendre qu'une passion pure soit en conflit avec une idée pure : Chimène a la passion du devoir, ce qui ne l'empêche point d'aimer passionnément Rodrigue, et s'il y a lutte dans son âme, c'est qu'il y a lutte dans son cœur : les deux fonctions belligérantes ne sont point radicalement hétérogènes.

Ce sont là vérités courantes, mais qu'il conviendrait de suivre jusque dans toutes leurs conséquences. Il conviendrait de reconnaître que l'âme est tout entière dans chacune de ses opérations, qu'aucune fonction n'agit sans la collaboration des autres. L'âme est un tout concertant, où il se fait entre les parties concertantes un échange de rôles, et où chaque état de conscience est caractérisé par celle des fonctions à laquelle semble dévolu le rôle capital. On souhaiterait de s'exprimer sans recourir à des comparaisons : ce recours est indispensable et c'est pour cela que la science de l'esprit ou de l'âme ne pourra jamais prendre rang parmi les sciences positives. On souhaiterait de pouvoir faire comprendre en quoi cette unité de l'esprit consiste et comment la multiplicité que son unité enveloppe, loin de détruire cette unité, la cimente et la consolide. Le sujet de la conscience se distingue, sans doute, de ses phénomènes, autrement, il ne se connaîtrait pas. Néanmoins, dans les moments où, se concentrant sur lui-même, il cherche à se saisir dans son unité absolument pure, il doit s'apercevoir que la conscience d'une telle unité serait une contradiction. L'unité de la conscience n'est pas un fait d'observation : on ne la constate point, on la conclut de l'identité. Celle-ci, d'autre part, resterait à tout jamais inobservable sans la possibilité, pour le sujet, de revenir sur son passé, de remonter la chaîne de ses états, d'unir ses états les uns aux autres et de se reconstituer dans le passé par un effort de remémoration. L'unité de l'âme est donc une unité multiple, matériellement indécomposable, cela va sans dire, et dont, même par hypothèse, les parties idéales se laissent à peine isoler. L'analyse de l'esprit n'est, par suite, jamais complète ; et même, à supposer qu'un métaphysicien de génie fût doué pour l'entreprendre et la pousser jusqu'aux limites extrêmes, serait-il jamais sûr de les avoir atteintes ? Ce n'est pas tout : il ne sera jamais sûr de ne les avoir point franchies. Là où l'observation est impuissante, ne trouve-t-elle pas dans l'imagination un suppléant toujours disposé à intervenir, et dont l'intervention est rarement opportune ?

L'analyse de l'esprit offre des difficultés qui tiennent précisément à la collaboration perpétuelle des « facultés », à l'impuissance de nous expliquer un fait sensible, là où tout élément intellectuel manquerait, un acte de réflexion, là d'où la volonté serait absente. On ne peut supprimer l'une ou l'autre des grandes fonctions de l'esprit, non seulement sans détruire l'esprit, mais sans rendre aussitôt inexplicable et inintelligible l'exercice des autres fonctions. La remarque est d'un de nos maîtres : le terme *fonction* est ici le meilleur et le plus juste, car le propre d'une fonction est de varier, de se déterminer ou d'être déterminée à la suite de changements intervenus dans les fonctions environnantes. L'idée de fonction est d'ailleurs corrélative de l'idée de système et chacun nous accordera que l'esprit est un tout systématique, « un tout sympathique », selon la formule des stoïciens.

Il est donc permis de croire que l'homme, chaque fois qu'il juge, ne juge pas avec son intelligence seule, que juger, c'est adhérer, consentir, vouloir, ainsi que l'a reconnu Descartes, mais sans être allé jusqu'aux conséquences profondes impliquées dans sa théorie. Un jugement qui resterait à l'abri de toute influence extra-intellectuelle manquerait, pour pouvoir s'énoncer, de cette chiquenaude finale, donnée selon l'ordinaire, ou par la passion impatiente, ou par la volonté maîtresse des puissances psychiques dont elle a su prendre le gouvernail (1). Que de fois on s'abstiendrait de juger, n'était la nécessité d'agir et la nécessité, pour agir avec prévoyance, de penser avec attention et méthode ! Croire sans vouloir est impossible, de même que vouloir sans entendre : en dépit du langage, *croire malgré soi* nous paraît une expression équivoque. On croit malgré ses désirs les plus ardents, malgré ses intérêts les plus immédiats : on croit néanmoins parce que l'on veut croire : on voit, on sait, mais loin de détourner la tête, de quoi l'on est toujours libre, on la

---

(1) Il n'en faut pas conclure que le rôle de la volonté ou de la passion soit seulement de donner la chiquenaude. Même dans la délibération, c'est-à-dire pendant l'examen qui précède la décision ou l'affirmation, la volonté et le sentiment interviennent.

maintient dans la direction de la vérité aperçue, on va au-devant d'elle, on en prend possession, peut-être même, n'est-ce pas trop de dire qu'on la crée ; car, si la matière d'un jugement lui vient d'ailleurs que de l'âme même, c'est à l'âme de décider s'il faut marquer l'affirmation d'un coefficient de certitude, de probabilité, de doute, c'est à l'âme d'encadrer cette matière, de l'*informer*, de la faire vivre, c'est à l'âme qu'il appartient d'opérer le passage du jugement en puissance au jugement en acte : au sens humain de l'expression, l'âme est créatrice de ses propres pensées.

En étant créatrice, elle en est responsable ; il n'est donc pas entre l'erreur et le mensonge de distinction radicale. On est toujours libre d'affecter ses affirmations d'un coefficient de doute ; si l'on n'use point de cette liberté, c'est pour des motifs, à coup sûr légitimes, mais qu'on a cru devoir reconnaître tels. Et ils ne sont point toujours légitimes, et la sincérité ne nous garde pas toujours de l'erreur. A combien n'arrive-t-il pas de se rendre soi-disant à la plus irrésistible des évidences, l'évidence mathématique, par exemple, et d'admettre sur la foi de cette évidence des propositions manifestement fausses! Qu'ils sont rares, ceux d'entre nous, pour lesquels ce ne fut pas un sujet d'étonnement d'apprendre que la vérité d'un théorème n'impliquait pas nécessairement la vérité de sa réciproque! Aucune partie du champ de la recherche ne se trouve protégée contre l'intervention du sentiment, de la volonté, et en général contre toute « précipitation » ou « prévention » ; le caractère du savant n'est jamais absolument inséparable de son génie, et la fécondité de ses découvertes dépend toujours en quelque mesure de sa profondeur de sincérité envers soi-même. Ainsi, la valeur de ces constatations d'identité impliquées dans tout jugement est une valeur variable, sujette à des oscillations, à des mouvements de hausse et de baisse, selon la nature, le caractère, la droiture d'âme de celui qui juge. Tout jugement est un acte et par suite relève de la conscience morale.

IV

Le devoir de n'être point absurde, de ne point se contredire, de régler ses affirmations de telle sorte, qu'en unissant deux concepts dans une synthèse mentale, on établisse entre l'un et l'autre une relation de partie à tout, que cette relation soit conforme à celle que pourrait apercevoir une intelligence indifférente à tout autre intérêt qu'à celui du vrai, un tel devoir ne peut, sans contradiction, relever de la seule raison théorétique. Ou l'obligation de ne point se contredire est une obligation chimérique, ou la nécessité d'accepter pour règle les axiomes logiques n'est pas plus inflexible que la nécessité de croire — je dis : de croire, et non pas seulement : d'obéir — aux impératifs de la conscience. C'est là une nécessité que nul n'est contraint de subir. En fait, tous les philosophes ne se sont pas inclinés devant les nécessités logiques. Kant, lui-même, le jour où, examinant les thèses antinomiques de la cosmologie rationnelle, il déclarait rester neutre entre deux propositions respectivement contradictoires, Kant ouvrait toute grande la porte à l'hégélianisme : il s'abstenait d'opter. C'est donc qu'au delà de la sphère du monde sensible, une autre lui apparaissait confusément, et qu'il jugeait que la logique pourrait n'avoir aucun accès dans cette autre sphère. Le principe de contradiction s'accommode-t-il d'un monde infini dans l'espace, infini dans le temps, composé d'un nombre actuellement infini de parties élémentaires? Et, s'il ne s'en accommode pas, devons-nous en conclure, ou que la logique est une menteuse, ou que ce monde, le nôtre, est une absurdité vivante? On peut s'abstenir de conclure : il faut, si l'on ne s'abstient pas, parier nécessairement, ou pour, ou contre.

C'est donc un acte de raison pratique que celui par lequel on juge *bon* de croire au *vrai*, par lequel on soumet les phénomènes du monde, autrement dit, ses propres représentations, au critère des axiomes logiques, par lequel on reconnaît ce critère. Il n'y a pas une certitude métaphysique ou physique exempte de tout élément de doute, distincte de la certitude morale ou certitude boiteuse. Il y a la certitude sans épithète, identique à elle-même dans tous les cas où elle se produit, état ou, pour mieux dire, acte de l'âme et de l'âme tout entière. La science ne va jamais sans la croyance, d'une part ; mais, d'autre part, une croyance ferme, inébranlable, n'est-elle pas incompatible avec l'absence de savoir? « Les choses auxquelles on croit, dit un des personnages de l'*Eau de Jouvence*, on n'en est jamais bien sûr. » Le mot est plus spirituel que juste ; en tout cas, il serait difficile de soutenir cette thèse plus qu'étrange, à savoir : on croit à une chose en tant que l'on n'en est pas sûr. Or il faudrait en démontrer l'exactitude pour avoir gain de cause contre ceux qui affirment l'union de la croyance et de la science. La foi qui agit, la foi sincère, la foi de laquelle on dit qu'elle transporte les montagnes est inséparable d'un savoir certain; encore qu'il ne se puisse transmettre par voie démonstrative, on exagérerait à le prétendre incommunicable. Et quand bien même il le serait, quand bien même les autres se refuseraient à apprendre ce que je sais, en résulterait-il, nécessairement, que mon savoir est purement imaginaire? La philosophie de la croyance ne s'oppose donc point à la philosophie de la science parce qu'elle juge le *croire* préférable au *savoir*, mais parce qu'elle estime que dans tout énoncé de jugement, le jugement fût-il apodictique, la croyance intervient ; souvenons-nous de l'admirable formule de Lequier : « Alors qu'on croit de la foi la plus ferme, qu'on possède la vérité, on doit savoir qu'on le croit, non pas croire qu'on le sait. »

Ainsi, les axiomes eux-mêmes méritent le nom de croyances, et si le caractère de toute croyance est d'avoir besoin, pour s'achever dans l'esprit, que la volonté l'accepte, il n'est aucun de nos jugements contre lequel la volonté soit impuissante. La tentative des empiristes pour enlever aux principes logiques le droit de se prétendre supérieurs à toute expérience, est une preuve de ce qu'on pourrait appeler, avec M. Spencer, la *plasticité* de l'entendement humain. De soutenir que cette plasticité soit partout la même et qu'il en est de l'esprit comme d'une cire molle, nul ne s'aviserait, car, s'il n'est pas de degrés dans la certitude, il est des degrés dans l'intensité de la force par laquelle nous nous sentons entraînés ou à l'affirmation, ou à la négation. Tout le monde conviendra qu'à l'occasion des axiomes d'identité, de contradiction, du tiers exclu, cette force atteint son intensité maximum. Et pourtant on s'aveuglerait à prétendre qu'alors elle devient irrésistible ; on s'aveuglerait, — c'est bien le mot, — car l'empirisme n'est pas dans l'histoire des systèmes un accident isolé. Or, ce fait historique, sujet à de perpétuels recommencements, sert de preuve contre les partisans de l'évidence en soi ou par soi. Les candidatures des jugements à l'évidence ou, si l'on aime mieux, à l'adhésion de l'esprit, sont plus ou moins sérieuses, mais les plus sérieuses elles-mêmes échoueraient sans la collaboration efficace de la volonté libre. Il est toujours possible de jouer au scepticisme, il est toujours possible de fermer les yeux à la lumière. Pour s'interdire cette attitude, il faut s'être aperçu qu'on aurait « tort » de la prendre, qu'en la prenant on se mentirait à soi-même. Ici, « je ne peux ne pas affirmer » et « je ne dois pas refuser mon affirmation » deviennent synonymes.

Ainsi, le nom d'*impératifs* convient aux axiomes, car ce qu'on appelle la nécessité logique n'impose jamais son joug, quand on est fermement résolu à ne le point subir. Le principe d'identité est donc, autant qu'une loi, une règle, une maxime. On doit suivre cette maxime pour éviter l'erreur, de même que, pour éviter la faute, on doit obéir à la loi sans y être incliné par aucun mobile.

Le principe d'identité est-il un impératif *catégorique*? Non, car les raisons de le suivre peuvent être déduites de raisons antérieures ; car on peut déduire la nécessité de ne se tromper point d'une nécessité qui la domine, celle de ne se point mentir à soi-même, nécessité toute morale, exclusivement morale et qui n'aurait jamais d'efficace si elle n'était jamais librement acceptée. Ce qui est vrai de l'âme est vrai de toutes les fonctions de l'âme : la liberté les pénètre de part en part, et toutes les servitudes dont l'homme peut avoir à se plaindre sont des servitudes volontaires. Comment, d'ailleurs, expliquerait-on l'étrange mystère d'une intelligence esclave coexistant avec une volonté libre, d'un entendement hétéronome uni à une volonté autonome, et si l'on maintenait cette contradiction, que deviendrait l'unité du sujet ?

Il importait à la démonstration de cette unité d'abréger la distance qui, pour beaucoup, sépare les axiomes des impératifs, et de l'abréger, au point de la rendre à peu près insensible. Nous pensons qu'il y a là plus qu'un rapprochement artificiel obtenu par un simple jeu de formules. Nous pensons que les termes « impératifs logiques » dont l'usage n'est pas répandu, si même on l'a proposé avant nous, répondent aussi exactement que possible à la réalité des faits, qu'ils traduisent assez fidèlement, pour ne pas dire plus, l'état d'indépendance de l'âme vis-à-vis de tout ce qui n'est point elle, qu'ils marquent mieux qu'on ne l'a fait jusqu'à ce jour, cette liberté de l'entendement, méconnue par les mieux intentionnés des psychologues et qu'il faut, bon gré mal gré, se décider à reconnaître, sous peine de ne rien comprendre à l'histoire des opinions et des doctrines.

DOGMATISME, SCEPTICISME, PROBABILISME

L'analyse du jugement conduit, depuis Kant, à la distinction d'une matière, de provenance empirique, et d'une forme, œuvre de l'esprit. Trois formes irréductibles, essentielles à tout jugement, sont : 1° la qualité ; 2° la quantité ; 3° la modalité (1). Juger, c'est unir un concept à un autre, en tout ou partie de son extension et marquer ce double rapport qualitatif et quantitatif d'un coefficient de doute, de probabilité ou de certitude.

Affirmer avec Kant que la modalité est une catégorie, c'est affirmer qu'aucun jugement ne se produit sans déterminer un état de certitude, d'opinion ou de doute. Un jugement qui ne serait ni problématique, ni assertorique, ni apodictique, ne peut se concevoir.

L'esprit est-il le siège de la certitude, de la probabilité, du doute ? Il semble n'en être pas le siège unique, car, si les formes de la pensée n'ont de valeur qu'à la condition de ne point rester vides, il doit s'exercer entre le contenant et le contenu de la pensée une sorte d'action réciproque qui permette d'expliquer, sinon l'existence même des catégories, du moins leur application aux cas particuliers de l'expérience. On sait que les coefficients

---

(1) On a omis à *dessein* la catégorie de relation : c'est qu'en effet, juger c'est *rapporter :* la relation est, par excellence, le nom du jugement.

de la qualité et de la quantité sont variables, que celle-ci est universelle, ou générale, ou particulière, celle-là, affirmative ou négative, que la modalité comporte, elle aussi, des coefficients variables. Ces coefficients, on les connaît, et les noms qui les désignent ; les mots : doute, probabilité, certitude, offrent au premier venu un sens suffisamment précis.

Puisque le coefficient des catégories est variable, on est tenté d'en chercher la cause dans le contenu de la connaissance, et il semble que dans la détermination de ces coefficients, la matière de la connaissance ait à intervenir. Selon le dogmatisme, c'est dans l'objet de la connaissance que siègent, tout d'abord, le doute, la probabilité, la certitude. Examinons la thèse, et, s'il y a lieu, discutons-la.

I

Il n'entre pas dans notre dessein de reprendre, en y insistant, les raisons invoquées contre les dogmatistes et dont ils n'ont jamais triomphé. Nous voudrions seulement expliquer la genèse d'une doctrine illustrée au xviie siècle par le génie de Descartes, reprise de nos jours avec obstination, et, s'il faut tout dire, avec plus d'obstination que de force, par M. Herbert Spencer.

La vérité, dit-on, a pour signe l'évidence, et elle l'a pour signe, parce qu'elle l'a pour effet. La vérité devenue visible n'est autre que l'évidence ; voilà la thèse des dogmatistes. Elle est assez répandue, pour qu'on lui ait fait, chez quelques philosophes et ailleurs que chez les philosophes, la réputation d'être instantanément intelligible. Nous pensons tout le contraire, et nous jugeons que pour rendre la thèse facile à comprendre, il faut essayer de la développer. Les dogmatistes s'expriment comme si, avant d'être dans l'esprit, la vérité était dans les choses. De même que les choses à trouver préexistent à leur recherche, de même les vérités destinées à être prochainement affirmées préexisteraient à l'adhésion de l'entendement. On serait, par suite, contraint de localiser le vrai dans l'objet de la connaissance et d'assimiler son acquisition à une sorte de transfert.

Le dogmatisme est, à coup sûr, aisé à comprendre pour ceux que n'inquiètent pas les difficultés du problème, ce qui est assez le propre des ignorants ou des incompétents ; de plus, il est d'une adoption facile à ceux qui acceptent la comparaison fondamentale, celle de l'esprit avec une sorte de plaque photographique, sur laquelle les images se réfléchiraient sans déformation.

L'histoire de la philosophie nous apprend que cette comparaison s'est trouvée à la racine de tout dogmatisme. En effet, la théorie des idées-images en dérive nécessairement. Et encore dire qu'elle en dérive, c'est parler improprement : il n'y a point là deux théories distinctes, mais plutôt deux traductions d'une seule et même théorie.

Les dogmatistes, sachons le reconnaître, en plaidant la cause des idées-images, l'ont plaidée, bien certainement sans y prendre garde ; ils n'ont point cru à ces images émises par les objets, interposées entre l'esprit et les choses : ils ont même, à plusieurs reprises, raillé Démocrite, Lucrèce, Locke, attendu, disaient-ils, que l'existence des idées-images échappe à tout essai de vérification, que, chaque fois qu'on en parle, l'embarras est grand de les définir, de les qualifier matérielles ou spirituelles. Bref, ils ont assez durement malmené les partisans des idées représentatives, et non sans rappeler, au moment de clore la controverse, le vieil adage d'Occam : *Non sunt multiplicanda entia præter necessitatem.*

Thomas Reid, entre autres, lutta contre cette doctrine avec obstination et succès ; il convient de lui en faire honneur, car il a déblayé, par sa dialectique, la théorie de la perception. Notons, cependant, que ce psychologue candide s'imaginait, en frappant sur Locke, terrasser presque du même coup David Hume, et sauver l'entendement du scepticisme. Il lui semblait qu'exorciser les idées-images, c'était rendre au dogmatisme le libre usage de ses anciens droits, que souffler, pour ainsi dire, sur ces lutins, c'était permettre au sujet de prendre directement possession de l'objet. Désormais, plus d'écran, plus d'intermédiaire entre l'un et l'autre ; donc, et par là même, plus de raisons sérieuses de mettre en doute la légitimité de la connaissance.

Les difficultés que Thomas Reid croyait écartées pour toujours ne devaient point tarder à reparaître. En effet, lorsque l'esprit perçoit, et d'une manière générale, lorsque l'esprit acquiert une connaissance, il se meuble d'idées. Or, une question se pose, et il faut bien se résigner à y répondre. Ces idées sont-elles, ou non, conformes aux objets qui les suscitent ? Reproduisent-elles exactement les choses dont elles sont les idées ? Thomas Reid soutient, par exemple, que nous percevons les objets tels qu'ils sont, autrement dit, que nos perceptions sont adéquates aux choses. Étendre cette théorie de la perception à toute connaissance, c'est donner la formule générale de tout dogmatisme.

Si l'on en doute, on fera bien de se rappeler la théorie platonicienne de la Réminiscence. Platon distingue la connaissance des choses sensibles, passagères, changeantes, de celle des choses intelligibles, éternelles, immuables ; puis il explique les connaissances du second groupe comme celles du premier, par une action directe de l'objet sur le sujet, par une sorte d'immédiation de l'entendement et des choses. Il semble donc avoir raisonné en partant de ce principe que toute connaissance est une sorte de vision. Mais comment prouver que l'homme a la vision des choses suprasensibles ? Platon ne l'a point prouvé et ne s'est nullement embarrassé de l'absence de preuve ; car il n'est pas nécessaire, pour penser à une chose, que cette chose soit devant nous : il suffit qu'elle l'ait été à une époque quelconque. Cette remarque a vraisemblablement conduit l'auteur des *Dialogues* à sa théorie. Rien ne pouvant entrer dans l'entendement qu'au moyen d'une perception, actuelle ou antérieure, il faut, de toute nécessité, puisque nous connaissons les Idées et que leur recherche dans ce monde sensible est une recherche vaine, que nous les ayons autrefois perçues. On le voit, l'explication est d'une simplicité presque naïve.

Franchissons l'intervalle de siècles qui sépare Platon de Malebranche, et passons de la théorie de la Réminiscence à celle de la Vision en Dieu. Le terme « Vision » nous paraît admirable de justesse. Qu'est-ce, en effet, qu'un visionnaire, sinon un homme qui, outre les choses situées devant ses yeux, à portée de ses mains, en perçoit d'autres et affirme leur existence sur la foi de l'*intuition* qu'il s'en attribue ? Malebranche attribue à l'homme des intuitions de ce genre : or, si l'on veut bien y prendre garde, on s'apercevra que la théorie de la Vision en Dieu est calquée sur cette théorie rudimentaire, à l'aide de laquelle chacun s'explique la perception des objets sensibles, et qui consiste à établir entre le sujet et l'objet une communication directe. Malebranche imaginait une communication de ce genre entre l'entendement de l'homme et celui de Dieu.

On a coutume d'opposer les empiristes aux intellectualistes, partisans des idées innées. Certes, quand il s'agit de déterminer le contenu de la connaissance, ils sont presque aux antipodes les uns des autres : les uns refusent à l'esprit la faculté de connaître autre chose que des objets sensibles, les autres investissent l'entendement d'une sorte de perception du suprasensible. Mais ils sont bien près de s'entendre quand il s'agit d'expliquer le mécanisme de la connaissance. En effet, dans l'une et l'autre école, l'esprit n'est rien de plus qu'une table rase sur laquelle viennent s'inscrire, ici, les données du monde sensible, là, celles du monde suprasensible, ailleurs, celles des deux mondes à la fois. Par suite, on peut se croire autorisé à réunir ensemble tous les dogmatismes en raison de leur tendance commune, et qui consiste à se représenter l'acte de connaître comme s'il ne différait pas de celui de voir ou de toucher.

II

Cette tendance nous est prouvée par l'histoire des doctrines. Elle le serait encore plus, sans doute, si l'on pouvait consulter cette psychologie préhistorique qui précéda les philosophes, et sur laquelle nous n'avons point de documents directs.

Certes, rien ne serait plus téméraire que de consulter des documents dont on aurait soi-même remanié, pour ne pas dire rédigé, les textes, et c'est le cas des documents soi-disant préhistoriques. Toutefois, ceux que nous avons dessein d'interpréter ont à peine besoin, pour être rendus lisibles, du secours de l'imagination. Ils nous sont parvenus à peu près intacts, et cela, malgré une ancienneté d'origine qui laisse bien loin derrière elle les premiers tâtonnements de la pensée.

Il est, en effet, une psychologie rudimentaire, dont la naissance est vraisemblablement contemporaine de l'humanité, et sur laquelle viennent se greffer les doctrines des philosophes: cette psychologie s'incarne peu à peu dans la langue courante, s'y fixe et s'y perpétue. De là vient que pour l'étudier il suffit d'interroger le langage. Or, le fond de ce langage est sensiblement le même aujourd'hui qu'autrefois. Ces mots, dont on dit qu'ils s'appellent les uns les autres, moins par l'effet du voisinage des sons que par l'effet du voisinage des sens, ces mots, pour la plupart, ont passé des langues mortes dans les langues vivantes, et leur connotation s'est accrue sans s'altérer. Ils ont gardé leur valeur évocative, et l'on peut aisément s'en donner la preuve, si l'on remarque que depuis les origines de la civilisation jusqu'à nous, la psychologie du sens commun est restée sensiblement la même.

Ces brèves réflexions nous autorisent à interroger la préhistoire à travers la langue courante, et nous permettent d'attacher aux résultats de notre examen une portée indépendante de toute circonstance de temps et de lieu.

Aux yeux du vulgaire, la certitude est l'équivalent subjectif de la vérité ; elle est un état de l'esprit, dont la source, pour n'être pas étrangère à l'esprit, lui est cependant extérieure. Il semble que la vérité fasse partie du contenu de la connaissance, et que, sans se détacher absolument des choses où elle réside, elle passe dans l'esprit, sinon pour y demeurer, du moins pour y résider quelque temps et y laisser une empreinte durable.

Aux yeux du vulgaire, et la remarque a son importance, le mot *certain* peut se substituer au mot *vrai*. On dit indifféremment : « cela est vrai » ou : « cela est certain ». La certitude jouerait, dès lors, vis-à-vis de la vérité un double rôle ; tantôt elle se comporterait comme un équivalent subjectif, tantôt elle serait un équivalent objectif, un vrai synonyme. En effet, le terme *certain* qualifie à volonté le sujet ou l'objet de la connaissance.

Vérité a donc pour synonyme Certitude, et par synonymes, je n'entends pas des mots dont la connotation et la dénotation coïncident, j'entends simplement des mots auxquels il arrive, dans certains cas, de pouvoir être remplacés l'un par l'autre : notons, d'ailleurs, qu'il s'agit de consulter un vocabulaire, où la coïncidence parfaite de deux mots est un cas d'exception.

Soient trois propositions de contenu semblable : 1° le diamètre divise le cercle en deux parties égales ; 2° il est vrai que le diamètre divise le cercle en deux parties égales ; 3° il est certain que le diamètre, etc. Ces trois propositions ont même sens, attendu que les nuances qui les distinguent échappent ordinairement.

On est conduit, par ce qui précède, à voir des équivalents dans les trois adjectifs : certain, vrai, réel. Bossuet n'a-t-il pas dit : « Le vrai, c'est l'être » ? Mais, s'il l'a dit, croyant en cela s'exprimer au nom de la raison commune, c'est que le vrai lui semblait être quelque chose de plus qu'une propriété de l'objet. De dire quoi, l'embarras serait grand ; mais on ne saurait exiger du sens commun ce degré d'habileté dialectique qui n'échoit qu'aux grands philosophes.

Il n'est cependant pas difficile de s'apercevoir que Vérité et Réalité sont loin d'être rigoureusement synonymes ; car la qualité d'être vraies n'appartient pas aux seules propositions affirmatives, et il faudrait que cela fût pour permettre d'attribuer une signification identique aux termes réalité et vérité. Or cela est impossible, car la non-existence s'affirme tout aussi bien que l'existence. Dès lors, ou l'on révoquera en doute la légitimité des jugements de non-existence, ou l'on cessera de voir dans le vrai l'équivalent du réel. Le même argument ne permet point davantage de concevoir la vérité comme une propriété de l'objet.

— Alors le dogmatisme va se rendre ? — Non ; il cherchera des expédients pour maintenir les positions qu'on lui dispute et il saura en trouver. En attendant de les connaître, observons qu'à la manière dont on s'exprime ce n'est pas seulement le certain que le dogmatisme paraît localiser dans l'objet de la connaissance, mais encore le douteux et le probable. Ces deux adjectifs ne s'appliquent-ils pas au contenu de l'affirmation ? A qui n'arrive-t-il pas de dire : « Ceci est probable ; ceci est douteux » ? Ce sont là façons de parler quotidiennes.

On les jugerait à bon droit incorrectes, car, si l'on fait abstraction du sujet qui affirme, plus rien n'est probable, plus rien n'est douteux. « En soi », il n'est point douteux, par exemple, que le Créateur existe. Son existence est certaine, ou sa non-existence.

La position du dogmatisme est décidément intenable. Il faudra donc, pour ne pas abdiquer, qu'il ait recours à un subterfuge. Nous le connaissons déjà. Il consiste : 1º à comparer le fait de connaître au fait de voir, tel qu'il est censé se produire ; 2º à ériger la comparaison en raison explicative.

Il semble maintenant possible de distinguer, dans l'évolution du dogmatisme, deux phases : l'une, pendant laquelle *vérité* et *réalité* restent confondues, sans qu'on s'explique ni même qu'on remarque les embarras que la confusion fait naître ; l'autre, et c'est celle-ci que nous voudrions sommairement décrire, pendant laquelle, tout en persistant à maintenir dans l'objet de la connaissance le siège de la certitude, de la probabilité, du doute, on charge ces trois termes de désigner des propriétés de l'objet, non plus, comme tout à l'heure, fixes et intrinsèques, mais, en quelque sorte, extrinsèques et mobiles. Essayons de nous expliquer sur ce point.

III

Pour dire qu'une chose est certaine, les Grecs recouraient, entre autres, à l'expression φαίνεται, dont la racine est φῶς, *lumière*. De même, il nous arrive, à nous encore, de dire que l'évidence *brille*. Sans doute, l'évolution de la langue a dû modifier le sens du verbe, au point qu'on a pu s'en servir pour exprimer, non plus une affirmation ferme, mais un simple penchant à l'affirmation ; il serait toutefois inexact d'attribuer au mot φαίνεται une signification sans analogie avec celle de sa racine.

L'évidence est donc une sorte de lumière. Or, on sait que la lumière va et vient, que, selon la manière dont elle rayonne, les formes et les dimensions des objets se modifient à nos yeux. Il est, pour les connaître avec exactitude, des moments de les regarder : tantôt c'est la clarté pure et pleine, tantôt c'est l'ombre et tantôt la pénombre. Dans le premier cas, on a la certitude ; dans le second, la connaissance est douteuse et l'on hésite entre plusieurs jugements qui se heurtent et se contredisent ; dans le troisième, l'hésitation cesse, l'équilibre entre l'affirmation et la négation disparaît, on incline visiblement d'un côté, mais toute cause d'incertitude n'est pas écartée définitivement.

La lumière se mouvant autour des choses, il en résulte que celles-ci n'apparaissent pas toujours les mêmes. Évidentes naguère, elles ne sont plus, en ce moment, jugées telles, l'obscurité les enveloppe ; on dirait que l'instant de les examiner a été mal choisi. Ce ne sont là que des métaphores : ignorées du sens commun, et peut-être trop confusément entrevues d'un grand nombre de dogmatistes, pour ne pas rester inconscientes, ces métaphores les mènent, les dupent et entretiennent chez eux l'illusion de l'évidence objective. De là vient qu'au lieu d'expliquer, ils imaginent ; ainsi font les gens du monde, et parfois les philosophes les suivent, rapprochant l'inconnu d'un connu quelconque, et instituant une comparaison arbitraire. Tel a été, tel sera toujours l'expédient des dogmatistes. Ils s'exprimeront comme si la certitude, la probabilité, le doute, résidaient, non dans l'esprit, mais dans les choses ou aux alentours : on dirait des foyers lumineux placés dans le voisinage des objets, d'un éclat variable et d'une clarté intermittente.

Notre espoir n'est pas que les dogmatistes soutiennent explicitement cette opinion singulière ; la soutenir serait abdiquer. Pourtant, à moins d'inconséquence, ils sont tenus de la soutenir ; s'il leur arrive de manquer de suite dans leurs conceptions, peu nous importe ; aussi bien, la controverse présente ne vise-t-elle personne : elle est dirigée contre l'esprit général du dogmatisme et contre les allégations logiquement conséquentes aux prémisses du système. Il importait de les produire au grand jour.

Que si, dès l'abord, rien n'est plus naturel que de croire au transfert de l'évidence, après examen, rien ne paraît moins vraisemblable. Au surplus, derrière ce mot « transfert », qu'y a-t-il ? Un mot, une figure, et rien de plus. Derrière cette définition : « L'évidence est la clarté qui produit la certitude », et c'est la définition (??) chère aux dogmatistes, aucune conception précise ne se découvre. Partez de cette définition, développez-la, et bientôt vous vous surprendrez en plein monde de la fantaisie, hanté par l'image d'un rayon de lumière, par le souvenir des lois du rayonnement lumineux, cherchant dans l'expression de ces lois un expédient pour vous représenter... oserez-vous dire « les lois de la vérité rayonnante » ? Vous reculerez devant cette audace : elle équivaudrait d'ailleurs à un aveu d'impuissance. Et néanmoins l'hallucination persistera. Les lois de la lumière resteront présentes à votre mémoire. Vous penserez à l'angle de réflexion égal à l'angle d'incidence, à cette loi qui permet ou est censée permettre à la surface des eaux tranquilles de nous renvoyer sans déformation l'image du soleil, des maisons, des arbres, etc., et vous comparerez l'esprit, soit à la surface d'une eau tranquille soit à un miroir. Et cette comparaison s'impose au dogmatisme : comment résoudrait-il autrement le problème de la connaissance, s'il cessait de croire au rayonnement de la vérité ?

S'il renonçait à la comparaison, le dogmatisme se trouverait réduit à cette formule presque insignifiante : « La certitude a l'évidence pour cause. » Désireux de savoir quelle est cette cause, il contenterait son désir en lui donnant un nom et il n'aurait rien de plus à faire. La nécessité de s'attacher à la comparaison est donc inéluctable, et c'est d'ailleurs à quoi l'on se résigne chez les dogmatistes. En effet, ne dit-on pas communément, chez eux, que l'homme a l'*intuition* du vrai? Or, le mot *intuition* a même origine que le mot *évidence* : il ne signifierait rien pour des aveugles (1).

Il faut garder la comparaison. Peut-on la garder ? Ne tournera-t-elle pas tôt ou tard, et presque fatalement, à

---

(1) Le sens propre d'*intueri* est : avoir les yeux fixés sur.

la confusion de ceux qui l'emploient ? Les sceptiques ne tarderont pas à s'en emparer. Ils feront observer à leurs adversaires que le prétendu rayonnement de la vérité, quand même on se flatterait de savoir qu'il a lieu, ne garantirait en rien la légitimité de la connaissance. En effet, si les choses se passent dans l'ordre de la connaissance comme dans celui des phénomènes d'optique, rien n'autorise à supposer que les rayons de la vérité ne subissent point, comme ceux de la lumière, l'influence des milieux traversés. La *réflexion* n'empêche point la *réfraction*. En est-il ainsi de la vérité ? Au cas où cela serait, le dogmatisme se trouverait pris à son propre piège. Tels seraient les fruits d'une comparaison qui, si naturelle qu'elle semble, repose sur des bases fragiles, et que personne, jusqu'à nos jours, s'appelât-il Descartes, n'a réussi à justifier pleinement.

Le dogmatiste place la vérité dans l'objet de la connaissance. En vertu de cet instinct mythologique, sans lequel un disciple de Platon assurerait très probablement que toute philosophie est inabordable, il prétend que la vérité brille de son propre éclat, lui donne le nom de lumière intellectuelle, et l'investit des mêmes propriétés que la lumière sensible. Or, celle-ci n'induit en erreur que les seuls ignorants, ceux qui n'ont point étudié les lois de l'optique. Nul ne se tromperait s'il ne dépassait les limites de la « perception distincte » (1). Le mot est de Descartes, et il prouve à quel point la métaphore est tenace : l'erreur est le lot des prisonniers de la caverne, qui vivent

---

(1) Par « perception distincte » Descartes entend la connaissance claire, le savoir complet. A ses yeux, un homme ignorant les lois de la réfraction n'aurait sur la lumière que des notions obscures et confuses.

perpétuellement le dos tourné à la lumière. Platon chez les anciens, Descartes chez les modernes, étaient sincères l'un et l'autre quand ils croyaient le philosophe exempt d'erreur. Et qu'on ne raille point cette illusion : elle est la conséquence inévitable du dogmatisme. La pleine clarté, l'ombre, la pénombre se reconnaissent, pour qui sait voir, à des marques certaines, à des sensations visuelles qualitativement et quantitativement discernables, cela est de sens commun. Il semble donc, et par analogie, impossible à celui qui sait bien conduire sa pensée d'affirmer comme évident ce qui est douteux, comme douteux ce qui est évident. Quand une vérité est évidente par elle-même, si rien ne vient distraire l'esprit, et s'il la considère avec toute l'attention dont il est capable, l'adhésion ne saurait tarder.

IV

Mais n'est-il pas un grand nombre d'illusions d'optique inaperçues même des gens avisés ? Ou bien il faut l'avouer sans détour, ou bien il faut renoncer à comprendre comment il nous arrive, et cela est presque de tous les instants, de remplacer une connaissance fausse par une connaissance vraie : et cela se produit, encore que nous soyons hors d'état d'attribuer notre connaissance fausse à un manque d'attention.

Il y aurait donc une évidence du faux *apparemment* indiscernable de celle du vrai ? Voilà qui condamnerait les dogmatistes. Or, on ne peut les soustraire à la condamnation. En effet, rien ne sert de comparer entre elles deux propositions dont l'une affirme quand l'autre nie, et d'en conclure qu'elles se repoussent. Rien ne sert de dire : J'ai cru que A était B ; je sais maintenant qu'A est A ; donc je m'étais trompé. Voici comment la question se pose : quand j'énonçais la proposition : « A est B », l'affirmais-je sur la foi de l'évidence ? — Mais cela n'est pas possible, et la preuve, c'est que maintenant j'affirme le contraire.— Convenons alors que l'évidence peut briller d'un faux éclat, que l'homme le plus impartial, et le plus éclairé tout ensemble, peut affirmer, aujourd'hui, sur la foi de l'évidence, ce qu'il niera plus tard, demain peut-être, sur la foi de la même évidence, que toute vérité, pour s'établir comme telle, a besoin de la consécration du temps.... Et encore cette consécration du temps n'est-elle pas une garantie suffisante.

Le dogmatisme est décidément insoutenable : il croit résoudre le problème de la connaissance alors qu'il ne fait que l'énoncer. Et c'est à peine si l'on peut dire qu'il l'énonce. Il prend son point de départ dans une comparaison grossière, et je dis que cette comparaison est grossière, parce que cette théorie de la perception visuelle, qu'il érige en théorie générale de la connaissance, n'est, elle-même, qu'une ébauche d'explication. Supposer, en effet, que dans l'état de certitude, l'esprit reçoit de l'objet une image fidèle, analogue à celle que donnerait, par exemple, un miroir plan, c'est non seulement risquer une supposition gratuite, mais c'est encore établir un rapprochement arbitraire entre une chose que l'on ignore et une autre chose tout aussi profondément ignorée.

On prend pour résolu un problème qui est loin de l'être, on procède comme si le problème de la légitimité de la perception externe ne soulevait pas plus de difficultés devant la science qu'il n'en soulève devant le sens commun ; bref, on s'imagine avoir la notion claire et distincte de ce qu'est un miroir fidèle, en quoi l'on cède à une évidence fausse.

En effet, si l'on donne aux mots leur signification

exacte, il n'est ni miroirs fidèles ni miroirs infidèles. Il est des miroirs plans, des miroirs concaves, des miroirs convexes, etc. Or, chaque genre de miroir renvoie des images différentes. Ce qui fait que je ne me reconnais pas quand je me regarde dans un miroir concave ou convexe, tient précisément à ces différences. Un homme qui n'aurait, pour se mirer, que des miroirs convexes serait surpris et même désorienté le jour où il les échangerait contre des miroirs plans.

— On m'objectera que nous avons un critérium infaillible de la fidélité des miroirs, et que celle des miroirs plans peut se démontrer par la ressemblance entre les images qu'ils donnent et les représentations dont la vue est l'origine. Si je ne me suis jamais regardé dans un miroir autre que concave, à coup sûr, je ne me reconnaîtrai pas dans un miroir plan. Mais je puis voir mes semblables de mes yeux, regarder ensuite leur image quand elle se réfléchit sur la surface de l'eau, et constater que, pour la forme et les dimensions, l'image directe et l'image réfléchie se confondent. Il y a là similitude, presque coïncidence. Les choses se passent autrement dans les miroirs concaves ou convexes, et, dès lors, il devient injuste de refuser aux dogmatistes la notion claire de ce qu'ils entendent par un miroir fidèle. —

L'objection n'est que spécieuse. On n'a point voulu reprocher aux dogmatistes de ne pas savoir ce qu'ils entendent par cette expression « miroir fidèle » ; on leur a reproché d'entendre mal, ce qui est bien différent. Et ils méritent ce reproche. En effet, la nécessité où sont les hommes d'agir en commun les oblige à parler le même langage, et leur impose, souvent à leur insu, certaines conventions. De même que les physiciens recourent à des unités de chaleur ou d'électricité, de même le vulgaire recourt à ce que, faute d'un terme meilleur, j'appellerai : « des étalons de vérité ou d'exactitude », d'origine conventionnelle(1). Pour affirmer que tout miroir plan donne des objets une image exacte, il faut prendre pour étalon d'exactitude l'image directe donnée par les yeux.

— Celle-ci, est-elle conforme à l'objet ? Là-dessus le vulgaire n'a point d'hésitation ; il affirme la conformité, ne se doutant pas qu'il parle, ou sans se comprendre, ou sans avoir réfléchi. Il ignore ou il oublie que l'œil est une sorte de miroir, et que pour être sûr de ce que l'on avance, il faudrait avoir vérifié son exactitude. Et cela ne se peut. Les images des choses que nous devons à la vue, leur sont-elles conformes ? On l'admet, et cette convention est naturelle ; mais ce n'est qu'une convention, car il est certain qu'avec d'autres yeux nous verrions d'autres formes et d'autres dimensions aux mêmes objets. Aussi, se demander dans quelle mesure la représentation visuelle que nous avons des choses leur est conforme, c'est poser une question vide de sens ; et la résoudre par l'affirmative, c'est parler sans penser, car, ou bien il s'agit de choses tombant sous le sens de la vue, auquel cas la chose représentée et sa représentation se confondent, ou bien il s'agit de réalités non visibles, dont les réalités visibles seraient les copies, et alors comment confronter ?

On est donc forcé de conclure que le dogmatisme, malgré ses longs états de service, a perdu tous ses titres à la reconnaissance de la philosophie, qu'il a beau avoir régné longtemps et longtemps gouverné, il n'en a pas

---

(1) Le physicien dit qu'un corps a gagné une unité de chaleur lorsque sa température s'est accrue d'une quantité donnée ; de même le psychologue dira qu'une connaissance est vraie ou exacte lorsque certaines conditions arbitrairement fixées se trouveront remplies.

moins gouverné contre le droit. Ce système est deux fois inadmissible : 1° parce qu'au lieu d'expliquer il compare ; 2° parce qu'au lieu d'aller chercher sa comparaison dans un ordre de choses connu, ce qui serait une circonstance atténuante, il la prend parmi celles qu'il ignore, et dont il s'est forgé, pour les besoins de la pratique, une explication dérisoire.

V.

Le dogmatisme ne nie point l'erreur, mais il ne peut en rendre compte. Le scepticisme ne nie point la certitude. Il la constate à titre de fait ; puis, quand il s'agit de passer du fait au droit, il déclare le passage illégitime.

On a soigneusement recueilli les raisons invoquées par les sceptiques et, sur les principes des pyrrhoniens, il ne reste plus rien à savoir. On commence même à se douter que les pyrrhoniens, conséquents à leur attitude, ne sont jamais allés jusqu'à dire que la vérité n'est pas accessible à l'homme. Cette proposition, chaque fois qu'ils l'énonçaient, ils la marquaient d'un coefficient de doute. « Rien n'est certain, pas même cela, que rien n'est certain. »

Le dogmatisme comporte au moins deux formes : l'une positive, la plus fréquente ; l'autre négative. Nier avec certitude, c'est encore dogmatiser. A l'égard de la métaphysique, par exemple, l'attitude des positivistes n'est pas celle des sceptiques : ceux-ci n'affirment rien touchant les premiers principes ; ceux-là pensent, nettement et fermement, que la recherche des premiers principes est une recherche stérile ; ils ont fait leur siège. Les sceptiques n'ont jamais fait le leur. On se trompe singulièrement, chaque fois que, parlant des sceptiques, on les présente comme s'ils affirmaient qu'il n'y a pas de vérité et qu'il ne peut y en avoir. Et même, affirmer l'impossibilité d'arriver au vrai, c'est se supposer capable de prouver ce que l'on affirme, et cela est contraire à l'essence du scepticisme.

Peut-être il n'est point facile de s'interdire tout jugement autre que problématique, et l'on a pu entendre certains sceptiques de profession élever leur hypothèse au rang de thèse. Peut-être il leur est arrivé de prendre, vis-à-vis de leurs adversaires, les allures tranchantes des hommes convaincus : c'est être convaincu que de l'être de ses négations. Pourtant, si l'on veut remonter à l'origine du terme *sceptique*, on reconnaîtra qu'il s'agit d'un état d'apathie, ou plutôt, d'ataraxie intellectuelle, excluant toute adhésion. Sollicité par l'évidence, le pyrrhonien se réserve, non de contester l'inclination qu'il éprouve, mais de ne la légitimer par aucun consentement ; or, affirmer et consentir, même dans les cas où le jugement énoncé est une négation, n'est-ce pas tout un ? « Je ne sais même pas que je ne sais rien », aurait dit Métrodore.

Pour confondre deux états aussi nettement opposés que peuvent l'être le scepticisme et le dogmatisme négatif, il faudrait commettre une lourde faute contre la logique et raisonner, comme si l'affirmation et le doute étaient deux espèces d'un même genre. On éviterait cette faute en ayant égard à la distinction kantienne des catégories: en effet, l'affirmation appartient à la catégorie de qualité, le doute à celle de modalité. Le doute n'est décidément pas le contraire de l'affirmation.

Dès lors, la question de savoir si les sceptiques se sont contredits, en affirmant comme évidente l'impossibilité, pour l'esprit, d'arriver à une certitude légitime, est une simple question de fait, et sur laquelle l'histoire seule peut nous renseigner. Autre chose est de prétendre que le scepticisme est une attitude pratiquement difficile à tenir, autre chose est de décider, en se plaçant au point de vue théorique, que le scepticisme enferme une contradiction. Encore une fois, la logique, si elle interdit d'affirmer en même temps deux thèses contradictoires, ne saurait interdire, ni l'examen prolongé de l'une et de l'autre, ni l'ajournement de toute décision. Il est étrange que ce reproche de loger chez soi son ennemi, si souvent renouvelé contre le scepticisme, ait trouvé tant d'écho dans la patrie de Montaigne ; car c'est dans Montaigne que le scepticisme a trouvé sa vraie devise. Elle n'est pas : « Je ne sais rien. » Elle est : « Que sais-je ? » Montaigne se rencontre avec Métrodore ; mais combien sa formule n'est-elle pas incomparablement plus heureuse !

Le scepticisme est un état, non point de négation, mais de doute. — De doute universel ? — Pour qu'il en fût ainsi, il faudrait que le pouvoir de tout envelopper dans le doute fût accordé à l'homme : il nous apparaît qu'un tel pouvoir implique contradiction.

On sait un passage célèbre, où Stuart Mill essaie d'établir, contre Hamilton(1), que l'on peut douter de son doute. En effet, sans reprendre l'argumentation de Stuart Mill, on remarquera que, si le doute à l'égard du témoignage des sens est possible, on peut, aussi bien, douter du témoignage de la conscience, quel que soit, d'ailleurs, l'objet de ce témoignage. Or, ici, la conscience m'apprend que je doute. Donc le doute peut porter sur lui-même. On ajouterait à cela que, souvent, nous voyons fort peu clair au fond de nous, que la conscience psychologique a ses illusions. Sujette à l'illusion de la croyance, comment échapperait-elle à l'illusion du doute ? —

---

(1) Cf. dans l'*Examen de la philosophie d'Hamilton*, le chapitre sur l'*Interprétation de la Conscience*.

L'argumentation est spécieuse. Elle n'est pas sans réplique. D'abord, que faut-il entendre par « l'illusion de la croyance »? En quoi une telle illusion se distingue-t-elle de son objet? Croire que l'on croit, n'est-ce point répéter deux fois la même chose et se donner le plaisir d'une répétition de termes? Penser que l'on pense n'équivaut-il pas à penser? De même, croire que l'on croit n'équivaut-il pas simplement à croire?

— On essaiera de distinguer. Tantôt, dira-t-on, la croyance s'énonce sans prendre garde au coefficient d'incertitude dont elle s'accompagne, tantôt, au contraire, la conscience de cette incertitude se fait jour: tantôt, on pense à une chose, sans plus songer au genre d'opération intellectuelle qui s'accomplit, tantôt, l'attention se concentre sur la matière et non sur la forme de l'opération. Ainsi, penser que l'on pense est différent de penser; croire que l'on croit est différent de croire. On sait, d'ailleurs, la vieille distinction classique des deux consciences, l'une spontanée, l'autre réfléchie; son ancienneté ne lui a rien fait perdre de sa valeur. —

Cette distinction ne peut ici nous être d'aucun secours. En effet, que l'on réfléchisse à l'incertitude des choses auxquelles on croit, que l'on se rende compte, pendant que l'on pense, de ses efforts intellectuels, ou que, s'abandonnant au cours de ses idées, on cède momentanément aux séductions d'une hypothèse, on chercherait vainement, dans l'un et l'autre cas, quelle est la part de l'illusion psychologique. A moins que l'illusion ne porte sur la légitimité de la croyance ou du doute, et non sur le fait en lui-même, il n'y a point place pour elle; car, lorsqu'on soutient la possibilité de douter de son doute, ou bien l'on plaide une cause déjà gagnée, ou bien l'on donne à entendre qu'un philosophe peut affirmer qu'il doute et se tromper en l'affirmant (1). La thèse est, je l'avoue, plus facile à énoncer qu'à comprendre.

Veut-on dire qu'on s'efforce de douter sans y réussir pleinement ? A quoi bon insister sur ce point, puisque la question n'est pas de discuter la réalité d'un fait, mais la valeur juridique d'une thèse ? —

Cependant, si l'on établissait que la réalité psychologique du doute est indémontrable, n'aurait-on pas enlevé aux dogmatistes une de leurs plus fortes positions défensives ? De deux choses l'une : ou Descartes s'est trompé quand il a cru, par le *cogito,* élever un rempart inexpugnable aux sceptiques, ou le scepticisme ne peut s'énoncer sans se détruire. —

Ici encore, on se méprend sur la thèse fondamentale. Dire qu'aucun jugement assertorique ne force l'adhésion de l'esprit, et que, par conséquent, s'il est des vérités certaines, nous sommes dans l'incapacité d'en obtenir la preuve, est-ce nécessairement s'interdire le droit de penser, et, par voie de conséquence, le droit de vivre ? Pyrrhon, d'après Ænésidème, n'affirmait jamais rien dogmatiquement, « à cause de l'équivalence des raisons contraires ; il s'en tenait aux phénomènes » (2). Il con-

___

(1) A dire vrai, les illusions mentales ne sauraient être, comme toutes les autres, que des erreurs d'interprétation. Le fait en lui-même, c'est-à-dire le contenu immédiat d'une perception interne, n'est pas contestable. Les philosophes qui n'acceptent que la preuve dite psychologique du libre arbitre reconnaissent, avec Bossuet, le *fait* du « sentiment vif interne ». *Ils le reconnaissent, mais ne l'érigent pas en preuve.*

(2) Sur ce point le lecteur consulterait avec fruit l'ouvrage de M. Brochard sur les *Sceptiques grecs* (Paris, Alcan, 1887). Il est difficile de fournir des témoignages plus abondants, plus probants, accompagnés d'une critique plus pénétrante.

testait l'évidence de la vérité, non celle de la *réalité*. —
Il croyait donc à quelque chose, et déclarait implicitement son scepticisme impraticable. — Mais ce qui est impraticable, ce n'est point le scepticisme de Pyrrhon et de ses successeurs, anciens ou modernes, c'est une doctrine à laquelle est attachée le même nom et qui n'a jamais eu, dans l'histoire, un seul représentant. Imaginée par les dogmatistes, elle se résume dans l'énoncé d'une thèse invraisemblable, contradictoire, qui se nie en s'affirmant, et qui d'ailleurs n'a jamais trouvé d'avocats, même chez les sceptiques. Soit, par exemple, ce texte :
« Pyrrhon n'affirmait rien dogmatiquement » ; traduisez comme s'il y avait : « Pyrrhon n'affirmait rien » ; vous aurez sans doute condamné le philosophe à se contredire, mais vous l'y aurez injustement condamné, car vous aurez fait un contre-sens. Jamais sceptique n'a soutenu d'absurdité pareille. On peut, encore une fois, s'en rendre compte à l'aide de la distinction établie par Kant, entre la matière et la forme de nos jugements.

La modalité est une catégorie, donc, une forme. L'état d'esprit dans lequel les sceptiques cherchent à se maintenir consiste à ne vouloir se servir que d'un seul coefficient modal, et à donner à tous leurs jugements le caractère problématique. Leur doute porte sur la *forme*, non sur la *matière* de la connaissance. Si les dogmatistes avaient saisi la distinction, ils se seraient épargné des controverses et aussi des efforts inutiles. Descartes, par exemple, aurait compris que l'énoncé de la formule *cogito*, équivalent de *dubito*, ne l'avançait à rien. — N'est-ce donc point une première vérité ? —

Pour Descartes, c'en est une, parce qu'il fait suivre *cogito* de *ergo sum*, parce qu'il se pose *objectivement*, en face de lui-même, à titre de substance pensante, parce que, sur le jugement assertorique : *cogito*, il greffe le jugement apodictique : *sum*. Le tout est de savoir si l'affirmation : *cogito* ne peut être affectée d'un coefficient problématique ; nous ne le pensons pas.

Supposons-la énoncée par un disciple de Pyrrhon ; devra-t-il en conclure contre son scepticisme ? Quand bien même, au lieu de dire : « je pense », il se contenterait de dire : « je doute » ; quand bien même il reconnaîtrait que cette proposition n'est nullement douteuse, il y verrait l'expression d'un fait immédiat et simple, rien de plus. Or, d'un fait à une vérité, la distance, pour n'être pas infranchissable, ne peut être franchie sans qu'on le veuille, et les pyrrhoniens ne la veulent point franchir. Ils constatent des faits et s'en tiennent là ; ils croient, comme tout le monde, à la réalité phénoménale de leurs états de conscience ; ils ne nient pas qu'ils se sentent penser, imaginer, se souvenir, mais ils laissent ces faits en jachère et s'interdisent d'*informer* ces matériaux de connaissance. Descartes s'en est à demi rendu compte, car il n'a pas cru devoir s'en tenir au simple *cogito ;* immédiatement, il en a conclu : « j'existe », et encore il n'en est pas resté là. Le : *ergo sum* devait aboutir au : *sum res cogitans,* etc.

« Je pense ; j'existe ; je suis une chose qui pense » ; on peut soutenir que ces trois propositions s'enchaînent, on peut aussi le contester. La nécessité logique, ou soi-disant telle, de leur liaison ne s'est imposée qu'à Descartes. — Cependant le : *je pense* est incontestable. — Il l'est, mais seulement à titre de fait.— Toujours est-il que mon existence ne saurait être révoquée en doute. — Par vous, non ; par les autres, elle le peut. Qu'est-ce donc qu'une lumière qui ne brille point pour tous ? Qu'est-ce donc qu'une vérité qui ne peut sortir de ma conscience et contraindre l'adhésion d'autrui ? Et elle ne peut la contraindre : autrement le scepticisme ne se serait jamais produit.

On ne réfléchit pas assez à toutes les conditions requises pour qu'une proposition soit reconnue vraie. Il ne suffit pas de la formuler ; il faut encore « penser en l'énonçant », c'est-à-dire adhérer implicitement à toutes ses conséquences : or, c'est de quoi l'on est toujours libre ; autrement il n'y aurait jamais eu de sceptiques.

De ce qu'un fait est indéniable, résulte-t-il nécessairement que tel autre fait s'impose à titre de conséquence ? En cas d'affirmative, on aura élevé le fait au rang de vérité. Exemple : lorsque, dans le *Discours de la méthode*, Descartes prononce le *cogito*, s'il s'attache fermement au *cogito*, c'est moins en raison de l'évidence immédiate du fait, qu'en raison de l'évidence des vérités qu'il y aperçoit contenues. Mais le propre de toute vérité est d'être féconde, et le nom de vérité ne convient qu'aux seuls jugements d'où l'on part pour aller à la découverte. Or, selon Descartes, on ne peut s'en tenir au *cogito*; selon les pyrrhoniens, aucune nécessité logique ne nous pousse en avant. Voilà où est la différence entre les sceptiques et les dogmatistes ; et c'est pour ne s'en être pas rendu compte, que les dogmatistes ont usé contre les pyrrhoniens d'armes inoffensives. En leur reprochant, ce dont jamais un pyrrhonien ne se serait avisé, d'affirmer « catégoriquement » que rien n'est vrai, rien, pas même l'apparence, pas même ce groupe de réalités de premier plan, au-delà desquelles le vulgaire ne cherche plus, ils s'exposent, après leur avoir soi-disant arraché, de force, l'aveu « qu'il y a des phénomènes », à ne plus rien exiger au delà. Mais c'est précisément au delà, qu'entre dogmatistes et sceptiques la question se pose. Pyrrhoniens et cartésiens s'entendraient sur le *cogito*; mais, tandis que les seconds en partent pour conquérir la métaphysique, les premiers y restent et ne souffrent point qu'on les en déloge.

VI

Le scepticisme serait-il un aspect du phénoménisme ? Il y paraît bien, car c'est au nom des conséquences sceptiques qu'on s'est élevé avec tant de violence — je n'ai pas dit avec tant de force — contre Hume et ses partisans.

Regardons-y de plus près, cependant, et il nous paraîtra, peut-être, que les défenseurs de la philosophie de la substance, très fermement attachés, d'autre part, à la doctrine de l'évidence objective, sont, à leur insu, leurs propres adversaires.

En effet, si tout phénomène a sa raison d'être dans une cause, et dans une cause située hors de la série de ses antécédents, si le phénomène n'existe pas à proprement parler, puisqu'il est admis, chez les substantialistes, que la réalité ne lui appartient pas, qu'être et paraître non seulement se distinguent mais s'opposent, si, d'autre part, on est contraint d'avouer que toute connaissance est présentative ou représentative, autant confesser, tout de suite, que l'être des choses échappe.

« Nous ne connaissons le réel de rien », telle serait la devise des substantialistes, s'ils n'avaient le singulier privilège de semer leur route d'obstacles et d'aller, sans qu'ils s'en doutent, se heurter là contre. « Nous ne connaissons le réel de rien », dites-vous ; mais songez que les sceptiques, dont la témérité vous glace d'effroi, sont des timides au prix de vous. Ils ne disent point, comme vous : « la réalité nous fuit » ; mais seulement : « il se peut qu'elle nous fuie ». Combien leur position n'est-elle pas avantageuse ! Leur négation est hypothétique, la vôtre est catégorique. Décidément, la comparaison tourne à la confusion du dogmatisme, et sa cause est bien près d'être mieux défendue par ses adversaires que par ses amis.

Insistons encore et rappelons, ce qui est peut-être ici nécessaire, que les métaphysiciens attachés à la doctrine de la substance sont les mêmes qui ont admis, avec Descartes, et avant Descartes, l'extériorité du vrai par rapport à l'esprit. Le dogmatisme a plus de représentants que le substantialisme: Locke, par exemple, et la plupart des psychologues enclins à chercher dans la sensation l'origine des idées, ne doutent pas, un seul instant, que la vérité, pour être dans le sujet de la connaissance, ne doive en quelque sorte préexister dans l'objet, encore qu'ils ne s'expliquent pas sur cette préexistence mystérieuse, à laquelle ils cesseraient d'ailleurs de croire, s'ils en tentaient l'explication. Le scepticisme de David Hume en est la preuve ; il provient d'un effort pour expliquer, reconnu stérile. Tant qu'on ne soupçonne point la théorie connue sous le nom de « théorie de l'énergie spécifique des sens », on manque de motifs, au moins dans l'école sensualiste, pour douter de la similitude des idées aux choses, et pour s'apercevoir que cette similitude n'est rien de plus qu'un mot, on est dogmatiste par ignorance, ce qui vaut peut-être mieux que de l'être par inconséquence.

Les substantialistes, eux, le sont par inconséquence ; chez eux, le dogmatisme, indéracinable en fait, n'aurait jamais dû s'introduire. En effet, par définition, par « truisme », osons-nous dire, la connaissance ne saurait ne porter que sur des idées. Sa matière a beau être de provenance objective, une fois entrée dans l'esprit, elle en prend quelque chose, à ce point que le terme *matière* reçoit ici un sens tout métaphorique. Notre prétention, quand nous parlons sans réfléchir, et que nous prenons les mots au pied de la lettre, serait de connaître *les choses ;* après réflexion, il y faut renoncer et se résigner à ne connaître que leurs délégués, leurs représentants intellectuels, leurs idées. De cela tous les substantialistes conviennent.

Ils admettent, déjà l'on a pu s'en convaincre, que ces idées ressemblent aux choses. Admettons pour un moment cette similitude inintelligible ; alors la nécessité nous forcera de conclure que la réalité des choses est, directement et immédiatement, accessible à l'esprit. C'est là ce que prétendent les dogmatistes, c'est là ce que les substantialistes n'ont point le droit de prétendre, à moins de supprimer le phénomène et d'adhérer, avec Platon et Malebranche, à la doctrine de l'intuition immédiate des essences suprasensibles.

Par malheur, quand on est substantialiste, on s'avise de distinguer entre les êtres et leurs attributs, d'investir ces attributs de la fonction de représenter les êtres, de telle sorte que l'objet immédiat de la connaissance, à savoir ce que l'idée représente, n'est pas l'être proprement dit, mais l'attribut de l'être, la qualité de l'être, le phénomène de l'être. Thomas Reid dira que nous connaissons directement, sans intermédiaire, les *qualités* des corps extérieurs. Ce ne seraient donc point les choses qui imprimeraient leurs images ou leurs idées dans l'esprit, mais seulement leurs phénomènes.

S'il n'y a rien au delà, le dogmatisme reste hypothétique ; l'hypothèse, du moins, a de quoi satisfaire. Si, derrière les phénomènes ou attributs des choses, il y a les substances, dont les choses, à vrai dire, ne se distinguent pas, peu importe de nous demander si ces phénomènes se laissent réfléchir dans l'esprit, ou si les rayons qui en émanent sont des rayons réfractés. Dans l'un et l'autre cas, la connaissance reste une illusion.

Et l'on aurait tort de dire que nous prenons mal la doctrine des substantialistes ; car il faudrait qu'ils eussent, eux-mêmes, mal saisi leur propre pensée. Auraient-ils eu, par hasard, l'intention de s'exprimer comme si « le phénomène » ou « la qualité » ou « l'attribut » de la substance résultait précisément d'une sorte de réfraction des rayons émanés de la substance ? Si telle avait été, si telle était encore leur pensée de derrière la tête, ils auraient accepté la manière de voir introduite par Kant dans la philosophie, et le dogmatisme aurait abdiqué au profit du criticisme. Or, le criticisme leur est apparu sous les dehors du scepticisme ; ils n'ont pas voulu déplacer le siège de la vérité, et ils n'ont pas désaccoutumé de confondre, sous une étiquette commune, toutes les théories anthropocentriques de la connaissance. Derrière Kant, ils ont cru apercevoir le fantôme de Protagoras. Ils sont restés dogmatistes et, tout en criant bien haut, sans doute afin de s'étourdir, autant que pour étourdir, que nous connaissons les choses telles que ces choses sont, ils ont négligé d'apercevoir combien ce dogmatisme deviendrait stérile le jour où ils adosseraient leur théorie dogmatique de la connaissance à leur théorie sceptique de la réalité.

Encore une fois, l'une ne peut s'appuyer sur l'autre : car, si l'on distingue, dans le réel, un premier plan à portée du spectateur, les phénomènes, les qualités, les attributs, en un mot, les réalités de seconde main ; un second plan, où résident les réalités de première main, mais hors de sa portée, hors de sa vue, combien triste n'est pas la condition faite à l'esprit de l'homme ! Le voilà condamné, pendant toute la durée de son évolution terrestre, au supplice de Tantale : ses idées, pour être exactement conformes à leur modèle, ne sont, en dernière analyse, que des ombres projetées par des ombres, ou, si l'on veut encore, des photographies d'après portraits. Encore si ces portraits étaient d'après nature ! Mais la question ne peut recevoir de réponse et, à plus forte raison, il est interdit de savoir si les portraits sont ressemblants. Combien le scepticisme n'est-il pas moins décevant ! Avec lui, du moins, on n'est assuré de rien : aussi peut-on douter de la réalité de la substance, et, par suite, échapper à l'accablante obsession d'un cauchemar. Quel cauchemar, en effet, que d'avoir les yeux ouverts sur le monde visible, et de se répéter, à chaque instant, que ce monde visible à l'œil humain n'est qu'un monde-écran, derrière lequel le vrai monde se cache ! Le scepticisme commence à nous en délivrer, car, au lieu de répondre par un *non* catégorique, il se contente de dire : *Chi lo sa ?*

VII

On s'est demandé tout à l'heure : « Le scepticisme est-il un aspect du phénoménisme? » Maintenant on sait à quoi s'en tenir. Le dogmatiste affirme, le sceptique doute. Le dogmatisme affirme : 1° que les substances existent ; 2° que nous les connaissons par leurs attributs, ce qui équivaut à nous en refuser la connaissance. Meubler l'esprit d'idées adéquates aux phénomènes, c'est, qu'on le veuille ou non, lui refuser, non, peut-être, la connaissance vraie, mais la connaissance du vrai. En effet, autre chose est connaître avec exactitude l'ombre portée par un objet, autre chose est connaître l'objet qui la porte. On alléguera que l'un mène à l'autre, que les dimensions de l'ombre permettent d'inférer celles de l'objet. En quoi les substantialistes feront preuve d'une distraction singulière. Pour mener à bonne fin le calcul des dimensions d'un objet fondé sur celui de la grandeur de son ombre, il faut avoir préalablement perçu, ou cet objet, ou un objet de même espèce. Or, c'est un avantage auquel les substantialistes renoncent, le jour où ils suspendent les qualités qu'on voit ou qu'on perçoit aux substances qu'ils avouent être invisibles, imperceptibles, inconnaissables. Et s'ils ne l'avouent explicitement, ils l'avouent implicitement ; c'est là l'essentiel.

Dès lors, quand il s'agit de se prononcer sur l'objet de la connaissance, ils font comme les phénoménistes, et même ils sont phénoménistes. Dire : « Les choses réelles sont des êtres en soi, par soi, des substances, mais on n'en peut avoir qu'une connaissance par procuration » ; ou dire : « Il n'y a point de substances », cela semble différer au premier abord : la différence est dans les mots, elle est aussi dans les intentions. Ici on s'obstine à chercher un support aux phénomènes et, pour en finir avec cette vaine recherche, on parle comme si on avait trouvé, tout en confessant qu'on cherchait l'introuvable ; là on ne cherche plus ; mais, dans l'un et l'autre cas, on ne trouve rien : donc, toute différence fondamentale disparaît.

Aussi bien, le terme *phénoméniste* est-il loin d'offrir un sens clair. Tantôt il s'applique à des philosophes partisans de la substance, mais persuadés qu'elle est inconnaissable ; tantôt il désigne les adversaires de la substance, généralement appelés sceptiques, et dont plusieurs consentent à être ainsi qualifiés.

Nous n'avons point à décider ici si le scepticisme est la conséquence nécessaire du phénoménisme. Déjà, cependant, il est possible de comprendre que le sceptique, dont c'est le rôle de douter, ne peut faire autrement, pour exprimer son doute, même par la parole intérieure, que d'énoncer les problèmes auxquels il refuse une solution. Il entend dire autour de lui : Le monde existe, Dieu existe, etc. ; et il se dit en lui-même : Est-il vrai que le monde existe, qu'il y ait un Dieu ? Quand il se tient ce langage, il sait de quoi il parle : il comprend ou croit comprendre ce que disent ceux-là dont il repousse les croyances. Il ne veut pas résoudre l'équation ; il raille ceux qui pensent la résoudre, mais il est capable de la poser. Et c'est à quoi les sceptiques excellent : ils savent fort bien à quel moment leur doute commence, et sur quoi il porte. Ils comprennent qu'un doute absolu se détruit, parce que le doute est une manière de penser, parce que toute pensée est la pensée de quelque chose, parce que douter à vide est tout aussi chimérique que penser à vide. Jamais il ne leur est arrivé de croire à leur non-existence, et les légendes qui ont fait rire de leurs prétendues mésaventures, prouvent seulement à quel point on s'est mépris sur leur compte. Les fameux coups de bâton du *Mariage forcé* n'étaient, peut-être, aux yeux de notre grand comique, qu'une occasion d'égayer l'assistance. On les a transformés en arguments contre le scepticisme, comme si les sceptiques avaient tout nié. Loin de là, ils ont tout admis ; j'irai même jusqu'à dire qu'ils ont tout affirmé, hormis l'évidence, hormis la certitude, je me trompe, hormis la légitimité de la certitude. Leurs négations, je me trompe encore, leurs refus d'affirmer, s'appliquent aux formes de la connaissance — et encore pas à toutes, — non à sa matière : or, si l'on donne le nom de « phénomène » à cette matière, on doit donner aux sceptiques le nom de « phénoménistes » (1).

Le scepticisme est défini. Peut-être serait-il intéres-

---

(1) La réciproque est-elle vraie ? Nous l'examinerons dans une étude ultérieure.

sant d'en esquisser la genèse. Ici, toutefois, on aurait quelque peine à ne pas reproduire, presque mot pour mot, des analyses déjà faites et bien faites. Le dogmatisme est une attitude spontanée, ignorante de ses origines, en raison même de l'aisance avec laquelle elle prend possession de l'esprit. Le scepticisme, sans doute, peut rester longtemps à l'état de tendance ; pendant cette période d'incubation, le dogmatisme se survit, et la conscience, qui le voit émerger à sa surface, ne soupçonne guère le travail de décomposition depuis longtemps commencé dans les couches profondes de l'âme. Mais quand le scepticisme se reconnaît, il s'étonne de lui-même, et le trouble qu'il apporte, presque aussitôt apparu, lui est une occasion de se demander ses titres et de chercher à les produire. Il sait ce qu'il est, pourquoi il est, pourquoi il entend se maintenir : et il y a longtemps qu'il l'a dit. L'existence de l'erreur lui est une arme dont il se sert toujours avec succès, dont il réussit fort bien à varier le maniement.

Mais, outre l'erreur, le scepticisme peut invoquer une autre raison d'être : nous avons insisté sur celle-là, pensant, à tort peut-être, qu'elle méritait de fixer l'attention. Nous l'avons cru trouver dans le substantialisme.

VIII

La secte des probabilistes s'est éteinte avec la Nouvelle Académie. Après Pyrrhon, le scepticisme devait fournir une longue carrière. D'où vient cette fortune inégale ? Est-il vrai, comme on l'a souvent prétendu, que le probabilisme côtoie le scepticisme, au point de ne s'en distinguer que par l'étiquette ?

Que signifie le terme *probable* ? Il s'applique aux événements futurs. Si l'on admet qu'en ce monde rien n'échappe au déterminisme, on admet, par cela même, la certitude des faits à venir, et l'on se trouve en peine de comprendre comment ils se prêtent au calcul des chances. Un mathématicien, ou plutôt un philosophe versé dans les hautes mathématiques, Auguste Comte, allait jusqu'à dire que le calcul des probabilités n'avait point raison d'être, qu'il supposait l'existence du probable, que ces deux termes *existence* et *probable* se repoussaient l'un l'autre, que tous les évènements, quels qu'ils fussent, étaient certains, etc...On aurait pu lui répondre, en opposant à son hypothèse une hypothèse contraire, en alléguant la possibilité du libre arbitre. Mais, sans quitter le point de vue déterministe, on lui aurait fort bien répondu, qu'en effet, la probabilité d'un fait à venir serait un non-sens, s'il s'agissait d'une probabilité en soi ; de même, il serait absurde de qualifier un événement de possible en soi ; car, aux yeux des partisans du déterminisme, un terme de la série des phénomènes étant donné, toute la série se trouve l'être... Mais quand on aurait démontré cela, on aurait fait un sophisme du genre *ignoratio elenchi* et prouvé autre chose que ce qui est en question.

La prétention des mathématiciens qui s'adonnent au calcul des probabilités n'a jamais été d'agir sur les évènements, ni d'empêcher le futur de passer de l'existence virtuelle à l'existence actuelle. Leur but est simplement d'orienter nos prévisions, d'agir sur nos jugements, de favoriser nos espérances ou de les déconcerter. Auguste Comte soutenait que l'homme ne pouvait, ni vivre sans pourvoir, ni pourvoir sans prévoir, et quand il exprimait cette sentence, il nous recommandait de porter sur les faits de l'avenir des jugements circonspects, autrement dit, de bien calculer le probable.

Dans l'hypothèse déterministe, *la* certitude de ce qui sera et *la* certitude de ce qui est sont égales. Néanmoins, *notre* certitude de ce qui est n'est pas égale à *notre* certitude de ce qui sera. Je suis certain qu'en ce moment le soleil éclaire, je suis certain qu'il est levé aujourd'hui ; le suis-je qu'il se lèvera demain ? Non. Les déductions, seules, sont apodictiques et, par conséquent, assertoriques *à fortiori* ; les inductions sont toujours problématiques.

La probabilité n'est pas une propriété des évènements, bien que le sens commun l'affirme, en quoi il se trompe : la probabilité est un caractère de nos jugements. Elle est une *forme* applicable à toute proposition dont la *matière* est un évènement futur. On sait, d'autre part, la règle d'après laquelle nous jugeons de l'avenir, et que nous cherchons dans ce qui fut les garanties de ce qui sera. Supposons que toujours, dans le passé, la série de phénomènes ABCD se soit constamment reproduite et dans un ordre constant : nous jugeons qu'elle se reproduira dans l'avenir. Le jugeons-nous avec certitude ? Non, mais le coefficient d'incertitude, dont notre jugement se trouve marqué, représente une quantité assez faible pour être négligeable. En droit, sinon en fait, toute induction est un calcul de probabilités. La condamnation prononcée contre ce calcul par Auguste Comte est donc absolument illégitime.

On sait ce qu'il faut entendre par la probabilité et les degrés du probable. Demandons-nous maintenant ce qu'est le probabilisme.

IX

Consiste-t-il dans une attitude de réserve à l'égard des événements à venir ? Le probabiliste se distinguerait-il des autres, parce qu'au lieu de considérer comme négligeable le coefficient de doute dont certains de nos jugements sont marqués, il se préoccuperait d'en tenir toujours compte ? Tant de prudence se rencontre rarement.

C'est là un excès de circonspection coutumier aux sceptiques, et dont les dogmatistes eux-mêmes ne sont pas toujours exempts. Ils font, eux aussi, la part de la probabilité; cela n'est aucunement contraire à leurs habitudes ou à leurs principes. Or, d'après l'usage, le terme probabilisme s'oppose, tantôt à scepticisme, tantôt à dogmatisme. Essayons de justifier cet usage : peut-être y réussirons-nous, en dépit des difficultés et des obscurités que la question soulève. Revenons sur nos pas.

Pourquoi le dogmatisme ? Parce que l'évidence brille de sa propre clarté ; parce que, quand elle brille et qu'on tient les yeux ouverts, on ne peut manquer de l'apercevoir clairement, distinctement.

Pourquoi le scepticisme ? Parce que le dogmatisme est une illusion et qu'il ne suffit pas d'ouvrir les yeux à l'évidence et de recevoir ses rayons ; parce que rien ne sert d'affirmer qu'une chose est évidente, c'est-à-dire visible, c'est-à-dire lumineuse, si l'on n'est fatalement conduit à l'affirmer vraie. L'homme ne s'attacherait point à l'évidence, si, par delà l'évidence, il ne croyait atteindre la vérité. L'évidence n'est donc pas fin en soi ; elle n'est qu'une méthode, qu'un critère. Or, on ne doit point se fier à un critère, quand on n'est pas en mesure de le démontrer infaillible. Les dogmatistes supposent la démonstration faite. Par malheur, ils le supposent gratuitement. *A priori*, l'homme peut se tromper toujours, encore qu'il n'en sache rien. Le scepticisme est, dès lors, seul légitime.

Le probabilisme serait-il donc un mot privé d'emploi, destiné à rejoindre le mot scepticisme et à désigner une attitude sensiblement voisine de celle des pyrrhoniens ? Il est admis (1) que les probabilistes de l'antiquité méritent de figurer dans le groupe des sceptiques, dont ils ne se distingueraient que par l'étiquette. Peut-être les historiens font-ils erreur en ne voulant pas distinguer. Mais comment distinguer ? En effet, de trois choses l'une : 1° ou tout est certain ; 2° ou rien n'est certain ; 3° ou quelque chose est certain. De ces trois propositions, la première n'a trouvé personne pour la défendre. On est donc en présence d'un dilemme d'où l'on semble ne pouvoir sortir que par le scepticisme ou par le dogmatisme.

Toutefois, avant de nous décider à ne placer derrière le mot « probabilisme » aucune notion distincte, souvenons-nous que la modalité des propositions donne nécessairement lieu à une division tripartite. Or, on a beau dire : « Tout ce qui n'est pas vrai est faux », le principe du tiers exclu, s'il nous contraint à déclarer fausse toute proposition contradictoire d'une autre reconnue vraie,

---

(1) Cela n'est point admis par tous, et c'est à combattre cette interprétation qu'est destiné le beau livre de M. Brochard. Avant M. Brochard, l'auteur du *Manuel de Philosophie ancienne*, Charles Renouvier, avait marqué la distinction du probabilisme et du scepticisme. M. Brochard l'a reprise en l'appuyant sur des textes, et nous avons tout lieu de croire que ces textes seront jugés décisifs.

ne nous contraint jamais à l'affirmation. Autre chose est d'être forcé de déduire les conséquences immédiates d'un principe posé, autre chose est de poser ce principe : la remarque est d'une banalité éprouvée. Par suite, nos jugements assertoriques se trouvent, seuls, soumis aux principes d'identité, de contradiction, du tiers exclu. En effet, dire : « Peut-être A est-il B », c'est sous-entendre : « Peut-être A est-il non B »; en d'autres termes, tout jugement de modalité problématique est privé des caractères de l'affirmation ou de la négation fermes ; tout jugement de modalité problématique reste virtuel.

— On insiste, et l'on nous fait observer que, si le probabilisme était une attitude légitime, il faudrait subdiviser le genre Non-Vrai en deux classes, celle du faux et celle du vraisemblable, et que le principe de contradiction s'en trouverait compromis. — Il le serait, en effet, s'il était en cause : nous espérons avoir fait comprendre que ses droits sont sauvegardés. A parler rigoureusement, le vraisemblable, le vrai, le faux, ne sont point du même genre. Objectivement parlant, les choses sont ou ne sont pas. Or, les juger existantes, c'est, selon les cas, juger vrai ou juger faux. Le vrai, c'est ce qui est ; le faux, ce qui n'est pas. — Le vraisemblable n'est-il pas ce qui a des chances d'être ? — Sans aucun doute ; mais souvenons-nous d'Auguste Comte et de sa condamnation du calcul des chances. Si la condamnation est absurde, elle repose, toutefois, sur un fait incontestable, à savoir que, dans l'ordre objectif, les choses sont ou ne sont pas, ont ou n'ont pas été, auront ou n'auront pas été. Le vraisemblable est donc, essentiellement, de l'ordre subjectif, et tout jugement problématique, loin d'être l'indice de ce qui se passe dans l'objet, n'est et ne peut être que le symptôme d'une attitude mentale. Une représentation me sollicite ; je l'examine, je lui donne mon assentiment, je l'approuve, et si je l'approuve, c'est après l'avoir jugée digne d'une telle approbation : le mot *probable* n'a point d'autre sens.

Les dogmatistes connaissent, sans doute, pour en avoir maintes fois fait l'expérience, l'attitude qui vient d'être décrite ; ils savent qu'à défaut d'un critère objectif de vérité, on peut se contenter d'un critère subjectif. Mais ce critère n'est à leurs yeux qu'un pis aller. On peut se confier à lui, disent-ils, dans les jours sombres ; dans ceux où la lumière brille, l'évidence objective reparaît.

A entendre les probabilistes, la distinction des deux critères, celui des jours sombres et celui des jours ensoleillés, reste vaine, non pas que la vision n'ait ses alternatives de netteté et de trouble, mais parce que la vision est un phénomène subjectif. La comparaison de l'acte de connaître avec l'acte de voir a pu favoriser le dogmatisme, tant que l'on ignorait comment les objets nous apparaissent. Une fois assurés que le *paraître* d'un objet dépend en partie de sa nature, en partie de la nôtre et de nos dispositions du moment, le dogmatisme perd ses droits, et les motifs d'être sceptique se présentent en foule. Ne s'en présente-t-il pas d'autres à leur suite, et qui retiennent l'esprit sur la pente du doute ? En cas d'affirmative, les motifs de résister au scepticisme seraient-ils assez puissants pour déterminer un mouvement en arrière, et rejeter l'esprit avec armes et bagages dans le camp dogmatique ?

Le lecteur auquel les discussions du début resteront présentes, jugera le dogmatisme condamné ; peut-être ira-t-il jusqu'à penser que le dogmatisme, une fois ébranlé, ne peut plus recouvrer sa solidité primitive ; or, comme l'idée d'un dogmatisme instable est une idée contradictoire, il faut se résigner à sa ruine. Des sceptiques on ne revient plus chez les dogmatistes.

X

Toutefois, conclure ainsi serait conforme à la logique et contraire aux évènements. Au nombre des « évènements d'idées » les plus considérables et dont toutes les conséquences n'ont pas cessé de se faire sentir, on doit citer, en première ligne, le cartésianisme, ou plutôt la doctrine de Descartes. Il n'est point de dogmatisme plus intempérant que le sien, d'une part ; d'autre part, quel scepticisme se montra jamais plus radical que le scepticisme provisoire de Descartes ? Descartes serait-il, par hasard, allé contre la logique ?

En tout cas, il est allé contre l'expérience. C'est un fait d'expérience historique, que Descartes a donné comme infailliblement vraie, c'est-à-dire conforme à la réalité des choses, mainte opinion déclarée, par les successeurs de Descartes, contraire à la réalité. C'est un fait d'expérience psychologique, que la vision du faux peut être aussi distincte que la vision du vrai. Descartes s'est cru infaillible, chaque fois qu'il s'est contraint de ne dépasser point les bornes de la perception distincte. En le croyant, il s'est trompé, lui et Spinosa ; en le croyant, Leibnitz aussi s'est trompé. De nos jours, M. Spencer, en dépit des leçons de l'expérience, dogmatise avec une sérénité qu'on oserait juger inquiétante, si l'habitude ne se prenait de jour en jour, chez les jeunes philosophes, de brûler de l'encens en son honneur. Il est vrai que M. Spencer n'a point traversé le scepticisme. Mais Descartes l'a traversé, et c'est ce qui étonne. Bien plus, non seulement il l'a traversé, mais il paraît bien s'y être volontairement enfoncé. Et on l'a vu, quand même, reparaître à la surface, plus incurablement dogmatiste que jamais.

Si nous agitions un problème d'histoire, nous regretterions, peut-être, d'avoir laissé courir trop rapidement notre plume. N'avons-nous pas eu tort d'écrire que jamais scepticisme ne fut plus radical que celui de Descartes? Distinguons entre l'effort pour se rendre sceptique — Descartes l'a poussé à ses limites extrêmes — et le succès de cet effort. Ne peut-on douter de ce succès? On peut douter, en effet, qu'en dépit de l'obstination de Descartes, les vérités mathématiques se soient laissé entamer. On peut aller plus loin et supposer qu'avant le doute méthodique, le philosophe avait pris possession de son critérium, qu'il savait où chercher le type de la certitude, qu'il l'avait trouvé dans l'ordre des sciences exactes. Cette supposition en amène une autre, et l'on en vient à penser que l'idée d'une extension de la méthode mathématique à toutes les branches de la connaissance humaine ne l'abandonna jamais complètement, même pendant la crise immédiatement antérieure au *cogito*. L'exemple de Descartes ne peut décidément servir de preuve, et il reste toujours à démontrer que, chez un esprit longtemps exercé au scepticisme, le retour au dogmatisme est possible.

Peut-être on essaiera d'invoquer le grand nom de Pascal. Sa critique des pyrrhoniens est accablante, victorieuse même. Et cependant, les sceptiques n'ont-ils point réclamé Pascal pour un des leurs, et Victor Cousin ne s'est-il point fait l'écho de ces réclamations? Depuis Victor Cousin, « le scepticisme de Pascal » avait pris rang de vérité littéraire. On pouvait s'être trompé; pouvait-on s'être trompé du tout au tout? Avait-on fait sur l'attitude de Pascal un contre-sens ou un faux sens? Un contre-sens ? Impossible : que signifieraient alors les anathèmes de Pascal contre la raison ? Un faux sens ? Peut-être, et ce faux sens est des plus faciles à commettre : il suffit, pour ne l'éviter point, de n'admettre entre le dogmatisme et le scepticisme aucune attitude intermédiaire stable. Sans doute, un esprit inquiet, chez lequel la passion gouverne le jugement, peut se métamorphoser d'un instant à l'autre et revêtir, presque en un clin d'œil, deux attitudes contraires. Les esprits désemparés à ce point comptent à peine, et l'attention ne tarde guère à s'en détourner. L'esprit de Pascal était d'une tout autre trempe.

Et cependant, si l'on veut que Pascal ait été sceptique, on se trompe ; si l'on veut que Pascal ait été dogmatiste, on se trompe encore. Pascal était-il probabiliste ? Il l'était selon la méthode : après s'être longuement familiarisé avec les raisons des pyrrhoniens, il avait emporté, de ce commerce, une assurance dont il devait ne se départir jamais, l'assurance que ce critérium objectif de la vérité, auquel les dogmatistes désespérément s'attachent, est une illusion de l'esprit. Les raisons des sceptiques lui semblaient inébranlables et il aurait pu rester sceptique. Il l'aurait pu s'il l'avait voulu. Voilà ce qui permet d'excuser les critiques défenseurs du « scepticisme de Pascal. »

Voici, selon nous, ce qui rend leur thèse insoutenable : Pascal *ne voulut point* rester sceptique. C'est, maintenant, une question de savoir si l'on peut renoncer au scepticisme sans retourner au dogmatisme.

A entendre les dogmatistes, ils seraient, en quelque sorte, appréhendés au corps par la vérité, ils croiraient malgré eux, et ils énonceraient la plupart de leurs sentences, comme si une force extérieure les contraignait à les énoncer. Et cet état de servitude intellectuelle, non seulement ils le subissent, mais encore ils l'acceptent et ils se font gloire de cet esclavage volontaire. Les temps où ils ne sentent plus le poids de leurs chaînes leur sont des temps d'épreuve, et ils aspirent à recouvrer leur captivité. Les dogmatistes sont les prisonniers de la certitude.

Les sceptiques, eux, ne sont jamais les prisonniers du doute ; du moment qu'ils le veulent, ils ne sont plus sceptiques. Mais les chaînes du dogmatisme, pour être enlevées, doivent être brisées. Quand on a été sceptique, même provisoirement, on ne revient pas chez les dogmatistes.

Et cependant on ne doute plus ; du moins, on ne doute plus par état, par système. On affirme : donc on croit. On croit : donc on sait. — Mais un tel « savoir » n'est pas de la « science » ; mais il ne se transmet pas toujours et nécessairement, d'un esprit à un autre, comme un flambeau passe d'une main dans une autre main. C'est donc un faux savoir, et l'on croit parce que l'on ignore, ou que l'on n'est pas sûr. — Ce sont là propos de dogmatistes : et nous les accueillerons, quand ils auront établi que toute chose susceptible d'être niée ou contestée par les autres doit être exclue de notre créance, quand ils auront prouvé que du moment où l'on croit ce que d'autres rejettent, l'incertitude s'impose. — Les preuves manquent. — A vous, elles manquent, puisque vous prétendez devoir douter, devoir ignorer ; à moi, elles ne manquent guère. Présentes, elles me suffisent, puisqu'elles me persuadent ; absentes, je m'en passe. Et si je m'en passe, c'est que ma certitude subsiste par elle seule, et que, subsistant par elle seule, tout point d'appui lui serait superflu.

Cela dont je suis maintenant certain, l'ai-je toujours admis comme tel ? Aujourd'hui, plus forte que ma volonté, ma croyance, pour s'établir, n'eut-elle jamais besoin de son aide ? Tant s'en faut : mes croyances sont des habitudes, et des habitudes filles de l'attention : or, comme il arrive à toute habitude invétérée, le sceau de la volonté qui présidait à leur origine s'en est effacé pour toujours. Oui, une fois acquise, la certitude est impérieuse, tyrannique, inébranlable. Mais, avant d'être acquise, elle s'acquiert ; avant d'être formée, elle se forme, elle se cherche, se prépare, s'élabore et elle s'élabore dans les profondeurs d'une âme qui est, tout ensemble, passion, volonté, intelligence. Ce jugement, dites-vous, s'installe dans votre esprit sans coup férir, et comme s'il vous prenait d'assaut ? Soit, laissez-vous vaincre, et vous en viendrez à croire que votre défaite était fatale. Au contraire, à cette évidence qui vous subjugue, opposez un mauvais vouloir énergique : l'évidence persiste, je n'y contredis pas, mais, si vous êtes sincère, vous vous apercevez qu'elle a déjà moins de force, que déjà son intensité est en décroissance. De même, cet autre jugement, à vous entendre, est faux, absurde, décidément inadmissible ? Repoussez-le, si cela vous plaît ; mais si, d'aventure, vous essayiez de lui ouvrir accès dans votre esprit, vous sentiriez, dès les premiers efforts, diminuer la résistance. Aussi, peut-être, il est plus que paradoxal de dire : « L'homme croit tout ce qu'il veut ». Il faut dire : « L'homme ne croit jamais sans vouloir, parlons mieux, sans avoir voulu. » Ainsi, du moment où la réflexion s'éveille, et où la pensée de l'individu, commençant à s'appartenir, cesse de faire écho à celle du voisin, le dogmatisme s'en échappe et sa fuite est éternelle. A sa place, le scepticisme s'introduit, pour une période ordinairement limitée, et le probabilisme lui succède. Il prend l'étiquette du dogmatisme, parce qu'il se méprend sur sa propre nature, parce qu'il est inconscient de ses caractères distinctifs. Mais le probabilisme est plus vieux que Carnéade ; le criticisme, son équivalent moderne, est plus vieux que Kant. Ils sont nés l'un et l'autre en même temps que l'esprit critique, c'est-à-dire en même temps que la réflexion.

XI

Les stoïciens enseignaient le renoncement au bonheur ; mais ils faisaient de cette renonciation une méthode pour obtenir sûrement la vie bienheureuse. De même, l'invitation des probabilistes à faire pour toujours notre deuil de la vérité, de l'évidence, de la certitude objectives, ne saurait avoir pour but la dépossession de l'intelligence ; et ce serait la déposséder que de lui enlever le droit d'aspirer légitimement à son bien, la vérité.

De ce qu'un bien n'est pas où l'on s'obstinait longtemps à le vouloir chercher, s'ensuit-il que ce bien n'est pas ? De ce que la vérité ne réside point hors de nous, s'ensuit-il que, sous ce nom, il n'y ait plus rien à poursuivre ? On savait, et depuis bien des siècles, que la vérité n'est ni une personne ni une chose, on le savait même chez les dogmatistes. Malgré tout, et à leur insu, les dogmatistes ont persévéré dans leur réalisme. Mais, pas plus que le bien ni que le beau, la vérité n'a d'existence indépendante. Le concept du « vrai en soi » est une forme vide, indifféremment propre à tous les contenus. Peut-être même, sous ce concept, ne convient-il d'apercevoir que la simple condition à laquelle tout jugement, pour être dit vrai, est tenu de satisfaire. Or, tout ce qui est conforme au principe d'identité, tout ce qui n'implique pas contradiction, a des chances pour être vrai. Si l'on suppose une intelligence vierge, une pensée réduite à la seule loi de son exercice, une pensée virtuelle, ne pensant rien, faute d'avoir un objet à quoi elle pense, comment s'y prendra-t-on pour déterminer, à *priori*, les jugements qu'elle acceptera ou qu'elle repoussera, le jour où elle passera de la puissance à l'acte ? Admettons qu'elle ait déjà, par devers elle, le pressentiment obscur des choses possibles ; elle ne sera plus, dans cette dernière hypothèse, indifférente ; en sera-t-elle, pour cela, exempte d'erreur ? Elle saura ce qui peut être, non ce qui est. Mais le possible, en un sens, est plus riche que le réel, puisque tout ce qui pourrait être n'arrive point à l'être. D'autre part, ce qui, au regard de la pensée humaine, est jugé impossible, l'est-il absolument ?

La vérité n'a donc pas un type fixe, stable, déterminé dans sa matière, aussi bien que dans sa forme. En présence de deux jugements incompatibles, une fois que nous les avons déclarés incompatibles, nous avons épuisé notre droit ; mais, après avoir dit qu'ils ne peuvent être vrais ensemble, il nous reste à découvrir lequel des deux est vrai. Cela seul, au fond, nous intéresse. Mais cela seul qui nous intéresse est-il tellement en notre pouvoir que nous puissions nous flatter de l'avoir souvent obtenu ?

N'insistons pas, sous peine de rouvrir une discussion close. Rappelons seulement aux dogmatistes que, si nos réflexions se recommandent par quelque mérite, ce n'est assurément point par celui de la nouveauté. Ces réflexions, pour ne leur être pas coutumières, à coup sûr, ne leur sont pas, tant s'en faut, étrangères ; elles ne frappent que leurs oreilles. L'effroi du scepticisme leur ôte toute clairvoyance, comme si, par leur obstination à déplacer, ou plutôt, à mal placer le siège de l'évidence, loin de réduire l'adversaire, ils ne le fortifiaient pas. La chimère d'une évidence objective nous a valu le scepticisme ; elle nous vaut encore autre chose, la confusion de l'homme qui croit avec l'homme qui doute, le refus du droit de croire là où les autres doutent, et de croire d'une croyance ferme là où nos semblables font profession d'ignorer. « Du moment où le soleil luit pour tous, se dit-on, ceux qui ne le voient pas sont des infirmes ; de même, si ce qui est évident pour nous ne l'est pas pour vous, vous êtes des infirmes. » Voilà où en viendraient les dogmatistes, si, par bonheur, le devoir de tolérance ne les rendait inconséquents. Et il est certain que le dogmatisme exclut la tolérance proprement dite, car, à ses adeptes, et envers ceux dont les convictions ne sont point les leurs, il ne permet qu'une indulgence où la compassion tient décidément trop de place pour en laisser assez au respect ; mais, là d'où le respect est absent, peut-on dire qu'il y ait tolérance ?

Ainsi, la morale serait l'adversaire des dogmatistes ; d'autre part, qu'elle réprouve les sceptiques, et qu'à prendre le mot « nature » dans son acception la plus large, il y ait lieu de redire, avec Pascal, que la nature confond les pyrrhoniens, cela est connu depuis longtemps, et même démontré avec le luxe de preuves qu'un tel genre de démonstration comporte. Or, si la morale ne s'accommode ni du dogmatisme, ni du scepticisme, il faut bien qu'elle s'accorde avec le probabilisme.

Nous espérons avoir établi, sinon par des preuves directes, du moins par des raisons dont il serait aisé de développer les conséquences, qu'entre le probabilisme et le criticisme la différence est surtout nominale. Le probabilisme est né il y a plus de vingt siècles, le criticisme est né il y a un peu plus de cent ans. Le premier n'eut guère d'autres représentants que ses fondateurs. Le second a marqué une ère nouvelle dans l'histoire de la pensée, et il est plus facile de combattre la doctrine de Kant que d'échapper à l'influence de sa discipline. Plus le temps marche, plus le dogmatisme prend conscience de sa faiblesse, plus il cède du terrain... dirai-je au criticisme ou au probabilisme? Ces deux mots continuent d'être suspects, mais ce n'est qu'une question de mots. Dirai-je un dogmatisme moins exclusif et ne gardant presque plus rien de ses anciennes prétentions à l'objectivité? Peu importe, car, s'il plaît à ce dogmatisme, en partie déniaisé, de garder la vieille étiquette, c'est assez, pour nous, qu'entre lui et son homonyme d'autrefois, toute ressemblance fondamentale ait disparu.

Rare, de nos jours, chez les philosophes, où il serait, d'ailleurs, contraint de gouverner constitutionnellement, le vieux dogmatisme s'est retiré chez les représentants de la science dite positive. Là il règne sans contrôle: physiciens, naturalistes, physiologistes, médecins, tous dogmatisent et se prétendent en possession de la vérité. Il est vrai que le langage de cette vérité n'est pas toujours d'accord avec lui-même. M. Pierre et M. Paul (1) servent, tous deux, la même déesse, mais ne s'accordent point sur les confidences qu'elle fait à chacun d'eux. Et là où les augures sont restés croyants, loin de ne plus pouvoir se regarder sans rire, ils ne peuvent se regarder sans dépit; et la controverse s'engage, et la lutte n'aboutit au triomphe d'aucune cause. La vérité de M. Pierre reste toujours l'exact contrepied de celle de M. Paul, et celle-

---

(1) C'est sous ces deux noms que M. Taine, dans ses *Philosophes classiques du xixe siècle*, désigne ses deux penseurs de prédilection, ceux du moins qu'il préfère ou préférerait à tous les penseurs français contemporains. On peut les comparer pour la méthode et pour la doctrine, et s'apercevoir de leurs divergences d'opinions: et cependant ces deux philosophes veulent être deux savants, fidèles aux témoignages de l'expérience et n'ayant d'autre ambition que celle de l'interpréter fidèlement.

ci n'est même point le Sosie de celle-là. Héraclite enseignait que l'harmonie gouverne le monde et que cette harmonie résulte des contraires ; mais, dans ces doctrines contraires, qui se heurtent et se disputent la prééminence, les éléments d'une harmonie finale se chercheraient en vain. Ainsi les choses se passent-elles chez les serviteurs de la vérité, j'entends de cette vérité que les dogmatistes ont coutume de localiser hors l'esprit, et dont ils craindraient de compromettre l'existence en lui refusant toute réalité objective.

A parler franc, selon nous, la vérité « n'existe pas » ; ce qui existe, et encore rien que d'une existence abstraite, ce sont nos jugements vrais et nos jugements faux. Et encore ceux-là ne diffèrent de ceux-ci que par des caractères mobiles et, à première vue, indiscernables. Plus un jugement se maintient dans une conscience, plus il s'accorde avec ceux que la majorité des consciences accepte, plus il a des chances d'être vrai.

Plus le nombre de ces chances va croissant, plus il y a lieu de négliger les chances d'erreur. Voilà ce que les criticistes professent. Touchant la vérité en soi et par soi, ils tiennent le langage des sceptiques, et même ils le dépassent, ne reculant point devant la négation franche. Mais la vérité pour nous et par nous, celle qui naît de l'accord durable, sinon éternel, de nos représentations entre elles et de nos représentations avec celles d'autrui, celle-là, les probabilistes, ceux du passé comme ceux du présent, la tiennent pour un bien accessible et ils l'estiment d'un prix supérieur à celui dont les fauteurs du vieux dogmatisme eussent payé la pleine et entière possession de la vérité absolue. En effet, les choses qui dépendent de nous valent mieux que celles qui n'en dépendent point, et, selon les probabilistes, la vérité est de celles qui en dépendent.

DOGMATISME ET DÉTERMINISME

Le propre du dogmatisme est de ne point révoquer en doute les témoignages de l'expérience : qu'il s'agisse d'un fait de perception ou d'un fait de conscience, le vrai philosophe enregistrera sans discuter. Les dogmatistes de l'école éclectique, et l'on n'est de cette école qu'à la condition d'être dogmatiste, ont combattu le déterminisme au nom de l'expérience interne. Il nous a paru que leur preuve psychologique du libre arbitre pourrait bien résulter, non d'un faux témoignage, mais d'un témoignage faussement interprété.

A supposer que tel doive être le résultat de la présente étude, le déterminisme aura-t-il gain de cause ? Qui l'empêcherait, en effet, de reprendre l'avantage sur une thèse dont il n'est aucune démonstration ?

Mais une thèse indémontrable n'est pas nécessairement inadmissible, et elle l'est d'autant moins, que la démonstration de l'antithèse échappe. Dès lors, si l'on pouvait établir que le déterminisme n'est qu'un postulat, l'inconvénient serait médiocre de réduire à la même condition la doctrine adverse. Sollicité par deux croyances contraires, l'esprit examinerait et, librement, il choisirait.

Quoi donc, la *liberté* serait objet de *libre* croyance ! Cela se dit, pas depuis longtemps, il est vrai ; mais cela se dit, au grand scandale des partisans de l'évidence objective, et la mode est bien près de s'établir de ne plus prendre garde à de pareils sophismes. Nous osons penser qu'il n'y a point sophisme et nous voudrions l'établir après une courte discussion.

I

Résumons d'abord la thèse déterministe.

On en sait les formules : « Point de fait sans cause ; autrement dit, tout conséquent est invariablement suivi d'un antécédent, toujours le même, en sorte qu'il en apparaît bientôt, ou comme un élément inséparable, ou comme une transformation. » Au reste, l'antique axiome n'a point cessé d'être vrai : « *Ex nihilo nihil.* » Dans la Grèce ancienne, les *physiologues,* tous sans exception, l'admirent ; or, si rien ne vient de rien, c'est « qu'il n'y a rien de nouveau sous le soleil », c'est qu'il y a du *déjà vu* sous toutes nos perceptions d'apparence récente.

Et la suite de ces métamorphoses est réglée. Si, pour de simples changements, tout de surface, une part était laissée à l'improvisation, un tel changement resterait inintelligible. Or, il est sain pour la raison, il est impérieusement exigé par elle, que tous les évènements soient préparés et précédés, qu'ils sortent tous les uns des autres. La présence du fait A, par exemple, nécessite celle de B, et ainsi de suite.

Que signifie *nécessiter ?* Le mot a plusieurs sens. Il est, semble-t-il, une nécessité logique, une nécessité mathématique, une nécessité empirique, une nécessité métaphysique ? Laquelle choisira-t-on ?

La nécessité mathématique et la nécessité logique, sans se confondre, se côtoient ; les jugements qui expriment l'une ou l'autre sont tels, que leurs contraires impliquent contradiction.

La nécessité logique, ou mathématique, se manifeste immédiatement, ou en suite d'une évidence immédiate. Telle chose est, non parce qu'elle est, mais bien parce qu'elle ne peut ne pas être. Ces remarques suffisent; y insister plus serait « niaiser. »

Tout autre est la nécessité empirique ou soi-disant telle. Ici « nécessité » est synonyme de « constance invariable »; disons mieux : « invariablement constatée. » Dire que l'apparition du fait A nécessite celle du fait B, équivaut à dire : « Les phénomènes du genre A précèdent toujours ceux du genre B, car ils les ont toujours précédés dans l'expérience. » Ainsi pense Stuart Mill et, selon nous, il a raison ; car, en admettant que la formule ait un autre sens — et elle le peut avoir, puisqu'un grand nombre de philosophes l'entendent autrement — on est, dans tous les cas, obligé de convenir que, pour légaliser la constance empirique, il faut faire appel à la pensée et charger l'entendement de modeler la nature selon ses exigences ; on ramènerait ainsi la nécessité empirique à la nécessité métaphysique.

L'entreprise peut réussir, mais on sait à quel prix. Il ne s'agit pas simplement, en effet, de constater la docilité actuelle de la nature à nos ordres, mais d'être certain que cette docilité durera. Or, si le passé seul garantit l'avenir, les chances de docilité future sont assurément considérables ; il faut cependant compter avec les chances d'indocilité, si faibles soient-elles, et cela suffit à rendre impropre l'expression de nécessité physique. Il ne reste donc à cette nécessité, pour subsister, qu'à se convertir, et aux lois de la nature, qu'à s'identifier à celles de la pensée.

Cela est plus facile à souhaiter qu'à comprendre : une

telle identité, rien que pour être vraisemblable, n'impliquerait-elle pas l'inutilité des expériences et l'intuition à *priori* des lois physiques ?

A certains égards, il est vrai, nous pouvons nous croire investis de cette intuition : les astronomes, les météorologistes, prédisent à coup sûr ; ils savent ce qui n'est pas encore, ils voient l'avenir dans le présent. Mais, s'ils le voient ainsi, peut-on soutenir que ce soit en vertu d'une intuition proprement dite, telle que paraît être, chez Malebranche, par exemple, la vision en Dieu des vérités éternelles ? Pour voir l'avenir dans le présent, il faut que l'on ait perçu le passé ; l'expression : « voir dans un présent » est donc inexacte, et l'expérience se trouve être, en dernière analyse, le fondement de nos inductions.

De *nos* inductions, peut-être ; car, si elle ne les fonde pas à elle seule, sans elle, du moins, on ne peut les certifier légitimes ; mais il n'en résulte pas que l'expérience soit le fondement de *l'*induction. Stuart Mill a confondu deux choses, le pouvoir d'induire et ses conditions d'exercice. Si je n'avais pas constaté, si, ce qui revient au même, des savants en qui j'ai pleine confiance, ne m'avaient assuré que l'expérience dite du principe d'Archimède a toujours et partout donné des résultats semblables, je douterais du principe. Mais autre chose est douter de tel ou tel principe, autre chose est douter s'il y a des principes. *S'il y a* signifie, bien entendu, *s'il y a eu et s'il y en aura toujours*. De cela la nature nous assure-t-elle ?

En aucune sorte. De plus, il ne nous échappe point que, pour légaliser la constance des relations entre les phénomènes, il faut la rendre *nécessaire,* c'est-à-dire prouver qu'un monde livré à l'anarchie serait un monde absurde, contraire aux exigences de la pensée. Celle-ci n'exige point telles lois de préférence à telles autres ; elle exige des lois et rien de plus. Peu lui importe comment la légalité se manifeste, pourvu qu'elle se manifeste. La nature parlera la langue qu'il lui plaira de parler ; il suffit à la pensée qu'elle parle toujours la même langue.

Que la pensée n'exige rien de plus, soit ; mais cela, elle l'exige, et pour y contraindre la nature, elle n'a, semble-t-il que deux partis à prendre, *objectiver* ses exigences ou *subjectiver* la nature même ; se considérer comme un fragment lié à un tout objectif et gouverné par les mêmes lois, ou traiter le monde extérieur comme s'il était le miroir de l'esprit.

Ce sont là deux partis à prendre, et ces partis sont de véritables paris, des paris où le gagnant n'est tel qu'à ses yeux propres, et le perdant, qu'aux yeux de l'adversaire. Sans compter que le monisme, subjectif ou objectif, laisse bien des problèmes en suspens et maintient entre les « deux raisons », théorétique et pratique, un divorce sans remède. Pour que la vie ait un sens, il faut que la nature soit et que je ne sois point la nature ; il faut, par suite, que la nécessité métaphysique, adéquate aux lois mêmes de la pensée, laisse la nécessité physique hors de sa juridiction.

Mais s'il faut réduire la nécessité physique à ce qu'elle a l'air d'être, il devient impossible de se représenter les phénomènes comme naissant les uns des autres. Il est vrai que les métamorphoses de la nature n'affectent que la qualité seule, et tout semble confirmer le principe de la permanence quantitative de la matière. Toutefois, ou cette permanence s'établit par une série de vérifications empiriques, et comme le nombre des vérifications à entreprendre pour mettre le principe hors de toute controverse excède infiniment celui des expériences possibles, le « principe » reste une « présomption » ; ou cette permanence résulte d'une intuition *à priori*, et comme l'objet d'une telle intuition reste forcément intelligible, on n'est jamais autorisé à franchir le passage de la notion à l'être ; on ne le franchit, quand on s'y risque, que par un véritable coup d'état de l'entendement.

Aussi bien, la contingence des lois du monde physique continue de se plaider, et la possibilité que cette plaidoirie continue, même après la constitution de la physique mathématique, est nettement significative. Si les lois physiques étaient nécessaires, elles pourraient se déduire les unes des autres et la physique expérimentale n'aurait point précédé la physique rationnelle : c'est là un lieu commun de philosophie. Bref, la nécessité physique ou empirique est une nécessité non nécessaire, et le déterminisme, quels que soient, d'ailleurs, les arguments bien connus de ses avocats, ne peut se proposer qu'à titre de croyance. Et il est de bonnes raisons de n'y point croire. Voilà ce qu'il importait de rappeler, et cela suffit pour que la liberté soit possible.

— « Elle l'est, nous dira-t-on ; pour s'en convaincre, que chacun s'interroge ! » Croyons donc au témoignage de l'expérience psychologique, au *fait* de la liberté. —

Pour y croire, il faudrait être assuré que la conscience est infaillible, et pourquoi lui accorderait-on un privilège refusé aux autres sources de la connaissance ? Le savant se trompe : pourquoi le philosophe éviterait-il l'erreur ? Cette théorie de la conscience infaillible veut que l'on s'y arrête : elle serait, pour l'historien de la philosophie contemporaine, l'occasion d'un très curieux chapitre.

Essayons-en une rapide esquisse : les rapports du déterminisme et du dogmatisme n'en ressortiront que mieux.

II

On sait que l'école de Victor Cousin s'est réclamée tout à la fois des Ecossais, Reid, Dugald Stewart, et des grands spiritualistes du dix-septième siècle, Descartes, Leibnitz. Ce qu'elle doit à Leibnitz se réduit à fort peu de chose. Il est même probable que Leibnitz fit sentir son influence, bien plus par l'intermédiaire de Maine de Biran, que par l'effet immédiat de ses doctrines métaphysiques. Victor Cousin craignait de réduire l'étendue à n'être qu'une simple apparence, et c'est à Descartes qu'il se confiait pour affirmer que l'étendue existe réellement. L'hypothèse des monades et celle de l'harmonie préétablie lui semblaient d'étranges paradoxes.

Pour y échapper, il s'abritait derrière Thomas Reid, l'un des plus consciencieux parmi les observateurs dénués de sens critique. De l'âme humaine, Reid ne voulait rien savoir de plus que ses domestiques ou ses fermiers, s'il en avait. Jouffroy pensait comme lui, le jour où il égalait, pour la raison, le premier pâtre venu à l'auteur de la *Monadologie*. Reid et Stewart, incontestablement les plus dignes de renommée parmi les représentants de cette psychologie superficielle, ne semblaient pas, à nos éclectiques, suivre, dans l'observation des faits spirituels, une autre route que celle indiquée, peut-être même frayée, par l'auteur du *Discours de la Méthode*. Ils oubliaient que Descartes était l'adversaire de la psychologie de pure introspection et qu'il n'estimait que la psychologie physiologique. Enfin ils prenaient la IVe partie du *Discours* pour un résumé de psychologie, et même de psychologie de sens commun. Reid et Descartes leur semblaient donc pouvoir être associés, et ce rapprochement leur souriait d'autant plus, que les problèmes abordés par l'un avaient été négligés par l'autre. Descartes avait négligé la psychologie descriptive, Reid avait omis la psychologie rationnelle. En outre, Reid suivait le sens commun.

Mais qu'avait écrit Descartes dès la première ligne du *Discours*? N'avait-il pas écrit : « Le bon sens est la chose du monde la mieux partagée » ? — Peut-être Descartes exagérait-il volontairement, pour se garantir d'attaques qu'il prévoyait et redoutait. Peut-être cet hommage rendu au bon sens universel est-il un hommage légèrement ironique. — Point. Les éclectiques ont pris au sérieux cet hommage et se sont imaginé que Descartes, pour fonder la métaphysique, avait tout simplement écrit sous la dictée du « bon sens. »

Le Descartes dont les éclectiques se recommandent est le Descartes du *Discours* et des *Méditations*, du *Discours*, principalement, où les vérités métaphysiques viennent, sans la moindre apparence d'effort, s'aligner les unes à côté des autres. On dirait des articles d'un *Credo* laïque, d'autant plus facile à entrer dans les esprits, qu'entre les conclusions du philosophe et celles des auteurs de catéchisme, on s'étonne qu'il y ait tant de ressemblance. L'élève de philosophie, la première fois qu'il ouvre la IVe partie du *Discours*, s'imagine comprendre sans effort et savoir déjà ce que lui apprend Descartes. Les analogies superficielles de cette métaphysique en raccourci avec les principaux dogmes du christianisme, l'aisance avec laquelle on l'accueille, tout cela fait illusion, et l'on n'est pas loin de croire, qu'en dépit du doute méthodique et des précautions prises pour éviter l'influence des idées communément reçues, ces idées-là ont été finalement victorieuses, non parce qu'elles étaient celles de tous, mais parce qu'elles étaient l'expression du vrai. Donc, le sens commun a raison.

Je le répète, entre la philosophie de Descartes et la prétendue philosophie du sens commun, la différence est grande, mais entre l'une et l'autre, surtout si l'on s'attache, de préférence, à la IVe partie du *Discours de la Méthode,* il est de trompeuses analogies. Le lecteur incliné par son éducation religieuse aux conclusions de Descartes néglige de s'assurer comment le philosophe les a préparées et obtenues, et cette négligence s'explique par le soin même avec lequel Descartes a écarté, dans cet exposé rapide, les intermédiaires difficiles, on pourrait ajouter : les intermédiaires essentiels.

Puis, souvenons-nous de la doctrine cartésienne du critérium de la vérité. On a donné de cette théorie une interprétation incomplète. Descartes érige l'évidence en critère de la vérité ; mais — on l'oublie trop souvent — il érige en critère de l'évidence la clarté et la distinction des concepts. Si maintenant on prend garde que les seuls concepts vraiment distincts et clairs sont les concepts abstraits, on s'expliquera comment Descartes a dû voir dans la certitude mathématique le type achevé de la certitude. La théorie cartésienne de la certitude ne tient pas uniquement dans cette formule : « Ce qui est évident est vrai. » Elle commente le terme *évidence,* et ce commentaire suffit pour que l'on sache quel est le genre où se trouve le type achevé de la certitude. Et alors, comment ranger Descartes au nombre des défenseurs de je ne sais quelle psychologie banale ? Comment se recommander de Descartes pour s'en tenir à la philosophie du sens commun ?

Les éclectiques ont salué dans l'auteur du *Discours de la Méthode* un de leurs maîtres : maintes fois ils l'ont comparé à Socrate, maintes fois ils ont présenté Descartes et Socrate comme les fondateurs, et de la méthode psychologique, et de la métaphysique fondée sur la psychologie : en quoi ils ont commis une double erreur. Dans l'œuvre de Descartes, il y a une métaphysique, une physique, une *psychophysiologie :* la psychologie en est absente ; et de même chez Socrate.

La méthode métaphysique du cartésianisme orthodoxe est la méthode mathématique : celle-là, comme celle-ci, procède par intuitions et par déductions. L'esprit humain conçoit le parfait au même titre qu'il conçoit le cercle et le triangle. Il est une évidence métaphysique, comme il est une évidence mathématique, et l'on conçoit la spiritualité de l'âme aussi clairement et distinctement que l'on conçoit les propriétés des figures ou des nombres. Descartes ne prouve pas que l'âme est distincte du corps. Il affirme qu'il la conçoit clairement et distinctement comme une chose pensante, tandis qu'il conçoit le corps, clairement et distinctement, comme une chose étendue. La distinction de l'âme et du corps s'impose en vertu de la distinction des concepts métaphysiques de l'étendue et de la pensée : il y a là deux données métaphysiques, que l'on constate, qui sont des points de départ et non des points d'arrivée.

Est-il besoin d'ajouter que, pour Descartes, ces données sont *objectives,* que la certitude avec laquelle nous les distinguons l'une de l'autre est *objective,* que l'intuition de notre spiritualité psychique est du même genre que l'intuition de notre corps, que notre âme est une chose que nous voyons pour ainsi dire du dehors ? Donc là, rien qui ressemble à la méthode psychologique de Cousin et de son école.

Pour transformer cette évidence métaphysique objective en évidence psychologique subjective, il fallait se méprendre sur les origines mathématiques de la méthode cartésienne, il fallait, surtout, n'avoir sur la méthode des mathématiques qu'un petit nombre de notions, et encore obscures ou confuses. Les éclectiques étaient dans ce cas.

III

La méprise a pourtant son excuse. En effet, pour qui ne voit qu'en gros, l'écart n'est guère sensible entre les intuitions de la métaphysique cartésienne et les données de la psychologie du sens commun. Puis, en admettant que Descartes ait entendu procéder en métaphysique à la manière des mathématiciens, rien n'empêche de croire qu'il n'a point toujours vu clair et distinct dans ses démarches spéculatives. Il n'a, certes, ni fondé, ni voulu fonder « la méthode psychologique » : qu'il l'ait toujours pratiquée à son insu, on exagérerait à le soutenir, qu'il ne l'ait jamais pratiquée, les textes mêmes nous défendent cette hypothèse. On lit, en effet, dans la *Méditation quatrième :* « *Ensuite de quoi, venant à me regarder de* » *plus près et à considérer quelles sont mes erreurs, les-* » *quelles seules témoignent qu'il y a en moi de l'imper-* » *fection, je trouve qu'elles dépendent du concours de* » *deux causes, à savoir : de la faculté de connaître qui* » *est en moi, et de la faculté d'élire, ou bien de mon* » *libre arbitre, c'est-à-dire de mon entendement, et* » *ensemble de ma volonté... Je ne puis pas aussi me* » *plaindre que Dieu ne m'ait pas donné un libre arbitre* » *ou une volonté assez ample ou assez parfaite, puisqu'en* » *effet je l'expérimente si ample et si étendue qu'elle n'est* » *renfermée dans aucunes bornes.* Et ce qui me semble

» ici bien remarquable est que, de toutes les autres choses
» qui sont en moi, il n'y en a aucune si parfaite et si
» grande que je ne reconnaisse bien qu'elle pourrait être
» encore plus grande et plus parfaite. Car, par exemple,
» si je considère la faculté de concevoir qui est en moi,
» *je trouve qu'elle est d'une fort petite étendue et grande-*
» *ment limitée,* etc... » N'allons pas plus loin. Ce texte,
et il en est d'autres du même genre, nous montre Descartes pratiquant la méthode d'observation intérieure et, de par cette méthode, se déclarant doué « de la faculté d'élire » ou libre arbitre.

En fait, Descartes a eu recours à la psychologie du sens commun, à son corps défendant, peut-être même à son insu, il y a eu recours néanmoins. Plus d'une fois, il lui est arrivé de prendre une fausse évidence psychologique pour une évidence métaphysique. L'école éclectique s'est méprise sur les intentions de Descartes ; Descartes, de son côté, a été dupe de ses intentions et de sa ferme volonté de ne céder jamais qu'à la force de l'évidence.

Descartes s'inclinait devant l'évidence mathématique ou métaphysique. Il n'aurait jamais eu le même respect pour les témoignages de l'observation intérieure et, s'il avait pu soupçonner que l'affirmation du libre arbitre ne résulte pas d'une intuition métaphysique, il aurait vraisemblablement essayé de le soumettre à l'épreuve du doute. Il était réservé à son disciple Malebranche de s'apercevoir que la connaissance psychologique n'est nullement assimilable à la connaissance mathématique ; à l'entendre, nous n'aurions des choses de notre âme qu'une connaissance obscure et confuse. Cette opinion est celle d'un cartésien orthodoxe.

En résumé : 1° Descartes affirme le libre arbitre sur la foi d'une évidence métaphysique, quasi mathématique.

2° Cousin l'affirme sur la foi d'une évidence psychologique à laquelle il confère, arbitrairement, l'infaillibilité dont Descartes investissait, non sans arbitraire, l'évidence métaphysique. 3° La foi de Victor Cousin dans l'infaillibilité de la conscience psychologique lui vient d'une fausse interprétation de la méthode cartésienne. Il admet des intuitions psychologiques, données premières de la conscience, croyant suivre Descartes là où il ne fait que l'imiter maladroitement. La candeur métaphysique de Descartes n'a point de bornes. La candeur psychologique, apparente, de Victor Cousin ne connaît point de limites. Le dogmatisme métaphysique de Descartes — excusable en des matières où l'on ne sait rien, si l'on ne s'imagine pourvu d'un je ne sais quel sens supra-sensible — a visiblement influé sur le dogmatisme psychologique de Victor Cousin. Les raisons ne manqueraient pas de tenir cette influence pour illégitime et de la contester « en droit. » En fait, elle ne nous paraît guère contestable.

IV

Ce dogmatisme psychologique s'exprimait en formules qui interdisaient la controverse. Les éclectiques fuyaient-ils la discussion ? A coup sûr ils ne la cherchaient guère. Ils avaient dans l'excellence de leurs moyens d'observation une confiance, peu soucieuse de se justifier, sans doute, mais toujours en quête d'occasions de se produire. Si la conscience psychologique se trompe une fois, pourquoi ne se tromperait-elle pas toujours ? Et comme il était faux qu'elle se trompe toujours, on la proclamait infaillible. Puis, comme pour s'en mieux persuader soi-même, on comparait la conscience aux autres moyens d'observation : « Les instruments à l'aide desquels le physicien expérimente, disait-on, sont naturellement imparfaits comme tout ce qui participe de la matière. Il n'en est pas ainsi de cet instrument d'observation qu'on appelle la conscience. Son immatérialité a pour conséquence son infaillibilité. »

L'aperception, aux yeux de V. Cousin, a deux modes d'exercice, l'un spontané, l'autre réfléchi. « L'apercep-
» tion spontanée constitue la logique naturelle. La con-
» ception réfléchie est le fondement de la logique pro-
» prement dite. L'une repose sur elle-même, *verum index*
» *sui*, l'autre sur l'impossibilité où est la raison, malgré
» tous ses efforts, de ne pas se rendre à la vérité, et de ne
» pas y croire... La raison ne s'exercerait-elle qu'à la
» condition de la réflexion ? La réflexion est un retour
» sur la conscience ou sur toute autre opération différente d'elle. Il répugne donc qu'elle se rencontre dans
» aucun fait primitif ; tout jugement qui la renferme en
» présuppose un autre où elle n'est point. On arrive
» ainsi à un jugement pur de toute réflexion, à une affir-
» mation sans mélange de négation, à l'intuition immé-
» diate, fille légitime de l'énergie naturelle de la vérité
» comme l'inspiration du poète et l'instinct du héros. Tel
» est le premier acte de la faculté de connaître. Que si
» on contredit cette affirmation primitive, la faculté se
» replie sur elle-même, elle s'examine, elle essaie de révo-
» quer en doute la vérité qu'elle a aperçue : elle ne le
» peut (?); elle affirme de nouveau ce qu'elle avait affirmé
» tout d'abord ; elle adhère à la vérité déjà reconnue,
» mais avec un sentiment nouveau, le sentiment qu'il
» n'est pas en elle de se dérober à l'évidence de cette
» même vérité ; alors, mais alors seulement, paraît ce
» caractère de nécessité et de subjectivité qu'on veut

» tourner contre la vérité, comme si la vérité perdait de
» sa valeur propre en pénétrant davantage dans l'esprit
» et en y triomphant du doute, comme si l'évidence réflé-
» chie en était moins l'évidence (1) ! »

Ce morceau oratoire de Victor Cousin est d'importance capitale. Si nous en essayions l'analyse, peut-être des contradictions nous apparaîtraient. Ainsi, on commence par distinguer entre la conscience spontanée et la conscience réfléchie, entre la raison spontanée et la raison réfléchie. Puis, en vue d'atténuer l'importance de cette distinction, on nous assure que l'une et l'autre, pour ne point parler exactement la même langue, expriment un même fonds d'idées. Le but de V. Cousin, quel est-il ? de nous mettre en défiance contre la réflexion, toutes les fois qu'elle dément les témoignages de la spontanéité. — Veuillons relire : n'est-il pas évident que la réflexion est mise au défi de produire aucun texte en désaccord avec ceux que la conscience spontanée nous fait lire ? — Oui, mais cette mise au défi est un artifice de rhéteur, et c'est donner à la vérité historique une rude entorse que d'affirmer l'accord inévitable des deux aperceptions. Ou la *Critique de la Raison pure* n'est qu'un long et insipide mensonge, ou Kant nous est la preuve qu'on peut en appeler de l'aperception spontanée à l'aperception réfléchie, que celle-ci peut condamner celle-là. En écrivant ce qu'on vient de lire, le chef de l'éclectisme a voulu : 1° mettre ses disciples en garde contre les démentis possibles infligés par l'une des deux consciences à l'autre ; 2° les persuader que ces démentis n'avaient guère chance de se produire. Donc ne réfléchissez point, ne critiquez point,

---

(1) *Du Vrai, du Beau, du Bien*, pag. 61. Paris, Didier, 1862.

vous perdriez votre temps. Au surplus, si l'évidence réfléchie tenait l'autre en échec, c'est à la première qu'il se faudrait confier. Cela n'est dit qu'entre les lignes, mais à supprimer le sous-entendu, on rendrait le texte inintelligible.

Ainsi, en philosophie, en psychologie, ce qui est évident l'est du premier coup : n'oublions pas que la raison du pâtre et celle de Leibnitz se valent : avec un peu plus d'audace, on nous affirmerait que le plus philosophe des deux n'est pas celui qu'on pense. Après tout, la raison spontanée n'est-elle pas *fille légitime de l'énergie naturelle de la vérité ?* Mais qu'est-ce que cette énergie naturelle ? Une figure de rhétorique, d'abord, ensuite, un désaveu implicite de tous les philosophes qui ont déserté la prétendue raison commune. Et, dès lors, il ne sera plus possible de ne pas confondre les écoles de philosophie critique avec les écoles sceptiques. — Descartes n'a-t-il pas eu le tort de ne se point fier à « cette énergie naturelle » de la vérité ? — Soit ; mais il a eu le « bon sens » de reconnaître « qu'en pénétrant davantage dans l'esprit humain, » il était contraint d'affirmer des vérités depuis longtemps reçues en sa créance, celles-là mêmes qu'il avait résolu de révoquer en doute.

Il est d'ailleurs impossible que la théorie dogmatique de la connaissance n'aboutisse pas à l'obligation, pour le philosophe, de faire l'apologie du sens commun. — Dira-t-on que le dogmatisme de la raison spontanée peut être sujet à caution et qu'avant d'affirmer il faut s'assurer de l'évidence? Descartes l'a pensé.—Pourtant, dans la mesure où l'on soumet au contrôle de la raison réfléchie les données de la raison spontanée, on passe de l'attitude dogmatique à l'attitude critique. Le dogmatiste conséquent n'accepte pas le doute méthodique. Cette épreuve lui paraît inutile.

Si l'esprit se comporte vis-à-vis de l'objet de la connaissance, comme un miroir vis-à-vis des choses situées devant lui, à quoi bon ne pas se rendre, dès la première invasion de la vérité? De deux choses l'une : ou cette résistance va chasser la vérité, et l'erreur va prendre sa place ; ou elle a échoué, et l'on aura fait beaucoup de bruit pour rien. — Cousin n'a pas voulu dire autre chose ; mais, ce disant, il a condamné la philosophie à n'être que l'humble servante du bon sens ; mieux lui vaudrait être l'esclave docile de la théologie.

En résumé, la doctrine de la conscience infaillible, que Victor Cousin n'a cessé de professer est la conséquence de son dogmatisme. Ce n'est pas assez dire : elle est la conséquence de tout dogmatisme. En effet, quand on observe les corps extérieurs, il faut recourir à ses yeux, et l'on peut avoir la vue faible : il faut recourir à des instruments d'optique, d'acoustique, etc., et ces instruments sont imparfaits ; mais quand observe ses états de conscience, on se sert d'une faculté opérant elle-même et par elle-même. Ou l'on n'est pas dogmatiste, ou l'on croit, par cela même, à l'infaillibilité de toutes les facultés de l'esprit, dans leur exercice spontané. La doctrine de la conscience infaillible est un cas particulier de la doctrine de l'infaillibilité de la connaissance.

V

Soit maintenant à décider si l'homme est libre ou ne l'est point. Interrogez la conscience spontanée. M. Fouillée vous dira lui-même (1) que la conscience

---

(1) Voir la première édition de *La Liberté et le Déterminisme*. Paris. Ladrange, 1873.

spontanée plaide en faveur du libre arbitre. En d'autres termes, l'évidence nous force à nous déclarer libres.

On peut se demander, tout d'abord, comment la conscience s'y prendrait pour nous faire constater que telle de nos résolutions n'est pas l'effet nécessaire des états dont elle prend la place. S'il n'y a point de vide psychologique, la suite de la conscience est ininterrompue : dès lors, tout ce que l'on peut dire, c'est que notre décision — libre ou non libre — est motivée, provoquée, ou précédée par un ensemble de réflexions, de conceptions, ou même de suggestions. Mais cela ne fait pas avancer le problème, car il s'agit, précisément, de savoir si cette motivation, provocation ou précession explique, à elle seule, la volition conséquente. Qu'elle en soit cause, nul doute; qu'elle en soit l'unique, nécessaire et suffisante cause, où est la preuve ? Où est en nous le critère psychologique de la volition libre ? Est-il, en nous, pour me servir d'un terme de la langue anglaise, un *feeling* quelconque de la liberté, distinct de tous les autres et nettement perceptible ?

Sans doute, il est des cas où le lien entre la volition et les états qui la précèdent nous apparaît flottant et lâche, d'autres où il nous semble serré, par là même indissoluble. Il est des circonstances où l'on se sent le jouet d'un je ne sais quoi plus fort que soi-même, et l'on se juge irresponsable : d'autres fois, on se figure agir librement et sans subir aucune contrainte. La conscience, sur ce point, n'en dit pas davantage. On souhaiterait, cependant, qu'au lieu de *ne pas nous faire sentir* que nous sommes déterminés, elle *nous fît sentir que nous ne le sommes point*. Mais cela ne se peut : car, soit en psychologie, soit ailleurs, l'unique moyen que l'on ait de prouver l'absence d'un fait, consiste dans l'incapacité démontrée de constater sa présence. Or, cette incapacité peut tenir à plusieurs causes : ou à l'absence réelle du fait, ou à l'insuffisance des moyens d'observation, ou à l'insuffisance de l'observateur. Ainsi l'indéterminisme psychologique ne sera jamais une vérité d'expérience.

— Admettons qu'il le soit, néanmoins, et que l'évidence nous contraigne à nous déclarer libres.

Mais qu'est-ce à dire ? Si je suis forcé par l'évidence, je suis déterminé. — A quoi ? A déclarer que j'échappe au déterminisme. *J'affirme donc nécessairement ma liberté.*

Or, voici ce que je remarque. Considérant la *matière* de mon affirmation, je me juge libre. Considérant la *forme* de mon affirmation, je me juge nécessité et par conséquent, je me déclare non libre. Je nie d'une part ce que j'affirme de l'autre. De la *matière* ou de la *forme*, laquelle des deux vais-je sacrifier ? Il nous semble que la forme doive ici emporter la matière. Autrement dit, il nous semble qu'un jugement de forme *apodictique* (1) ne peut recevoir, à titre de matière, l'affirmation du libre arbitre attendu que la nécessité de l'affirmation, c'est moi qui la subis. Je me reconnais donc esclave du déterminisme.

Pourtant, autre chose est dire : l'intelligence est nécessitée dans ses affirmations ou dans ses négations ; autre chose est dire : la volonté est libre dans ses décisions.

C'est bien ainsi qu'ordinairement on s'exprime. Mais s'exprimer ainsi, c'est rétablir dans ses droits et prérogatives la vieille théorie réaliste des facultés de l'âme, c'est scinder le moi en deux, comme s'il y avait, d'une part, un moi libre, d'autre part, un moi nécessité, comme si le

---

(1) Le dogmatiste a-t-il le droit de distinguer entre les jugements *assertoriques* et les jugements *apodictiques* ? Il ne semble pas.

moi qui est contraint à se poser libre différait du moi dont on veut affirmer la liberté (1) !

Rétablissons l'unité de la conscience telle que l'expérience nous la fait connaître. Que va-t-il en résulter? Ou je me trompe, ou cette proposition : « Je suis nécessité à me déclarer libre », n'aura qu'un sens plausible. Elle équivaudra à déclarer que l'affirmation du libre arbitre est une illusion nécessaire. Pourquoi une illusion? parce que, si je suis nécessité à affirmer ma liberté, ma liberté n'est qu'apparente. Pourquoi nécessaire? parce que je suis poussé à cette affirmation par une irrésistible évidence.

La liberté veut être affirmée librement. Ou elle peut l'être, ou, si elle ne le peut, elle n'est pas.

Ainsi, la preuve psychologique du libre arbitre est une preuve fragile. Elle implique le dogmatisme, contre lequel nous semblent plaider d'assez graves raisons (2). Le dogmatisme impliquant, à son tour, l'origine nécessaire de toute adhésion ferme, l'affirmation par contrainte, l'évidence du libre arbitre équivaut à l'évidence d'une contradiction.

Le libre arbitre reste donc, à nos yeux, ce qu'est le déterminisme universel, un postulat, un objet de libre croyance.

---

(1) Voir notre première étude : *L'Axiome et la Croyance.*
(2) Voir notre étude : *Dogmatisme, Scepticisme,* etc.

DE LA RÉALITÉ : LE RÉALISME DU SENS COMMUN

Au nombre des concepts en usage dans les sciences, il en est un dont l'extension n'est comparable à celle d'aucun autre : le concept d'*être*, dont l'analyse est l'objet de l'Ontologie.

Qu'est-ce que l'être ? Le mot être reçoit un premier sens : celui d'une forme logique, essentielle à tout jugement, et dont le rôle est d'unir deux notions entre elles. Supprimez le concept d'être, le rapport d'attribut à sujet devient aussitôt inintelligible ; il n'y a même plus, à proprement parler, ni attribut, ni sujet, car ces deux mots expriment des rapports, et ces rapports n'ont de sens que par le verbe être. Exemple : « Pierre est homme ; Socrate est mortel. » Ici le verbe *être* exprime ou que *Pierre* est compris dans l'extension de l'*humanité*, ou que l'*humanité* fait partie de la compréhension de *Pierre*. Le verbe être n'a-t-il pas un autre sens ?

Quand je dis : « Dieu est ; Socrate est », ma proposition, en apparence, n'a que deux termes, et cependant chacun la comprend ; ma proposition, bien que réduite à deux termes, forme un sens complet. Or, il n'en serait pas ainsi, dans le cas où le rôle du verbe être se réduirait, comme disent les logiciens, à celui de copule. Quel est son rôle dans ces propositions : « Dieu est ; Socrate est » ? Il sert à établir que les notions *Dieu*, *Socrate*, évoquées par l'esprit, ne se suffisent point à elles-mêmes, qu'elles n'ont point, pour seule raison d'être, le pouvoir évocateur de l'entendement, que chacune d'elles est, comme eût dit un disciple d'Aristote, l'acte commun d'un esprit qui pense et d'une chose pensée extérieure à l'esprit.

Les jugements par lesquels on affirme que deux notions se conviennent, ne préjugent rien quant à leur réalité objective (1).

Les jugements qui, dans notre langue, s'énoncent ou peuvent s'énoncer à l'aide d'un sujet et du seul verbe être, semblent privés d'attributs. L'attribut, en effet, ne s'exprime point d'ordinaire ; mais il est sous-entendu, partout le même, et l'on peut manifester sa présence en substituant au verbe *être* le verbe *exister*. Ainsi le verbe *être* est tantôt auxiliaire, tantôt substantif. Ce sont là deux fonctions apparemment hétérogènes.

La formule péripatéticienne : « L'être en tant qu'être » est une formule creuse tant qu'elle n'admet qu'un sens logique. On l'aura définie, si l'on a rappelé les relations réciproques des concepts, leur extension, leur compréhension, le rôle de contenants et de contenus qu'ils jouent les uns vis-à-vis des autres. Mais l'art du dialecticien n'épuise pas la philosophie ; loin de l'achever, à peine peut-on dire qu'il la commence. La remarque est d'Aristote et c'est le moment de la rappeler. Quand on disserterait à merveille sur le mélange des idées, aussi sûrement que le plus habile des musiciens, sur le mélange des sons, le problème de la philosophie ne serait pas entamé. La dialectique ou la logique ne franchit pas l'enceinte du possible : les règles qui président à l'une ou à l'autre seraient vraies, éternellement vraies, quand bien même rien ne serait.

---

(1) Au sens kantien du terme.

Gorgias aurait reçu les leçons de Socrate ou de son élève, que son scepticisme n'en eût pas été ébranlé. L'auteur du *Sophiste* a voulu détruire la sophistique ; peut-être n'a-t-il fait qu'accroître ses ressources. Après Platon comme après Gorgias, le problème fondamental reparaît : Quelque chose existe-t-il ? Qu'est-ce que l'existence ?

L'ontologie et la logique ont donc leurs domaines distincts. Et cette distinction subsiste, même dans l'hypothèse où l'ontologie n'aboutirait pas. Impuissante à résoudre le problème, elle ne l'est point à le poser ; si le but qu'elle vise est un but inaccessible, elle s'en donnera la preuve et appuiera sur des raisons décisives sa résolution d'abdiquer. La notion d'existence comporte-t-elle une définition, j'entends une définition selon les règles ? Dans le cas où il faudrait répondre : non, ce n'est point à la logique qu'il appartiendrait de répondre. Une telle question n'est pas de sa compétence. L'ontologie n'a pas à craindre l'homicide : le suicide est son seul moyen de destruction.

I

Quelque chose existe-t-il ? Qu'est-ce que l'existence ?

Ce problème en implique un autre : car il n'est pas de questionnaire sans questionneur. Celui qui questionne, le *sujet* de la question est incliné par un instinct, de tous le plus irrésistible, à croire que l'activité de son esprit a son terme hors l'esprit ; qu'il ne connaît pas en vain.

Mais qu'est-ce que connaître ? Voilà le premier problème à résoudre : la définition de l'existence suppose celle de la connaissance. Analysons le terme *connaître* et cherchons quelles idées il recouvre.

Le « connaître » se distingue du « sentir » et du « vouloir » par l'indispensable (?) présence d'un élément dont les autres fonctions se passent. Cet élément est le *discours*. Faible ou vive, intérieure ou extérieure, la parole a beau n'être point la pensée, elle fait corps avec elle ; je me trompe, elle en est le corps, car elle la rend visible, non seulement à autrui, mais à elle-même. La parole est le miroir de la pensée, façonné pour la pensée par la pensée sans doute, en un temps où la loi, ce n'est pas assez dire, où le fait même de sa création lui devait échapper. Aussi arrive-t-il parfois à cette pensée, comme chez un écrivain célèbre, M. de Bonald, de méconnaître son pouvoir créateur et de se prendre pour l'effet de ce dont elle est cause. Ainsi la pensée a créé le discours, c'est le discours qui semble la produire et c'est par le discours qu'elle se définit tout d'abord.

Qu'est-ce que penser, qu'est-ce que connaître ? C'est parler. Qu'est-ce que parler ? C'est faire entendre des sons successifs et distincts; c'est encore quelque chose de plus. En effet, il est des sons qui ne veulent rien dire. Le nouveau-né parlerait, si tout son émis par l'organe vocal était une parole. Or, non seulement il ne parle pas, mais il ne parlera qu'après un long apprentissage. La parole est essentiellement significative. Le mot est tout à la fois un son et un sens.

Être capable de prononcer des mots, de les prononcer en ne sachant pas ce qu'ils veulent dire, est-ce parler ? L'enfant, encore au berceau, déjà initié, soit par lui-même, soit par les leçons de sa nourrice, à faire entendre des sons et des articulations nettes, de telle sorte qu'à l'écouter on discerne voyelles et consonnes, cet enfant parle-t-il chaque fois qu'il articule ? Le voilà dans son berceau, sortant d'un long sommeil ; il ne se plaint pas, il n'appelle pas, il n'éprouve aucun malaise et ne ressent aucun désir ; pourtant il ne reste pas silencieux. Entendez-le qui répète les mots de son vocabulaire, comme s'il jouait avec son organe vocal et prenait plaisir à ce jeu. Il répète ces mots à l'infini et, sans doute, derrière ces mots, il aperçoit des images confuses, ébauches d'idées. En ce moment, néanmoins, il ne parle pas, au sens rigoureux du terme.

Il manque à sa parole, pour être complète et mériter son nom, de servir à la formation d'une phrase. Et ce n'est point assez que chaque mot ait un sens par lui-même ; il faut, en outre, que la succession des mots prononcés forme une suite. De même, faire résonner successivement plusieurs notes d'un piano ne suffit point pour « jouer un air ». Pas plus qu'un air ne résulte d'une succession incohérente de notes, pas plus une phrase ne résulte d'une succession incohérente de mots ; parler, c'est *phraser*. Or toute phrase est un organisme, attendu qu'elle se compose de parties concertantes : tant qu'on n'est point capable de former un tel organisme on ne parle pas. Toute phrase est une synthèse, donc toute parole en est une. Cette synthèse a pour éléments des mots, et ces mots, aussi, impliquent des synthèses, attendu que si l'on attache au terme *mot* l'acception la plus générale qu'il comporte, tout mot est nom commun ; pour parler, il a fallu généraliser, comparer, analyser, etc...

Ces mots qui composent les phrases sont-ils de simples mots ?

Ainsi posée, la question reste obscure. Si le mot est déjà plus qu'un son, comment le supposer simple ? comment ne pas chercher hors de lui sa raison suffisante ? Pourquoi parle-t-on ? La parole est tout à la fois effet et but ; et quand on aurait défini ce but : « expression de la pensée », on aurait énoncé une formule dont il resterait à fixer le sens. La pensée, tout d'abord, ne se distingue pas du discours. Mais après examen, après analyse, on devient assuré que le discours n'est pas « fin en soi », qu'il est tout autre chose qu'un jeu. L'enfant, seul, émet des sons pour se divertir. Ainsi, nous voilà ramenés à notre point de départ et nous nous retrouvons en face des difficultés dont nous espérions nous rendre maîtres. Notre circuit nous aurait-il fait perdre du temps, sans rien plus ? On le dirait, car voici que revient la question de tout à l'heure : Qu'est-ce que connaître ? Et maintenant, comme tout à l'heure, la réponse semble nous fuir. Cherchons encore.

II

Le langage a pour premier véhicule le son, de sa nature, mobile, instantané, aussitôt paru, aussitôt disparu. Pour obvier à cet inconvénient, il se rend visible et se fixe par l'écriture. Afin de rendre la parole stable, ce que naturellement elle n'est pas, on la figure, on la dessine. L'écriture est une traduction, et cela est tellement vrai que, souvent quand on lit, on croit entendre.

L'écriture, d'ordinaire, est une représentation de mots : elle ne l'est pas nécessairement, témoin les hiéroglyphes. En outre, l'histoire ne se fait pas seulement avec les textes et les inscriptions : l'archéologie est l'auxiliaire indispensable de l'épigraphie. Quand on examine un monument, il est rare que la parole intérieure reste silencieuse. En effet, on se raconte à soi-même les faits dont il évoque le souvenir. Mais entre les sensations visuelles, immédiatement consécutives à la vue du monument, d'une part, et, d'autre part, le discours intérieur, exigé pour l'évocation, même confuse, des souvenirs historiques, un élément s'intercale : l'*image*. Et il n'est pas nécessaire qu'une œuvre de l'architecture ou de la statuaire vienne s'offrir à nos yeux pour donner à l'imagination visuelle l'occasion de s'exercer. Parfois, même en face d'un simple texte imprimé, il arrive au récit intérieur de servir, pour ainsi parler, de légende aux images ; on voit avant de raconter. Ce n'est pas tout. La parole intérieure peut fort bien être absente : il est des personnes qui savent voir, sans avoir besoin de commenter leurs perceptions visuelles et de les accompagner du moindre discours ; elles pensent alors, mais sans parler, sans se parler à elles-mêmes ; chez elles, à la parole ou à l'audition intérieure se substitue la vision extérieure.

Plus profond que de Bonald, Aristote ne disait pas : « sans parole, la pensée est impossible ». Il disait : « La pensée est impossible sans représentation » ; par où il donnait à entendre qu'un lien unit la fonction de penser à celle d'imaginer, c'est-à-dire de faire revivre une sensation, mais sans qu'il y ait nécessité de faire revivre toujours des sensations de même espèce, et de maintenir toujours le même sens en éveil. La parole est une espèce du genre langage : on le sait, d'ailleurs, depuis longtemps. Sourde, muette et aveugle, Laura Bridgmann, cette Américaine dont le nom est familier aux psychologues, s'était créé un langage tactile ; quand elle réfléchissait fortement, ses doigts remuaient ; ce mouvement presque imperceptible des doigts lui tenait lieu de parole intérieure.

Que la parole soit donc *un* langage et non *le* langage, de cela la preuve est acquise. Et cette preuve en amène une autre, et elle sert à nous convaincre que le discours intérieur est un moyen en vue d'une fin. Encore que cette fin reste provisoirement indéterminée, il n'en est pas le moyen unique. Le discours ou l'audition intérieure est un système de traduction, la représentation visuelle intérieure en est un autre.

Mais toute traduction suppose un texte : quel est ce texte ?

III

Ce qui produit le langage s'appelle *idée*, d'un mot qui signifie image, ou, plus généralement, représentation. Peut-être serons-nous dans l'embarras pour définir l'idée. Nous ne serons plus embarrassés, cependant, pour affirmer que le discours intérieur ne saurait se confondre avec elle, puisque, dans certaines circonstances, on la peut traduire au moyen de la vision intérieure. Le mot est un signe et sa valeur est exclusivement significative. Le mot est signe d'idée : toute suite de mots, c'est-à-dire toute phrase, est le signe d'une suite d'idées. Les mots ne s'appellent les uns les autres, que parce que les idées, elles aussi, s'appellent, et c'est pourquoi il n'est pas indifférent de faire suivre, dans le discours, un mot du premier mot venu à la bouche. L'idée, voilà l'objet du discours intérieur ou de la représentation, voilà l'objet de la connaissance. Connaître sera donc : acquérir des idées ; penser sera donc : ou prendre possession d'idées nouvelles, ou fixer l'attention sur des idées antérieurement acquises.

Sommes-nous au terme de nos démarches ? Pas encore : la définition de l'idée nous échappe. Du moins, sa séparation d'avec le mot, sa liaison étroite avec le mot seront désormais pour nous vérités incontestables. Aussi bien, personne ne s'est rencontré, pour vouloir réduire au seul mot l'objet de la connaissance. Le nominalisme a trouvé des défenseurs au moyen âge, et cela se comprend, parce qu'il s'agissait d'un problème très différent du nôtre et plus circonscrit. En ce moment, les universaux ne sont nullement en cause, et ce n'est pas le lieu de choisir entre les trois hypothèses : *ante res, post res, in rebus* (1). La question est bien autrement grave et autrement vaste ; on se demande s'il est possible de réduire le mot à la condition de simple vocable et de lui refuser toute propriété significative.

Les nominalistes niaient ce que Platon passe pour avoir enseigné ; ils niaient que derrière le mot *bonté*, par exemple, s'abritât je ne sais quelle essence, différente tout à la fois du mot et des choses appelées *bonnes*. Ils prétendaient que la bonté n'existe que dans et par les objets bons. S'ils avaient entendu contester à ces objets particuliers l'existence distincte qu'ils refusaient aux universaux, s'ils avaient généralisé leur nominalisme, s'ils avaient prétendu que les mots sont des signes et qu'en même temps ils sont vides de tout sens, les réalistes, leurs adversaires, auraient triomphé sans péril. Le nominalisme des scolastiques s'était imposé de justes bornes ; il ne s'étendait pas aux notions dites concrètes et ne mettait pas en doute les réalités correspondantes. Ce doute aurait, d'ailleurs, plus que compromis le succès de leur thèse : il en eût rendu l'énoncé impossible. En effet, autant on se croit en mesure d'expliquer la présence du terme *bonté* parmi

---

(1) *Ante res* : les universaux préexistent aux individus ; c'est le réalisme. Le nominalisme en est l'inverse ; il place l'existence des individus avant celle des universaux : *post res*. Le conceptualisme se présente ordinairement comme une solution moyenne. D'où la formule : *in rebus*.

les mots de la langue usuelle, en affirmant l'existence réelle de la chose bonne (ce qui permet de se débarrasser de la bonté en soi comme d'une entité fainéante), autant on souhaiterait de pouvoir recourir à une telle entité, si l'on cessait d'admettre l'existence des choses concrètes. Car il faut, de toute nécessité, le mot étant un substitut, que ce dont il tient la place existe en quelque manière : la remarque est de sens commun et l'objection nous paraît sans réplique.

Le mot est source d'idoles, et ces idoles de forum, dont le langage est le créateur, sont peut-être, de toutes, les plus nombreuses : *numina, nomina,* disent certains philosophes qui tiennent la croyance aux divinités pour une idole de ce genre. Le mot ayant pour office d'être le représentant d'une chose, on a peine à se figurer que, parfois, au lieu de représenter un être, il ne désigne qu'une qualité ou une propriété, ou un attribut collectif ; alors, entre le mot et la réalité qu'il désigne, d'autres mots s'intercalent et il les faut traverser pour atteindre la chose. On oublie cela : aussi arrive-t-il aux réalistes d'augmenter, en imagination, le nombre des êtres et de les multiplier contre toute nécessité. Le nominalisme des scolastiques réagit contre cette tendance : loin de vouloir détruire la réalité, il la conserve, s'en tient à elle et refuse de superposer au monde des objets existants, un je ne sais quel monde suprasensible, d'existence plus qu'incertaine et, d'ailleurs, surérogatoire.

Contre le nominalisme ainsi entendu, le sens commun n'a rien à dire ; il protesterait, en revanche, contre un nominalisme d'une extension sans bornes et le jugerait, à bon droit, inintelligible. Il est de sens commun, en effet, que le mot est expressif, qu'il sert à désigner, qu'il n'est pas à lui-même sa raison d'être. On peut en trouver la preuve dans la distinction des synonymes et des homonymes, distinction élémentaire, à conséquences profondes. Il est rare que le nombre des mots n'excède point celui des idées : l'idéal d'une langue bien faite serait, assure-t-on, de n'avoir point de synonymes. Toutes les langues en ont ; de là vient que, pour définir certains mots, il est nécessaire d'en évoquer d'autres, partiellement identiques aux premiers. Où est cette identité partielle? dans l'idée? dans les choses? Peu importe : elle est ailleurs que dans les mots. Voici des termes synonymes: *cheval, coursier ; embarras, complication ; sournois, hypocrite*. Voici d'autres termes à significations contraires: *adroit, maladroit ; différent, indifférent*. Prenez-les deux à deux ; l'un se rangera dans un groupe, l'autre dans le groupe antagoniste. Et pourtant les deux mots sont presque homophones. Oubliez le sens et ne vous attachez qu'au son ; la ressemblance verbale est frappante ; quand on parle vite et que l'on entend prononcer, par exemple, le mot *indifférent*, la première syllabe peut passer inaperçue. On hésite sur le son que l'on vient d'entendre, et pour faire cesser l'hésitation, on doit s'en rapporter à la phrase, et juger du texte par le contexte.

La pensée ne peut se définir par la seule parole ; une telle définition, dans le cas où elle serait exacte, consommerait la ruine de la pensée, et la théorie de la connaissance qui devrait logiquement en résulter, conclurait à la négation de la connaissance. Parler, faire une phrase, c'est unir, les uns aux autres, des mots représentants d'idées.

IV

Qu'est-ce que l'idée selon le sens commun? Elle est ce à quoi l'on pense quand on parle, ce que l'on affirme connaître chaque fois que l'on parle. Mais, définir le fait de connaître par celui de s'exprimer, c'est manquer aux règles ordinaires de la définition, c'est définir incomplètement, donc incorrectement, puisque, dans certains cas, la parole intérieure ne semble pas faire cortège à la pensée.

Les cas de ce genre ne sont point les plus fréquents; ils se présentent, et cela seul empêche de définir la connaissance par le discours intérieur. En effet, à défaut de discours il peut y avoir vision. Quand on n'imagine pas des sons, on imagine des formes visuelles; quand on ne parle pas, on dessine, on figure. Dès lors, à la définition incomplète de tout à l'heure, il faudra substituer celle-ci : « Connaître, c'est ou parler ou voir, extérieurement ou intérieurement, à l'état vif ou à l'état faible. » — En resterons-nous là?

Lorsque Aristote exprimait cette sentence: « La représentation est nécessaire à la pensée », donnait-il à entendre que la représentation constitue le réel de la connaissance, ou bien voulait-il simplement affirmer la représentation à titre de condition nécessaire, insuffisante néanmoins?

Pour ceux qui ont étudié avec soin la *Métaphysique*, l'interprétation empirique de cette sentence serait contraire à l'esprit du péripatétisme. Toutefois, il est permis de penser que la question de l'empirisme ou de l'apriorisme ne se pose pas devant le sens commun. Il y a là un problème dont l'énoncé lui échappe, une énigme qu'il ignore et dont il n'est point soucieux de chercher la clef. J'imagine toutefois que, mis en demeure d'opter pour ou contre l'empirisme, il accepterait aisément la formule sensualiste, d'où l'on aurait tort de conclure qu'il en accepterait les conséquences. Il serait en même temps du côté de Locke et du côté de Reid, et il ne s'aviserait aucunement de la contradiction. A-t-on besoin de rappeler que les explications superficielles sont les plus immédiatement acceptées par le commun des hommes ? Autant ils s'accommoderaient mal d'une définition qui les obligerait à confondre la parole et la pensée, autant il leur semblerait facile d'admettre que penser n'est autre que percevoir et se souvenir qu'on a perçu.

Il est, en effet, d'expérience vulgaire qu'on voit faiblement, confusément, des choses ou des personnes absentes, qu'on entend faiblement, pour peu qu'on s'en donne la peine, des mots non prononcés. Dès lors, si l'on appelle du nom d'idée l'objet de la connaissance, on en vient à définir l'idée : « ce qui survit à la chose quand elle n'est plus là. » Cela qui survit à la chose provient d'elle ; on peut l'en détacher, le souvenir en est la preuve, mais il n'est pas de souvenir qui ne se rattache à une perception, comme l'effet se rattache à sa cause. Percevoir et se souvenir, voilà deux sortes de fonctions dont le nom peut désormais s'échanger contre celui de connaître.

V

N'y a-t-il rien de plus, dans la connaissance, que des perceptions actuelles et des réveils de perceptions antérieures? Peut-être, aux yeux des philosophes, y a-t-il autre chose, mais le sens commun ne cherche pas au delà, ou, s'il cherche, c'est hors l'enceinte de l'esprit. Il admet que les souvenirs et les perceptions, malgré leur caractère subjectif, n'ont pas pour unique cause l'activité du sujet. Derrière le mot qui n'est qu'un souffle, *flatus*, il cherche l'idée, dont le mot diffère, dont le mot est le signe, dont le siège est l'intelligence. Derrière l'idée, il cherche encore.

Le vulgaire, disions-nous, ferait aux sensualistes des concessions imprudentes; car, s'il avait à se prononcer sur l'adage: *Nihil est in intellectu*, etc., il l'accepterait aussi aisément qu'un axiome. Ces mots: « activité de l'esprit » ne représentent, à ses yeux, rien de plus qu'une activité toute de conservation ou de reproduction, parce qu'au fond, et inconsciemment, il n'admet que deux classes d'idées: 1° les adventices; 2° les factices; et encore juge-t-il celles-ci plus ou moins fidèlement calquées sur celles-là. Mais admettre des idées adventices, c'est faire de l'idée ou de la connaissance une sorte de substitut, c'est l'ériger en signe, c'est voir dans la connaissance une sorte d'intermédiaire spirituel entre le mot et la *chose*.

« Nos propositions, nos jugements, écrivait Stuart Mill (1), ne sont pas des assertions relatives à nos idées

---

(1) *Système de Logique*, chapitre v, p. 98 de la traduction française, t. 1er.

des choses, mais des assertions relatives aux choses mêmes. Pour voir que l'or est jaune, il faut sans doute que j'aie l'idée de l'or et l'idée du jaune, et quelque chose de relatif à ces idées doit se passer dans mon esprit : *mais ma croyance ne se rapporte pas à ces idées, elle se rapporte aux choses;* ce que je crois, c'est un fait relatif à une chose extérieure, l'or, et à l'impression faite par cette chose extérieure sur mes organes : ce n'est pas un fait relatif à ma conception de l'or, laquelle est un incident de mon histoire mentale, et non un fait extérieur de la nature. Sans doute, pour que la croyance à ce fait extérieur se produise, il faut qu'un autre fait ait lieu dans mon esprit et que mes idées subissent un travail particulier, mais il doit également en être ainsi dans tout ce que je fais. Je ne peux pas bêcher la terre sans avoir l'idée de la terre, et celle de la bêche, et celle de toutes les autres choses sur lesquelles j'opère, et sans que je joigne ensemble ces idées. Mais ce serait une bien ridicule manière d'exprimer l'action de bêcher la terre, de dire que c'est mettre une idée dans une autre idée. Bêcher est une opération exécutée sur les choses mêmes, bien qu'elle ne puisse être exécutée qu'autant que j'ai dans mon esprit l'idée de ces choses. Et pareillement, croire est un acte qui a pour objet les faits mêmes, quoique une conception préalable de ces faits en soit la condition indispensable. Quand je dis que le feu cause la chaleur, veux-je dire que mon idée de feu cause mon idée de chaleur? Non. J'entends que le phénomène naturel feu cause le phénomène naturel chaleur. Lorsque je veux affirmer quelque chose de relatif aux idées, je leur donne leur propre nom, je les appelle des idées : comme si je dis que l'*idée* que se fait un enfant d'une bataille n'est pas conforme à la *réalité*, ou que l'idée que les hommes ont de la divinité exerce une grande influence sur la vie morale de l'espèce humaine. »

Ainsi, par cela seul que nous divisons nos idées en deux classes, nous distinguons entre les idées adventices et les idées factices, et quand l'un de nous, après s'être trompé, corrige son erreur, il entend remplacer une idée du second genre par une idée du premier genre, correspondant à la chose d'où est tirée son origine. L'idée et la chose restent donc nettement distinctes et, dans le passage qui vient d'être transcrit, Stuart Mill s'est fait l'interprète du sens commun. Parler, c'est donc exprimer des idées correspondant à des choses ou réelles ou possibles, et telle est la définition complète du discours. La chose préexiste à son idée, et son idée à son nom.

Le nominalisme universel est insoutenable ; on l'a vu et l'on sait pourquoi. Le conceptualisme ou, si l'on préfère un autre terme, l'idéalisme universel semble n'avoir trouvé de défenseurs que chez les philosophes. Le sens commun est ou croit être réaliste, ainsi que Stuart Mill nous en a donné la preuve.

Le même Stuart Mill, dans son étude sur *Berkeley* (1) loue ce philosophe d'avoir discuté le conceptualisme et de l'avoir victorieusement réfuté. Le conceptualisme, chez les scolastiques, consistait à prétendre que les universaux ne correspondent point à des entités distinctes des choses sensibles. On se tromperait, néanmoins, en chargeant les noms généraux de ne représenter que des noms. Tout nom général serait le signe d'un concept. En outre, le nombre des concepts généraux égalerait celui des noms à l'aide desquels on les exprime, et la distinction des noms correspondrait à la distinction des concepts. On peut contester à Stuart Mill que le

---

(1) Traduite en français pour la première fois en 1876. Cf. *Revue Philosophique*, t. I, p. 220.

concept doive toute son existence au nom, rien qu'au nom : il n'en résulte pas, cependant, qu'il faille accorder aux conceptualistes tout ce qu'ils demandent. A les entendre, la pensée marcherait suivant une loi contraire à la loi découverte par Aristote, et l'auxiliaire de la représentation ne lui serait nullement indispensable. Pour énoncer cette proposition générale : le cygne est blanc, il suffirait, d'après les conceptualistes, de concevoir : 1° l'idée générale et abstraite de *cygne ;* 2° l'idée générale et abstraite de *blancheur,* et d'en faire le rapprochement. Or, les choses ne se passent point ainsi. D'ordinaire, même quand on formule un jugement général, on perçoit, en même temps, à l'état faible, une image concrète ; quand on affirme que le cygne est blanc — affirmation d'ailleurs contredite par l'expérience — on se représente, non *le* cygne mais *un* cygne ; on perçoit ou plutôt on réveille une perception antérieurement acquise. L'idée générale semble donc avoir pour véhicule l'image concrète d'un individu de la classe correspondante : penser *au* cheval est impossible, à moins de se représenter *un* cheval ; de même, on ne peut raisonner sur *le* triangle sans se figurer *un* triangle.

Le conceptualisme est démenti par l'expérience. La doctrine qui porte ce nom florissait au moyen âge, et se proposait de terminer la querelle des universaux. Il semble que sa défaite prépare et même consomme la ruine du subjectivisme. En effet, sans abandonner le point de vue du sens commun, et nous avons provisoirement résolu de nous y maintenir, le fait de ne pouvoir penser en l'absence d'images est une présomption favorable au réalisme. Même loin des choses, la pensée ne peut se détacher d'elles ; c'est donc, paraît-il, que son existence est suspendue à la leur.

Ainsi, en juge le sens commun ; à ses yeux, la connaissance est représentative, non d'elle-même ou de produits d'elle-même, mais de réalités, dont l'existence semble d'autant moins exiger une démonstration, que, s'il fallait la révoquer en doute, on aboutirait à un scepticisme auprès duquel le pyrrhonisme semblerait un jeu. La connaissance serait-elle l'acte commun d'un *connu* et d'un *connaissant*? Cette formule, par laquelle on reproduirait une formule célèbre d'Aristote, si ce n'est qu'au lieu de dire *sensation* on dirait *connaissance*, nous paraît, sauf erreur involontaire, conforme à l'opinion générale. Cette opinion générale néglige ordinairement de chercher l'expression précise; elle l'accepte, toutefois, quand on la lui apporte et l'enregistre avec d'autant moins d'hésitation, qu'elle se reconnaît sous ces termes nouveaux. A mesure qu'elle se les répète, elle en retrouve le sens, parce que derrière ces mots, pour la première fois entendus, se cachent des choses anciennement constatées.

VI

L'empirisme vulgaire repose sur une invincible croyance à la réalité de l'objet. Sur quels fondements psychologiques repose cette croyance, au lieu de le chercher pour notre compte, il nous suffira d'ouvrir les *Principes de Psychologie* de M. Herbert Spencer (1). Nous y trouverons une description exacte des phénomènes de conscience d'où l'on infère, — si toutefois l'on peut ici parler d'inférence, — la réalité des choses. Nous sommes censés au bord de la mer, assis sur un banc:

---

(1) A la page 473 du tome II de la traduction française.

« Les états de conscience que j'appelle toucher, pression, se présentent à moi quand je suis assis sur ce banc et que la brise de mer souffle sur ma figure. Le bruit des brisants, les mouvements des vagues qui s'élèvent au-dessus de l'horizon sont simultanément présents, et je connais également la chaleur du soleil et l'odeur des algues. J'appelle ces états de conscience, suivant leurs classes respectives, bruyants ou clairs, ou forts. Ils semblent remplir toute la conscience ; mais un examen approfondi prouve qu'il n'en est rien.

» Après cette odeur d'algue que m'a apportée la brise, des couleurs et des formes se présentent à moi, telles que me les avait montrées un autre rivage il y a plusieurs années, de même que je pense à tout ce qui m'arriva quand je vis la mer pour la première fois.

» Avec cette série, il y en a une autre secondaire qui constitue ce que je connais comme langage, qui me sert à distinguer, à identifier et à unir les membres de la première. Actuellement, de cette double série je passe à une autre. Le livre que tient à la main une dame qui passe réveille en moi des états de conscience que j'avais éprouvés en lisant dernièrement. Et ici, en observant avec soin, je trouve qu'en présence de toutes ces couleurs, de tous ces bruits, de toutes ces pressions, etc., que je perçois, il apparaît et disparaît d'autres états qui appartiennent à la même classe, mais qui diffèrent en intensité et sont arrangés et combinés d'une manière différente.

» Si l'on rejette toute théorie sur leur origine, le premier fait capital que l'on doit établir, c'est que ces deux classes d'états sont respectivement vive et faible. »

Restons sur le rivage. Voici que la scène change : le fond du décor s'obscurcit ; la brume couvre l'horizon. Devant moi, un voile opaque ; à mes pieds, comme tout à l'heure, une couche de galets. Je sais ce que me cache ce voile, et malgré qu'il me le cache, je le revois ; mais combien plus faiblement que tout à l'heure ! Une sorte de conflit s'engage dans ma conscience entre deux groupes d'états : le contenu des uns est uniforme, il se réduit à une surface grise, épaisse, et qui arrête le regard ; le contenu des autres est, précisément, tout ce qui se trouve derrière cette muraille de brume. Deux images, ou plutôt deux séries d'images, essayent de se recouvrir l'une l'autre et, finalement, se superposent, sans rien perdre, l'une de sa vivacité, l'autre de sa faiblesse relative. La première appartient à l'ordre des perceptions ou connaissances présentatives, la seconde à l'ordre des souvenirs ou connaissances représentatives. Entre ces deux courants psychiques, parallèles et simultanés, le discernement, d'ordinaire, est facile : chacun peut le faire à son gré, aussi bien l'analyse précédente n'offre-t-elle rien d'obscur. Même avant l'adolescence, on a eu l'occasion de comparer les perceptions actuelles et les perceptions anciennes ravivées par le souvenir, de remarquer combien les premières sont nettes, d'un dessin ferme, d'une coloration riche, combien les autres en diffèrent au double point de vue de la couleur et du dessin : ici des demi-teintes, et des contours à peine indiqués. Il y a plus ; on peut aisément remplacer celles-ci par d'autres, sans bouger de sa place. Pour supprimer celles-là, si l'on ne veut se déplacer, il faut fermer les yeux, et encore n'en supprime-t-on qu'une faible partie. Les impressions de contact persistent et elles suffisent pour nous défendre de ramener le contenu de nos perceptions actuelles à celui d'un souvenir.

Percevoir et se souvenir, voilà les deux espèces principales, dans lesquelles le sens commun distribue le genre connaissance. Leur distinction est fondée sur la force et la stabilité des états de la première classe, sur la faiblesse et l'instabilité des états de la seconde. A ces deux caractères, on peut ajouter encore et trouver d'autres éléments d'opposition. Pour cela, la réflexion de l'homme du monde paraît insuffisante ; celle du philosophe est indispensable ; en revanche, un commencement de réflexion suffit à ceux qui veulent discerner s'ils perçoivent ou s'ils se souviennent, s'ils veillent ou s'ils dorment.

Où est, en effet, la différence du rêve et de la veille ? Le premier venu, sans doute, ne me dira point qu'elle est dans la suppression des intermédiaires spatiaux ; du moins, il saura me le faire comprendre. Tout le monde rêve de voyages, et tout le monde a dû constater que ces voyages d'imagination s'accomplissent instantanément, sans qu'il y ait besoin de franchir, même par la pensée, les pays qui séparent une ville d'une autre ville. Pour aller, en rêve, du Japon au Pérou, de Paris jusqu'à Rome, le chemin de fer et le *steamer* sont de trop. La longueur des espaces parcourus et le temps nécessaire au parcours ne sont plus proportionnels : la distance, ici, ne fait rien à l'affaire.

Il en est de la rêverie comme du rêve, du souvenir comme de la rêverie : la mémoire se moque des distances. Dans les *Souvenirs de Sévastopol*, le grand écrivain Tolstoï raconte « une mort sur le champ de bataille. » Praskoukine, à la vue d'une bombe, s'est jeté à terre, attendant que la bombe éclate ; en moins d'un quart de minute tout un monde traverse sa conscience. D'abord il songe à son compagnon Mikhaïlov, auquel il doit douze roubles, puis, de la terre de Crimée, il se transporte jusqu'à Saint-Pétersbourg ; là, l'image d'un débiteur lui apparaît, puis celle d'un homme offensé cinq ans auparavant, puis celle d'une femme « coiffée d'un bonnet à ruban lilas. » La mémoire se moquerait-elle aussi des intervalles « temporels (1) » ? En moins de deux secondes, elle va chercher, dans les profondeurs de la conscience, des souvenirs depuis longtemps endormis, les réveille pour les laisser, aussitôt, s'éteindre.

Quand les yeux sont ouverts et que l'on regarde, quand on réfléchit et qu'on dirige ses pensées, c'est merveille si, dans les parties mal éclairées de sa conscience, on n'aperçoit point des ébauches d'images se succédant en désordre, et n'attendant, pour se mieux dessiner et ordonner, qu'un moment de détente ou de distraction. L'esprit, quand il se relâche, ou qu'il diminue l'intensité de son attention, diminue par cela même la vivacité et la force des impressions. Ces impressions, occupant une étendue moindre dans le champ de la conscience, permettent aux images de remplir la place laissée libre et d'accentuer leur relief. L'effet de la distraction est de nous rendre spontanément attentifs à ces produits confus du souvenir, et, par suite, de les amener insensiblement à un maximum de netteté, dont le coefficient égale presque celui des sensations proprement dites. Le conflit des états forts et des états faibles est la caractéristique de l'état de veille attentive. L'absence des premiers caractérise la rêverie ou le rêve : or, s'il est vrai que la conscience n'est jamais vide, il faut bien que le rêve et la rêverie alternent avec la veille, et c'est ce que Leibnitz entendait affirmer, lorsqu'il attribuait à l'âme la faculté de penser toujours.

Penser toujours signifie, non pas, comme on le pourrait croire, être toujours attentif, mais être toujours conscient à quelque degré. Le vide de la conscience équivaudrait

---

(1) Le sens ordinaire du mot *temporel* n'est pas celui que nous lui attachons. Nous disons *temporel*, comme nous avons dit *spatial*.

à sa disparition, et soutenir qu'elle peut momentanément disparaître, obligerait à chercher comment une conscience éteinte peut se ranimer d'elle-même. Un réveil, succédant à un sommeil complet, serait une véritable renaissance, une création succédant à une destruction, et la cause de cette création ne saurait être cherchée nulle part : on se trouverait en présence d'un commencement absolu, c'est-à-dire d'un inexplicable. De là vient que la thèse de la continuité de la conscience, directement invérifiable, se laisse, généralement, accepter sans difficulté (1).

VI

Demandons-nous maintenant quel lien unit ces deux affirmations : 1° nos états de conscience se divisent en états forts et en états faibles ; 2° le monde extérieur existe. Et d'abord que signifie, dans l'opinion du sens commun, le terme *Réalisme ?*

Être réaliste, c'est croire à l'existence objective des choses ; c'est, en conséquence, se refuser à croire qu'elles s'évanouissent lorsque nous avons cessé d'y penser,

---

(1) On aurait tort d'en conclure qu'elle n'en soulève aucune. Aussi bien si l'individualité n'est pas un vain mot, c'est que l'individu commence, et s'il commence, il commence *absolument*. Le cas paraît différent des réveils après le sommeil sans rêve, car le moi se *rattrape*, et la discontinuité qu'il constate est une preuve de la persistance du sentiment de l'identité. La conscience paraît se ranimer après s'être éteinte, mais il y a renaissance, et non naissance, commencement et non recommencement. Y a-t-il, au sens propre du terme, commencement absolu ?

et par cela seul que nous n'y pensons plus. Après moi, quand j'aurai cessé d'être, le monde continuera de subsister : je n'en saurai rien, mais le soleil ne cessera point de répandre ses rayons, la terre de s'échauffer à leur contact, les plantes de surgir du sol, les animaux de se mouvoir. Un homme a bouleversé la face, je ne dis point du monde, mais d'une partie du monde ; des nations ont disparu, des royaumes ont pris la place d'autres royaumes, la carte politique d'un pays a été remaniée ; et cependant rien n'est changé à la géographie physique de l'univers. Les poètes se complaisent à prêter une âme à la nature : ils voudraient en faire la compagne de l'homme et qu'elle partageât ses émotions : cela séduit leur imagination de se représenter le ciel qui se couvre, la terre qui tremble, les lois de la nature qui suspendent leur action, alors que sur la terre se consomme un grand et fécond sacrifice... Puis, quand la raison revient aux poètes et que la réalité se reprend à gouverner le rêve, ce n'est plus l'harmonie entre l'âme des hommes et la grande âme des choses, ce n'est plus cela qui les enchante, mais bien plutôt le contraire qui les révolte : « Des centaines de corps, fraîchement ensanglantés, agités deux heures auparavant, de diverses volontés, d'espérances sublimes ou mesquines, gisaient, les membres rigides, dans la vallée fleurie et baignée de rosée qui séparait le bastion de la tranchée, ou sur le sol uni de la chapelle des morts dans Sévastopol. Des centaines d'hommes, des malédictions ou des prières sur leurs lèvres desséchées, rampaient, se tordaient et gémissaient, les uns abandonnés parmi les cadavres de la vallée fleurie, les autres sur les brancards, les lits et le plancher mouillé de l'ambulance. Pourtant, comme aux jours précédents, le ciel s'illuminait de lueurs aurorales au-dessus du mont Sapoun, les étoiles scintillantes allaient pâlissant, un brouillard blanchâtre se levait sur la mer sombre et bruissante. L'aube pourpre s'embrasait à l'orient, de longs nuages enflammés couraient sur l'horizon d'azur clair ; et, comme aux jours précédents, promettant la joie, l'amour et le bonheur à la terre ranimée, le flambeau magnifique et puissant montait toujours. » Ce morceau de Tolstoï rappelle un fragment de Virgile présent à toutes les mémoires : la nuit répand sur les campagnes ses obscures clartés ; tout dort, excepté Didon, que fuit le sommeil et que l'amour consume.

Le contraste est saisissant, de l'impassible évolution des lois naturelles et des révolutions qui bouleversent l'âme : l'homme souffre, et la nature continue de sourire, l'homme meurt et la nature reste indifférente. Il n'en est point d'elle comme de cette patrie qu'un révolutionnaire se vantait d'emporter partout avec lui dans le monde et de traîner à la semelle de ses souliers ; quand nous la quittons elle nous quitte, n'ayant guère besoin de nous pour demeurer. C'est donc une chose admise ; la *réalité* n'est pas un vain mot : elle subsiste par ses lois propres, et ces lois, connues de nous, restent indépendantes de celles qui nous régissent. La supposition contraire choque nos instincts, dément nos croyances les plus invincibles, celles dont toutes les autres dépendent.

VII

Cherchons maintenant à développer la supposition contraire, et, pour cela, demandons-nous en quoi consiste la négation de la réalité des choses, non point avec les caractères réels dont cette négation s'accompagne chez les philosophes, mais avec les caractères dont le sens commun se plaît à la revêtir.

Soit une conversation entre gens du monde ou plutôt, pour donner plus de précision à notre exemple, soit un dialogue entre un élève de rhétorique et un élève de philosophie. C'est le rhétoricien qui commence : « De quoi votre professeur vous a-t-il parlé aujourd'hui ? — De Berkeley. — Qu'était-ce que Berkeley ? — Un idéaliste. — Qu'est-ce qu'un idéaliste ? — C'est un homme qui ne croit pas à la réalité du monde extérieur. — Alors, si on lui avait donné des coups de bâton, il aurait prétendu qu'il ne les sentait pas !... » Et notre écolier en philosophie, qui ne sait pas encore bien ce que c'est que l'idéalisme, reste sans répondre : ainsi que son camarade de rhétorique, il a lu le *Mariage forcé;* malgré la leçon du professeur, c'est à Sganarelle qu'il donne raison contre Marphurius. Pourquoi ? Parce que Marphurius, roué de coups, se plaint, et qu'un idéaliste se contredit à se plaindre. Ainsi en juge la sagesse superficielle des ignorants et des débutants en philosophie. Un idéaliste, selon le sens commun, est un homme qui prétend n'être pas sûr d'éprouver ce qu'il éprouve, de percevoir ce qu'il perçoit : c'est donc ou un menteur ou un infirme. Mais sur quoi porte le mensonge ? Où est l'infirmité ? Pourquoi juge-t-on l'idéaliste, ou d'une mauvaise foi dont on s'indigne, ou d'une sottise incurable et que l'on croit devoir prendre en pitié ? On juge que la réalité des choses, si elle n'admet aucune démonstration d'elle-même, n'admet guère, non plus, aucune discussion. On juge qu'il n'est pas possible de se croire existant et de n'exister point, qu'il ne l'est point davantage de croire à l'existence d'un monde non existant, parce que l'existence réelle se reconnaît à des signes certains. La réalité de l'objet n'est indémontrable qu'en raison de son évidence immédiate, et si l'on songe à récuser le témoignage des sens à l'occasion d'erreurs exceptionnelles, nul ne songe à le récuser en bloc. Pourquoi ? parce que les choses agissent directement sur nous, et que la vivacité des sensations provoquées par elles en est la preuve irrécusable. Le sens commun s'arrête ordinairement là ; aussi le doute des sceptiques lui paraît absurde, car il lui semble porter uniquement sur l'impossibilité de distinguer l'apparent du réel, le rêve de la veille. Or n'est-ce pas une distinction élémentaire, universelle, d'une facilité vraisemblablement la même pour tous ? Le coup de bâton que reçoit Marphurius et celui qu'il s'attend à recevoir ne sauraient être sérieusement confondus ; l'un fait mal, détermine une sensation douloureuse, l'autre se réduit à l'image d'une sensation douloureuse, et la douleur en est exempte : l'un, dirait M. Spencer, fait partie du groupe des états vifs ; l'autre appartient à la catégorie des états faibles.

Or, je le demande, cette réponse du philosophe n'est-elle pas la réponse implicite du sens commun ? Entre l'une et l'autre, où est la différence ? La concision du philosophe empêche-t-elle son affirmation d'avoir même contenu que l'affirmation vulgaire ? Au sens vulgaire, un homme certain de la réalité des choses est un homme qui ne peut, ou feint de ne pouvoir distinguer, dans sa conscience, deux groupes d'états, celui des états vifs, celui des états faibles. Là où cette distinction a lieu, celle du *mien* et du *non mien* lui fait immédiatement suite : le jour où le sujet se distingue nettement de l'objet, il acquiert de l'existence de l'objet une certitude égale à celle de sa propre existence. Dans l'opinion du grand nombre, l'idéalisme consiste à douter de l'évidence des sens, autrement dit de la réalité des états forts, ce qui équivaut à douter de ce qui saute aux yeux. De là vient l'absurdité apparente de l'idéalisme, dans lequel le sens commun n'a jamais su apercevoir que la contestation gratuite d'un fait d'expérience constante et universelle.

L'idéalisme est autre chose ; ce qu'il est en soi, je veux dire dans ses traits essentiels, n'échappe point aux philosophes ; mais le sens critique, indispensable au discernement complet de ces caractères, est moins un don de nature que l'effet d'une éducation philosophique assez avancée. Aussi, sous le nom d'idéalisme, le vulgaire n'entendra jamais autre chose qu'une doctrine, où l'on met en doute la distinction des états forts et des états faibles, la réalité des premiers et les conséquences qui, spontanément, en résultent.

VIII

M. Herbert Spencer a donc écrit dans son *Analyse générale* plusieurs chapitres dignes de servir de contribution à la psychologie du sens commun. Réaliste fermement convaincu, car il croit à la valeur ontologique de la distinction entre les agrégats vifs et les agrégats faibles, il oublie cependant, ou paraît oublier, que d'autres psychologues, avant lui, ont fait la distinction, que David Hume, par exemple, réserve le nom d'*impressions* aux agrégats du premier groupe et celui d'*idées* aux agrégats du second. David Hume s'est fait un renom de sceptique, et sa négation de la réalité des choses extérieures repose précisément sur la même prémisse que celle de M. Spencer : l'un la fait servir à la thèse, l'autre l'emploie à démontrer l'antithèse.

On a entendu M. Spencer. Il serait fort à propos d'entendre David Hume. « Toutes les perceptions de l'esprit humain se résolvent, dit-il, en deux genres distincts que j'appellerai *impressions* et *idées*. La différence entre les deux genres consiste dans les degrés de force et de vivacité avec lesquels ils frappent l'esprit et pénètrent dans notre pensée ou conscience. Ces perceptions, qui entrent avec le plus de force et de violence, nous pouvons les nommer *impressions* et, sous ce nom, je comprends toutes nos sensations, passions et émotions considérées lorsqu'elles font leur première apparition dans l'âme. Par *idées*, j'entends les faibles images que laissent les impressions dans la pensée et dans le raisonnement ; telles sont, par exemple, toutes les perceptions excitées par le présent discours, excepté celles qui naissent de la vue et du toucher, et excepté aussi le plaisir ou malaise immédiat qu'il peut occasionner. Je crois qu'il n'est pas besoin de beaucoup de mots pour expliquer cette distinction. Chacun saisira par lui-même la différence qui existe entre sentir et penser. Les degrés ordinaires des deux genres sont aisément distingués, mais, en certains cas particuliers, ils peuvent se rapprocher très près l'un de l'autre. Ainsi dans le sommeil, dans la fièvre, dans la folie, dans toutes les émotions violentes de l'âme, nos idées peuvent se rapprocher de nos impressions : d'autre part, il arrive quelquefois que nos impressions sont si faibles et de si bas degré que nous ne pouvons les distinguer de nos idées. Mais, nonobstant cette étroite ressemblance en un petit nombre de cas, la différence qui les sépare est en général si nette que personne ne peut se faire scrupule de les ranger sous des chefs distincts et d'assigner à chaque espèce un nom particulier pour marquer la différence. » (1)

La différence entre ce texte et celui des *Principes de Psychologie* porte sur des points de détail ici négligeables. Hume et M. Spencer ont chacun leur méthode d'analyse et leur façon de développer, ils ont chacun leur langue et leur vocabulaire. Ces réserves faites, la matière de l'analyse est la même pour tous deux. Tous deux, en effet, opposent la *faiblesse* des *idées* à la *vivacité* des *impressions*. Supposez que Hume et M. H. Spencer veuillent démontrer par syllogisme, l'un, que les choses existent, l'autre, qu'elles n'existent pas : la majeure, affirmative chez l'un, sera négative chez l'autre ; l'un prendra pour accordé que la distinction des agrégats vifs et des agrégats faibles est le signe d'une distinction entre le mien et le non mien, donc entre le sujet et l'objet, tous deux réellement existants ; l'autre affirmera que cette distinction psychologique, pour si légitime qu'elle soit *psychologiquement*, n'en reste pas moins privée de toute valeur ontologique. La conclusion sera négative chez Hume ; chez M. Spencer, elle sera affirmative. Tous deux, cependant, donneront à leur syllogisme une même mineure, car ils partiront du même fait, à savoir la distinction entre les impressions et les idées, soit, pour nous servir de termes équivalents, entre les agrégats vifs et les agrégats faibles.

---

(1) *Traité de la Nature humaine*, trad. Renouvier et Pillon. p. 9 et 10.

Écoutons encore David Hume (1) : « Il n'est pas d'impressions ni d'idée d'aucune espèce dont nous ayons conscience ou souvenir qui ne soit connue comme existante ; et il est évident que de cette conscience est dérivée la plus parfaite idée et certitude d'*être*. De là nous pouvons former un dilemme, le plus clair et le plus décisif qui soit imaginable, savoir que, puisque nous ne nous souvenons jamais d'une idée ou d'une impression sans lui attribuer l'existence, l'idée d'existence doit, ou bien venir d'une impression distincte, jointe à chaque perception ou objet de pensée, ou bien être la même que l'idée de la perception ou de l'objet. » Or, si l'on cherche cette impression distincte, c'est vainement qu'on la cherche ; l'idée d'existence n'est dérivée d'aucune impression particulière, elle se confond avec l'idée de ce qui est connu comme existant : jointe à la notion d'un objet, la notion d'existence n'y introduit aucun élément nouveau. « Tout ce que nous concevons, nous le concevons existant. Toute idée qu'il nous plaît de former est l'idée d'un être, et l'idée d'un être est toute idée qu'il nous plaît de former. Qui n'admet pas cela doit nécessairement montrer cette impression distincte, dont l'idée d'être est dérivée, et doit prouver que cette impression est inséparable de toute perception que nous croyons exister. Nous pouvons conclure sans hésitation que c'est chose impossible... Fixons notre attention hors de nous-mêmes autant que possible : que notre imagination s'élance vers les cieux ou vers les extrêmes limites de l'univers : nous ne ferons jamais réellement un pas au delà de nous-mêmes et nous ne pouvons concevoir aucun autre genre d'existence que ces percep-

---

(1) *Traité de la Nature humaine.* p. 92 et 93.

tions qui ont apparu dans cette étroite enceinte. C'est l'univers de l'imagination et nous n'avons pas une idée qui n'y soit produite. »

On a entendu naguère Stuart Mill invoquer le sens commun contre ceux qui voudraient réduire à l'idée l'objet de la connaissance, et donner, par là même, gain de cause au réalisme vulgaire. Or, il se trouve précisément que Stuart Mill, malgré son éloignement pour les doctrines aux allures conceptualistes, pense exactement comme pensait David Hume, qu'il ne croit pas plus que lui à la réalité des choses, et que, tout en acceptant les conclusions du sens commun, il ne les juge pas contraires à l'idéalisme.

IX

Le sens commun idéaliste sans le savoir, quel paradoxe et qu'on aurait de peine à le soutenir sérieusement ! — Donnons-nous cette distraction passagère, peut-être en tirerons-nous quelque profit.

J'entends dire à quelqu'un, par exemple : « Cette table existe et j'en suis certain. » — Pourquoi ? — « Parce que je la vois et surtout parce que je la touche : la vue trompe, on voit des fantômes ; en revanche le tact est infaillible. » Toute existence, même l'existence personnelle, ne comporte, selon le sens commun, qu'un seul genre de démonstration : la démonstration par le contact. On causait un jour, de Descartes, avec un savant distingué : ce savant, qui révérait Descartes à l'égal d'un dieu, ne pouvait lui pardonner le « *Cogito, ergo sum* », qu'il jugeait une assertion ridicule. — « Mais quelle preuve avez-vous de votre existence ? » — « Je n'ai qu'à me tâter pour en être certain. » Telle fut sa réponse. Toute existence, même l'existence du moi, se prouverait donc par la méthode du contact ? — Cela revient à dire que l'impression est le signe de l'existence, et David Hume n'est pas d'un autre avis.

Voilà notre sens commun en pleine mésaventure, définissant, comme Berkeley, *esse* par *percipi*, et ne trouvant, somme toute, rien à reprendre à la formule de Stuart Mill : « Le monde extérieur est une possibilité permanente de sensations. » Le monde extérieur est cela : n'est-il que cela ? Le sens commun ignore. Il débute par cette assertion banale : « Les choses sont, parce que je les perçois », et, croyant s'endormir sur l'oreiller du dogmatisme, il s'endort, au contraire, sur le mol oreiller de Montaigne. Car, il a beau exiger que les choses survivent à l'extinction de la pensée, il ne peut se représenter cette survivance sans supposer, malgré lui, la résurrection de la pensée : l'hypothèse se détruit en s'énonçant. Quelque biais que l'on prenne, il faut toujours s'y résigner. Supposons-nous disparus : afin que le monde dure, il faudra léguer à nos semblables le pouvoir d'éprouver des sensations et de les localiser instinctivement hors de soi. « Que croyons-nous, au fond, avoir affirmé des choses quand nous disions qu'elles sont sans pourtant être aperçues ? ou qu'est-ce qui vient alors, comme preuve, confirmation ou signification, de leur persistance loin de nous, remplacer la sensation qui prouvait, confirmait et définissait leur présence devant nous ? Je rendrai plus clair le véritable sens de ces questions, si je passe aux réponses que leur fait la manière de voir naturelle ; car elle cherche aussi le complément dont nous regrettons l'absence, et elle le trouve d'abord en ce que la sensation d'autrui vient se substituer à la nôtre quand la nôtre vient à manquer. Les hommes que nous quitterons resteront en relation avec d'autres, les lieux et les objets dont nous

nous éloignons, d'autres hommes les verront comme nous les avons vus ; en cela consiste leur existence alors qu'ils ont disparu de la sphère de notre perception : je crois du moins que chacun de nous trouvera en soi une trace de cette première manière de penser, par laquelle assurément nous écartons la question plutôt que nous n'y répondons (1) ».

Il semble donc plus facile d'échapper à l'idéalisme par un acte de foi ignorant de son contenu, que de le vaincre quand on l'a autorisé à la lutte, et rien ne sert de prêter à l'objet de la connaissance je ne sais quelle aptitude à nous survivre, puisque le seul moyen de lui assurer l'être, dans l'hypothèse de notre disparition, consiste à nous ressusciter, tout d'abord, soit dans notre personne, soit dans celle de nos semblables.

Des réflexions qui précèdent, il résulte que le réalisme est psychologiquement indémontrable et que la foi dont il est l'objet de la part des gens du monde, pour ne point chanceler, doit se passer de preuves.

---

(1) Lotze, *Métaphysique*, trad. franç., p. 31.

DE LA RÉALITÉ : DUALISME ET MONISME

L'analyse de la conscience ne permet pas d'ériger en preuve de la réalité de l'objet externe la distinction des « états forts » et des « états faibles. » L'idéalisme ou, si l'on préfère, le subjectivisme — car le premier de ces termes est, selon nous, et pris dans son vrai sens, l'équivalent exact du second — reste possible. En effet, la sensation a beau faire partie du groupe des états forts, l'intensité, qui la distingue des états de l'autre groupe, ne change, pour ainsi dire, rien à son contenu : une étoffe peut être moins solide qu'une autre et d'un coloris plus pâle, sans cesser d'être de la même espèce ; encore qu'une différence de degré ne soit point négligeable, on ne peut y voir la preuve d'une diversité absolue d'origine, sans conclure, non seulement au delà de ce que les prémisses permettent, mais encore contrairement à ce qu'elles impliquent. La quantité peut diminuer sans que la qualité change. Dire d'un état fort qu'il est non mien parce qu'il est fort, d'un état faible qu'il est mien parce qu'il est faible, c'est conclure arbitrairement.

Voilà ce que David Hume avait compris, ce que M. H. Spencer n'a point su comprendre. Son réalisme repose sur la même mineure que le scepticisme idéaliste de Hume, et c'est par où ce réalisme assure sa défaite. Nulle part, M. Spencer ne cherche à fonder la croyance à la réalité des choses sur la connaissance, ou plutôt sur l'intuition de cette réalité. Son ambition est, ou paraît être, de raisonner, en partie, comme David Hume et de conclure comme Reid ; aussi cette ambition a-t-elle été jugée chimérique. Ou bien il est impossible d'échapper à l'idéalisme, ou bien il est en nous des états *sui generis* et dont l'intensité n'est pas le caractère essentiel.

I

Le but de l'École écossaise consiste précisément à montrer que de tels états font partie du sujet, que nos sensations, outre la propriété de nous affecter, ont celle de précéder d'autres états, dont elles sont les signes, puisqu'elles en sont les antécédents. On ne dira point : « le monde extérieur existe, car j'éprouve des sensations », on dira : « le monde extérieur existe, car j'en ai *l'intuition*. » On fera davantage, on entreprendra l'analyse de la sensation ; on établira que si la sensation, prise en elle-même, appartient au sujet seul, elle arrive toujours à l'avant-garde d'une perception, et l'on démontrera que cette perception est bien réelle, en opposant ses caractères à ceux de la sensation.

D'après les Ecossais, le vulgaire aurait raison d'identifier *esse* à *percipi* ; il aurait tort de confondre *percevoir* et *sentir*. La sensation est une chose, l'intuition en est une autre. Si l'on croyait uniquement parce que l'on *éprouve,* on croirait sans motif ; du moment où l'on croit parce que l'on *perçoit,* la croyance cesse d'être aveugle.

Elle le serait encore, si l'on affirmait gratuitement la réalité externe, et, gratuitement aussi, la réalité mentale de son intuition directe. Or, on n'est point réduit à dire : cela est ; on peut, en outre, dire *comment* cela est. La perception ne se borne pas à nous apprendre qu'il est un objet

par delà le sujet : elle enseigne que cet objet est distinct du
sujet, numériquement et spécifiquement. Je ne suis point
mon semblable ; en partie, du moins, je suis taillé sur le
même modèle, je participe de la même *idée*. Au contraire,
les attributs de la chose externe diffèrent de mes attributs.
La *res extensa* s'oppose à la *res cogitans*. Et en même temps
que la connaissance des choses se produit en moi, en
même temps se produit celle de leurs qualités ; sans doute,
je ne puis dire tout ce qui appartient à la réalité externe ;
je devine qu'elle est infiniment plus riche qu'elle ne m'apparaît, mais je ne suis point réduit à de vaines hypothèses
sur sa nature : j'en perçois les qualités essentielles. Si je
crois, c'est que je sais. Le monde extérieur existe, non
point parce que je ne puis m'empêcher d'y croire, mais
si je ne puis m'ingénier à n'y point croire, c'est parce qu'il
existe.

Là où Reid énonçait un fait, Hamilton devait formuler
une loi ; là où Reid s'était borné à dire : « Cela est »,
Hamilton devait renchérir et ajouter : « Il est absurde que
cela ne soit point. » Par suite, il allait donner à la philosophie réaliste une base rationnelle et, sur la constatation
d'un fait, greffer la démonstration d'un droit. Non seulement Hamilton admet la réalité psychologique de l'intuition externe, mais il en démontre la nécessité métaphysique. En cela, il prend à l'égard du subjectivisme phénoméniste de Hume une attitude offensive ; à la distinction, jugée peu concluante, des états forts et des états
faibles, il oppose celle d'états exclusivement intensifs
et d'états exclusivement extensifs, et, remplaçant une
simple différence de degré par une différence de nature,
il légitime ainsi les prétentions du sens commun, car il lui
accorde non seulement l'existence, mais encore la connaissance et, qui plus est, la connaissance nécessaire et
nécessairement adéquate de la réalité.

II

En fortifiant les positions de Th. Reid, Hamilton introduisait, semble-t-il, la philosophie de Kant dans la philosophie écossaise. On sait, en effet, que Kant oppose la forme du sens externe à celle du sens interne, qu'il distingue le monde des corps du monde des esprits, que, loin d'accepter l'idéalisme, il parle comme s'il jugeait la connaissance de la réalité extérieure indispensable à la connaissance du sujet. Dans la *Critique de la Raison pure*, Kant ne nie point, tant s'en faut, la conscience empirique; mais il déclare qu'une telle conscience est inséparable de celle d'une suite d'états déterminés. L'âme-substance échappe à elle-même, elle ne peut ni se conclure de ses propres états, ni se procurer sur sa nature intime la moindre ébauche de notion. Est-elle une ou multiple, changeante ou immuable? L'un et l'autre se peuvent, et la psychologie rationnelle va de l'une à l'autre alternative sans jamais se décider. En revanche, les états dont la suite compose le sujet et hors desquels il cesserait d'exister à ses propres yeux, font partie du champ de la connaissance, et la forme du temps en est inséparable.

Le sujet s'apparaît dans ses phénomènes, et ses phénomènes arrivent à la conscience déterminés dans le temps. Or, déterminer, c'est rapporter à quelque chose de fixe. « Toute détermination suppose quelque chose de *permanent* dans la perception. Ce permanent ne peut pas être une intuition en moi. En effet, tous les principes de détermination de mon existence qui peuvent être trouvés en moi, sont des représentations, et, à ce titre, ont besoin de quelque chose de permanent qui soit distinct de ces représentations, et par rapport à quoi leur changement, et, par conséquent, mon existence dans le temps où elles changent, puissent être déterminés. La perception de ce permanent n'est donc possible que par une chose existant hors de moi, et non pas seulement par la représentation d'une chose extérieure à moi. Par conséquent, la détermination de mon existence dans le temps n'est possible que par l'existence de choses réelles que je perçois hors de moi. Mais, comme cette conscience dans le temps est nécessairement liée à la conscience de la possibilité de cette détermination dans le temps, elle est aussi nécessairement liée à l'existence des choses hors de moi, comme à la condition de la détermination du temps : c'est-à-dire que la conscience de ma propre existence est en même temps une conscience immédiate de l'existence d'autres choses hors de moi (1). »

C'est là ce que Kant appelle « retourner le jeu de l'idéalisme. » Il estime même que, loin de « supposer » le monde externe, sa doctrine le « prouve », car, pour nier le sens externe, il faudrait tout au moins lui substituer l'imagination. « Or il est clair que même pour que nous puissions nous imaginer quelque chose comme extérieur, il faut que nous ayons déjà un sens externe, et qu'ainsi nous distinguions immédiatement la simple réceptivité d'une intuition externe de la spontanéité qui caractérise cette imagination. En effet, supposer que nous ne faisons qu'imaginer un sens externe, ce serait anéantir la faculté même d'intuition qui doit être déterminée par l'imagination. » (2).

---

(1) Trad. Barni, t. I, p. 286-288.
(2) *Ibid.*, p. 289.

Ainsi — à tort ou à raison, conformément ou contrairement aux principes de sa doctrine — Kant affirme non-seulement la réalité, mais encore la nécessité d'une perception externe immédiate. Or, comment définir cette perception ? S'agira-t-il simplement, à l'exemple de Reid, d'adjoindre à la sensation une notion accompagnée de la croyance à sa réalité objective ? Non ; il s'agira de bien autre chose, à savoir d'une sorte de contact entre la réalité empirique externe et la réalité empirique interne. L'esprit ne se connaît, complètement, dans ses phénomènes, qu'avec le secours de la perception extérieure. Car, déterminer le temps, c'est le mesurer ; d'autre part, mesurer le temps, c'est le traduire en mouvement ; enfin, traduire le temps en mouvement, c'est le transformer en un mobile dans l'espace. Je pourrais être, quand bien même rien d'étendu ne serait ; mais, si rien d'étendu n'était, j'aurais la conscience d'être sans avoir la connaissance de ce que je suis (1). L'espace est donc nécessaire à la connaissance empirique interne : or l'espace n'est pas objet de foi, il n'est point davantage objet de concept ; il est objet d'intuition.

Voilà la doctrine de Kant. Les interprètes d'Hamilton ont raison de penser que Kant lui inspira la dernière et profonde modification qu'il introduisit dans le système de Reid. Reid, en effet, ne s'est jamais bien expliqué sur le sens attaché par lui au terme *percevoir*. On dirait parfois qu'entre la perception et « la notion de l'objet accompagnée de la croyance à son existence », il ne distingue réellement pas, que son prétendu réalisme n'est qu'un idéalisme inconscient. On ne peut le dire de W. Hamilton, aux yeux de qui la perception paraît bien toujours

---

(1) *Critique de la Raison pure*, trad. Barni, t. I, p. 289.

être, sinon un phénomène affectif, du moins un phénomène de sensibilité, c'est-à-dire de pénétration de l'externe dans l'interne. On vient d'écrire une métaphore : cette métaphore n'en est pas moins aussi près que possible de la vraie pensée d'Hamilton.

Et cette métaphore, prise au pied de la lettre, répond assez exactement au réalisme du sens commun. Le vulgaire croit le monde extérieur plus que tangent à l'esprit et ne soupçonne point que cette croyance implique le moindre miracle. Hamilton, lui, écartait le miracle, puisqu'en démontrant sa nécessité, il le métamorphosait par cela même en loi. On semble donc fondé à dire que, si l'œuvre d'Hamilton est faite pour durer, le réalisme est assuré de vivre, et que le sens commun n'a plus rien à craindre de la philosophie.

N'en a-t-il plus rien à craindre ?

III

Au nombre des caractères assignés à l'objet par l'auteur des *Principes de Psychologie,* l'étendue n'est pas omise ; mais il s'en faut que le premier rang lui appartienne.

M. Spencer et David Hume, bien qu'aux antipodes l'un de l'autre, s'entendent pour ramener la distinction du mien et du non mien à une simple différence d'intensité. L'étendue ne serait-elle donc point le caractère original des choses externes ?

Souvenons-nous de Descartes et de sa distinction du sujet et de l'objet. Ne repose-t-elle pas sur une incompatibilité de concepts, sur l'impossibilité de faire rentrer la *res extensa* dans la *res cogitans,* à titre d'espèce dans un genre ? Non seulement les deux concepts d'étendue et de pensée sont incompatibles, mais chacun d'eux est clairement et distinctement représenté.

Cette distinction est, si l'on peut dire, l'arrière-fond inconscient de la théorie écossaise. Le soin avec lequel Reid et Hamilton s'efforcent d'établir que la sensation, pour servir d'avant-garde à la perception, ne peut rester confondue avec cette dernière, dénote, chez l'un et chez l'autre, le sentiment d'une profonde hétérogénéité entre les deux phénomènes. Or, dire de la sensation qu'elle est affective et représentative, ou qu'elle est exclusivement affective et que, par suite, l'élément représentatif doit être transporté de la faculté de sentir à une autre faculté, il importe peu : l'essentiel est de faire voir qu'un fossé large et profond sépare ce qui, en nous, est affectif ou intensif de ce qui, en nous, est représentatif ou extensif. Et il n'est point malaisé de s'en rendre compte, encore qu'il soit malaisé d'exprimer positivement cette différence. Sans doute, à moins de savoir s'analyser soi-même, on ne sépare point, du premier coup, la douleur ou le plaisir — autrement dit l'émotion — de sa cause, et d'une cause à la représentation de laquelle l'étendue doit forcément contribuer ; mais cette séparation est possible. Voilà ce que soutient Hamilton, et Reid le soutenait avant lui. Il croyait faire, ce jour-là, une découverte importante ; il ne faisait que renouveler, en termes différents, la distinction classique du *conscient* et de *l'étendu*, ou, si l'on préfère, du sens interne et du sens externe. L'*Esthétique transcendantale* allait-elle bientôt confirmer ces résultats ?

Il est, certes, hors de doute qu'une perception a pour caractéristique une intuition d'étendue et que c'est là ce qui la rend externe : *externe*, *étendu*, ne sont-ce point, d'ailleurs, des termes synonymes ? Le monde extérieur me semble différer du moi, non sous le point de vue de l'être, point de vue vraisemblablement insaisissable, mais sous celui du paraître. Je ne suis point mes perceptions, et de cela j'ai deux preuves : d'abord je les subis, ensuite, je ne leur ressemble pas. Cette étendue que j'aperçois dans le lointain, même quand je fais effort pour me détacher de ce qui n'est point moi, cette étendue, en un sens, est mienne, puisqu'elle tente de m'envahir ; elle est non mienne, en un autre sens, puisqu'aussi bien, elle n'envahit que mes alentours. Et elle n'envahit que mes alentours, parce qu'au-delà, l'invasion deviendrait destruction et que l'âme cesserait d'être. Personne n'a jamais pu donner de l'âme une définition positive et adéquate ; la définition la plus commune est négative : l'âme, c'est l'inétendu, l'*anti-espace*.

Cette réalité qui s'oppose à l'espace ne peut prendre conscience de cette antipathie métaphysique qu'à une condition, c'est que l'espace la borne, la baigne, et par moments la refoule. Et non seulement, sans la présence de cet ennemi plus qu'héréditaire, le sujet inétendu resterait ignorant de sa haine, mais on ne parviendrait pas à comprendre qu'il réussit à se connaître. L'erreur sensualiste n'est, après tout, qu'une exagération : pour penser, il faut percevoir. Or, puisque toute perception est impossible sans espace, l'espace entre pour quelque chose dans les conditions d'exercice de la conscience, l'espace ou du moins le spatial, l'étendu. Une âme qui ne serait pas en lutte constante contre l'étendu, aurait bientôt cessé d'être. Telle est, si je ne me trompe, la vraie pensée d'Hamilton, telle est, autant qu'il nous est possible de l'entrevoir, la vraie pensée de Kant.

Aussi serions-nous bien près d'effacer certaines expressions échappées à notre plume et qui tendraient à présenter l'état de guerre comme l'état normal du sujet. Non : cette antipathie, cette haine, dont on a parlé, est tout hypothétique. Le sujet l'ignore. La conscience, d'ailleurs, si elle souffrait du conflit, souffrirait de ce qui lui permet, à elle, d'être ; et que deviendrait l'âme, privée de ce flambeau intérieur ? Le temps est passé de croire qu'une âme privée du pouvoir de se connaître ne serait point, pour cela, privée d'être. — Elle serait, nous dira-t-on, l'âme en puissance ; or la puissance n'est pas le néant. — Qui sait ? Ou la puissance tend à l'être, et alors l'être est déjà dans la tendance, ou elle demeure dans l'état d'inaction. Mais entre le non-agir et le non-être, toute différence s'évanouit. De plus, que serait une tendance absolument inconsciente d'elle-même ? Ne voit-on pas que le mot tendance est d'origine psychologique et que si on lui ôte toute acception significative de son origine, on le réduit à ne signifier plus rien ? Ainsi l'âme doit de la reconnaissance à l'étendue ; car, si l'âme n'est point l'étendue, tant s'en faut que, sans elle, elle puisse être. L'intensif a donc, en partie du moins, sa raison d'être dans l'extensif, et toute sensation demeure sans raison suffisante, qui ne tire point son origine d'une perception antécédente.

Il paraît bien, dès lors, que pour s'apercevoir, il faille se déterminer soi-même, se borner, et qu'en dernière analyse, la conscience du sujet pensant doive résulter d'un conflit... dirai-je entre deux forces ? ne devrais-je pas dire plutôt « entre deux ordres de manifestations l'une à l'autre irréductibles »? Telle serait, je crois, l'expression la plus exacte. Et l'on serait malvenu à repousser cette condition de la connaissance de soi-même, sous prétexte qu'elle serait, *à priori*, invraisemblable. Reid a peut-être montré plus de finesse qu'on n'a coutume de lui en attribuer lorsqu'il n'a point reculé devant le mot « magie naturelle », dont il se sert pour qualifier la perception. Son tort a été, selon nous, de prendre le mot au sérieux et de ne lui point laisser la signification ironique qu'il comporte à l'exclusion de toute autre. En effet, l'ironie apparaît à la surface, quand on s'avise de définir l'âme en fonction du contraire de l'étendue, puis, qu'au moment d'expliquer comment elle parvient à se connaître, on fait de l'intuition spatiale une condition expresse de cette connaissance. Mais l'ironie reste superficielle et l'on exagérerait à soutenir qu'une telle condition est contradictoire; car, si le moi s'affirme en se limitant, se pose en s'opposant, c'est, qu'on nous passe la métaphore, en vertu d'un mouvement rythmique, d'une oscillation entre deux pôles, si bien qu'on aurait tort d'écrire : « Le moi s'affirme *en tant* qu'il se limite, se pose *en tant* qu'il s'oppose. » La contradiction est défendue par la logique, chaque fois qu'on affirme ce que l'on nie en même temps et sous le même rapport. Ici, l'on aurait fort à faire, si l'on prétendait prouver que ces conditions se trouvent réalisées et que, par conséquent, la contradiction est formelle. Une telle opinion, outre qu'elle serait paradoxale, serait sans point d'appui. La magie n'est donc qu'apparente et le prétendu miracle est le pseudonyme d'une loi dont l'exception ne peut être ni constatée, ni même, ce qui est plus grave, imaginée. N'est-ce point de Leibnitz qu'est cette sentence : « *Cum cogitare me cogito, ad cogitandum aliquid conor quod cogitem ?* » Autrement dit, point de conscience vide de tout contenu empirique, point de pensée à la matière de laquelle l'étendue ne vienne, en quelque manière et pour si peu que ce soit, apporter sa contribution.

La conclusion de ce qui précède justifie pleinement la théorie d'Hamilton et de Reid : oui, la sensation est distincte de la perception. Et cette conclusion paraît amener fatalement cette autre : « Oui, le monde extérieur existe ». Elle est cependant prématurée, pour ne rien dire de plus. Essayons de nous en rendre compte.

IV

1° La conscience est le propre de l'âme : le propre de l'âme est d'être inétendue. 2° L'étendue est indispensable à la conscience. Ces deux thèses ne se détruisent point l'une l'autre; car dire, par exemple, que pour savoir d'une chose qu'elle est blanche, il la faut discerner du non-blanc, cela n'implique en rien l'identité du non-blanc et de la blancheur. Le moyen prépare la fin ; s'il ne la produit pas, du moins il sert à la produire. Dira-t-on qu'il ne s'en distingue pas ?

Il s'en distingue, à vrai dire, comme dans le rapport $\frac{a}{b}$ le numérateur a reste distinct du dénominateur b. On nous accordera, cependant, que la fonction de numérateur, celle de a, requiert un dénominateur quelconque, de même que, sans numérateur, la fonction de b disparaît ; a et b peuvent donc être isolés l'un de l'autre, en tant que parties ; ils ne le peuvent qu'à ce titre. En effet, leur raison d'être est le rapport dans lequel ils figurent à titre de termes, et la suppression d'un seul des termes a pour conséquence celle du rapport. Supprimez l'étendue, vous n'avez plus la conscience.

— D'accord : mais la réciproque s'impose. Supprimez la conscience, et l'étendue disparaît. Il est donc impossible de se demander laquelle des deux préexiste à l'autre. Pour être capable de perception, il faut l'être de sensation, et réciproquement. Dès lors, ce qui est réel n'est point la perception d'un côté, la sensation de l'autre, mais la relation entre les deux termes d'un même rapport. Le moi s'apparaît dans une crise où il fait effort pour éliminer l'étendue ; mais cette étendue qu'il refoule revient battre ses rives, non par vengeance, ce serait bien plutôt par compassion, et comme pour rappeler à son antagoniste que leur rivalité est la condition même de sa réalité.

Cette rivalité n'est-elle pas une illusion de l'esprit ? Et la chimère réapparaît d'une lutte entre l'âme et cet autre qu'elle-même, indispensable à la connaissance d'elle-même. Et c'est une chimère qui nous hante, car quel autre nom donner à l'hypothèse d'un être en guerre contre sa loi ? N'est-ce point de toutes les conjectures la plus audacieuse, la plus illogique ? N'est-il point absurde de vouloir dissocier la loi d'un être de cet être ?

Si le moi est une chose, l'étendue une autre chose, c'est que l'étendue est une propriété extrinsèque de certains états de la conscience surajoutée à ces états, sans raison assignable, et même contre toute raison plausible ; c'est que la conscience préexiste à elle-même, qu'elle se donne sa loi. Outre que cette supposition est inintelligible, qu'aucune paraphrase ne la peut développer, elle en appelle immédiatement une autre, plus étrange, mille fois : celle d'un être se donnant sa loi, et se la donnant contraire à son essence.

L'étendue n'existe donc que par rapport au sujet, l'espace n'a de réalité que par l'esprit. Entre l'âme et l'espace, il se fait un échange perpétuel de prêts et de restitutions incessantes, de telle sorte que si l'âme, pour devenir consciente, a besoin de la sensation, celle-ci de la perception, cette dernière de l'étendue, l'étendue, à son tour, ne peut être sans l'âme.

Ainsi, comme le voulait Kant, la réalité de l'étendue n'est pas indépendante, ce qui revient à dire qu'elle n'est pas. Ainsi, contrairement à ce que pensait Hamilton, bien que conformément à ses principes (1), l'obligation pour le moi de s'opposer en se posant justifie l'illusion réaliste.

Mais une illusion, pour être reconnue fatale, n'en reste pas moins une illusion. Si les lois de l'optique me forcent à voir brisé le bâton que j'aperçois dans l'eau, du moment où je sais qu'elles m'y contraignent, je sais aussi que le bâton est demeuré intact. Le sens commun ne peut s'empêcher d'être réaliste ; voilà ce dont il faut que nous soyons convaincus. Devons-nous en conclure qu'il a raison de l'être ? Un tort que l'on ne peut s'empêcher d'avoir n'en est pas moins un tort que l'on a.

Un tort devant les philosophes ; rien de plus, cependant. — Rien de plus, sans doute ; et si Hamilton vivait encore, il nous exhorterait à croire quand même et il nous renverrait peut-être, pour nous fortifier dans cette croyance illégitime, des conclusions idéalistes de l'*Esthétique transcendantale,* aux conclusions réalistes de l'*Analytique* (2). Hamilton paraît bien avoir adopté ces deux thèses d'apparence contradictoire et ne s'être point embarrassé de la contradiction. Il paraît bien admettre, avec Kant,

---

(1) « Contrairement à ce que pensait Hamilton » ; en effet, ce philosophe était un « réaliste naturel » ; il croyait à la possibilité de prouver la réalité externe. — « Bien que conformément à ses principes » ; en effet, sa théorie de la nécessité pour que le moi s'aperçoive, qu'un *non-moi soit donné dans la conscience,* justifie l'illusion réaliste, mais *sans la dissiper.*

(2) Si nous avions à faire l'histoire de la philosophie de W. Hamilton, nous n'aurions garde d'oublier qu'aux textes auxquels est faite une allusion implicite, d'autres textes s'opposent, mais ceux sur lesquels nous nous appuyons nous semblent conformes à l'esprit général de la doctrine.

l'idéalité de l'espace et, quand il affirme la réalité de l'étendue dans un espace idéal, non-seulement il néglige d'apercevoir l'invraisemblance de la thèse, mais il omet de se demander si Kant l'a réellement soutenue.

Kant ne voulait pas être idéaliste, et il se figurait, par moments, ne pas l'être, grâce à sa théorie dualiste de la connaissance. Cette théorie, à laquelle devait se ranger Hamilton, nous savons en quoi elle consiste. Elle met le sujet dans la nécessité, pour se connaître, de se déterminer dans le temps, et cette nécessité, elle la subordonne à l'existence de l'objet externe. Hamilton, lui, se contente d'analyser le fait de conscience, le soumet à la loi de relativité, le convertit, par suite, en connaissance d'une relation et voit dans le sujet, d'une part, et dans l'objet, de l'autre, les éléments constitutifs de cette relation. Il va chercher moins loin que Kant les raisons de ce dualisme nécessaire, mais il l'affirme nécessaire tout aussi catégoriquement que lui.

Par malheur, le réalisme n'y gagne rien, pas plus chez Hamilton que chez Kant. Au premier, rien ne sert de distinguer entre les qualités des corps et d'affirmer que l'étendue leur appartient absolument. Car, si l'espace est une forme du sens externe et n'a d'existence que par rapport au sujet, comment l'étendue située dans cet espace survivrait-elle à la disparition de la conscience ? Ou il n'est point d'étendue en soi, ou il est un espace en soi : le dilemme est inévitable. Hamilton ne s'en est point douté (1).

---

(1) Ne s'en est-il point douté ? Ici encore, il y a conflit entre les textes. Tantôt il s'exprime comme si les qualités primaires nous étaient connues telles qu'elles sont ; tantôt, il paraît

Au second, rien n'a servi de greffer la connaissance de l'interne, en partie, du moins, sur celle de l'externe, car cet externe, baigné dans un espace idéal, ne peut être, lui-même, autre qu'idéal. Le réalisme kantien est un réalisme empirique, superficiel, un réalisme selon l'apparence. Kant admet le dualisme du sujet-phénomène et de l'objet-phénomène, et sa critique de l'idéalisme repose sur une interprétation qu'on a tout lieu de croire inexacte. Il juge les idéalistes à la façon vulgaire et n'a point de peine à réfuter les bizarreries dont il les charge, comme si les idéalistes avaient mis en question la *phénoménalité* de l'objet. C'est sa *réalité*, c'est la réalité de l'*objet-noumène* qui est seule en cause, et aussi sa distinction d'avec le *sujet-noumène*. Or, rien ne prouve qu'à ce dualisme empirique doive nécessairement correspondre un dualisme métaphysique. Non seulement rien ne le prouve, mais le monisme paraît avoir toutes chances d'aboutir.

En effet, si l'on admet, avec Kant, la nécessité, pour la connaissance du sujet par lui-même, d'une intervention des deux formes de la sensibilité, c'est que le sujet n'en est point inséparable, c'est que, faisant, pour ainsi parler, corps avec elles, il les porte partout avec lui. Fichte ne tardera guère à s'en rendre compte. Hamilton, presque son contemporain, fidèle à la tradition écossaise, s'obstinera dans un réalisme incohérent (pseudo-empirique ou pseudo-métaphysique ? peut-être l'un et l'autre), plutôt que d'accepter avec toutes ses conséquences la thèse de l'idéalité de l'espace. Cette thèse, dont le contraire ne

---

admettre qu'elles se *réfractent* dans le sujet au lieu de s'y réfléchir simplement.

supporte plus l'examen, donne décidément gain de cause au monisme ; et ainsi la *res extensa* et la *res cogitans* de la philosophie de Descartes viennent, une fois encore, s'engloutir dans la Substance de Spinosa.

Si l'on pouvait éviter le monisme, la distinction des deux formes irréductibles de l'intuition *à priori* fonderait celle du sujet et de l'objet et, par suite, confirmerait le réalisme vulgaire (1).

Est-il possible d'échapper au monisme ?

---

(1) Voir ci-dessous notre étude : *l'Être et la Loi*.

DE LA RÉALITÉ : GENÈSE DU MONISME

Le dualisme de Kant est pénétré de monisme. Il est, en effet, difficile de soutenir que les deux formes de l'intuition *à priori* puissent se passer l'une de l'autre. Un être s'écoulant dans la durée, affranchi de toute relation avec l'espace, voilà ce que Descartes prétendait clairement et distinctement concevoir ; Kant a dissipé cette illusion métaphysique, et, par là même, il a rendu possible le retour au spinosisme. On sait la peine que Fichte devait prendre pour distinguer sa philosophie de celle de Spinosa ; on sait aussi que le monisme, dont le nom convient à l'une et l'autre doctrine, tout en laissant subsister les différences, marque entre elles d'indiscutables affinités. Les variations dans le rythme, dans le mouvement, dans le mode, dans la manière de développer le même thème, n'empêchent point une oreille exercée de percevoir le chant fondamental, de le détacher de ses annexes et de surprendre ainsi le secret de sa lointaine origine. Il n'est qu'un spinosiste orthodoxe, Spinosa ; mais, si l'on réduit le spinosisme à la thèse de l'unité de l'être, la race des spinosistes n'est pas près de s'éteindre, et l'on peut, en remontant jusqu'aux prédécesseurs de Socrate, trouver à Spinosa de nombreux précurseurs. Au vrai, tout métaphysicien est moniste, et la question se réduit à savoir s'il l'est ou ne l'est pas, malgré lui et à son insu.

L'essence du monisme est de superposer au monde des choses, diverses, mouvantes et déchues de la condition d'êtres véritables, un monde d'où l'on a exclu toute diversité, tant générique que numérique. Dès lors, s'il faut penser que, par delà ce que nous appelons êtres et choses, et dont il est toujours possible de mettre en doute l'existence réelle, la Réalité subsiste, ce doit être sur cette subsistance que repose, encore qu'on ne parvienne guère à s'en rendre compte, la foi réaliste du sens commun Il est vrai qu'en affirmant cette Réalité fondamentale, on peut s'exprimer de manière à faire croire qu'elle n'est autre que celle du sujet pensant. Le réalisme métaphysique, ou transcendantal, n'est pas nécessairement incompatible avec l'idéalisme, ou monisme subjectif. La formule de Schopenhauer : « Le monde est *ma* représentation » est une formule moniste et subjectiviste, tout ensemble. On sait, cependant, que dans la philosophie de Schopenhauer, au « monde en tant que représentation », se juxtapose le « monde en tant que volonté », que la volonté est l'essence une et universelle et qu'elle préexiste à l'éclosion de la conscience. La volonté est donc objet pur, objet auquel appartient l'existence indestructible, objet en soi, dont la réalité, pour être, n'a nul besoin de se connaître.

C'est bien là le monisme, mais ce n'est plus le subjectivisme. Il ne devait point échapper à Schopenhauer que le monisme subjectif porte en lui des germes de destruction, qu'il est presque impossible, une fois le monde des corps converti en idées, d'imposer au monde des esprits la même métamorphose. Aucun idéaliste ne s'est rencontré pour douter, même au seul point de vue théorique, de l'existence réelle d'esprits semblables au sien. C'est assez dire que le subjectivisme pur est une attitude plus facile à prendre qu'à conserver, une fois qu'on l'a prise. Mieux vaut alors chercher l'Être dans une sphère supérieure à l'étendue et à la conscience : car, aussitôt qu'on a pris ce parti, la pluralité des consciences peut subsister sans qu'il en naisse le moindre embarras ; elle n'est désormais qu'une pluralité de phénomènes, qu'une pluralité selon l'apparence.

Telle est, peut-être, la raison qui décida Schopenhauer à ne s'en tenir point à sa première formule subjectiviste. Et en cela il nous semble avoir eu de nombreux précurseurs. Kant, Fichte, Schelling, en dépit des formes d'expression dont ils sont les premiers à être dupes, ont beau se prétendre des droits au nom d'idéalistes, ils méritent, à notre avis, le nom contraire. L'idéalisme, en effet, équivaut au subjectivisme, et le subjectivisme, soit qu'il répugne à nos instincts, soit qu'il ait contre lui l'expérience plus ou moins superficiellement interprétée, est presque impossible à soutenir. Or, les limites du subjectivisme sont précisément celles de la conscience, et, dès qu'on se refuse à voir dans la conscience autre chose qu'un phénomène, plus ou moins durable, mais voué, tôt ou tard, à une disparition fatale, il devient contradictoire de se représenter l'Être en Soi comme une sorte de Conscience universelle. Conscience, d'ailleurs, implique discrimination, et discrimination pluralité. Pour que l'Être fût une conscience, il lui faudrait, à tout le moins, un antagoniste, et l'unité du Réel s'évanouirait.

Au fond, tout monisme conséquent veut être réaliste, ou, si l'on préfère, objectiviste. Du point de vue moniste, le sujet qui s'apparaît situé dans le temps a juste autant de réalité que le phénomène extérieur dont il se distingue. Les mots mêmes d'*extérieur* et d'*intérieur* en viennent à qualifier, non plus les êtres ou les choses, mais les manifestations, les moments, les phases de l'évolution de l'Être-Un, duquel tout émane, en qui tout va se perdre.

L'unité de la conscience continue bien, sans doute, de représenter une individualité distincte, mais elle n'est plus, comme on a coutume de le croire, le signe d'une existence indépendante.

Dispensons-nous de reproduire les objections qui s'élèvent de tous côtés contre le monisme. Le nombre des pages qu'elles ont déjà remplies est presque incalculable ; incalculable aussi, est la quantité de réflexions dépensées pour défendre cette doctrine de l'unité fondamentale des choses, contemporaine des premiers efforts de la philosophie. Rappelons seulement : 1° que le monisme est l'un des noms du déterminisme ; il peut invoquer, dès lors, l'appui de la science ; 2° que le monisme est considéré par ses défenseurs comme impliqué dans le principe de substance, et que, par suite, il se recommande de l'autorité de la raison.

Si, comme on espère l'avoir démontré ailleurs (1), le déterminisme est un postulat, une croyance, il sera permis de négliger le premier groupe d'arguments, à savoir les arguments scientifiques. On ne peut négliger, en revanche, les arguments d'ordre rationnel. Nous voici naturellement conduits à l'examen du principe de substance.

I

Point de qualité sans substance ; autrement dit, et sous une forme plus concrète, point de vertu sans être vertueux, point d'incendie sans maison qui brûle, point d'adjectif sans substantif, etc. Ce sont là vérités incontestables. Un

---

(1) Voir notre étude *Dogmatisme et Déterminisme.*

dogmatiste, à la façon de Reid, pourrait presque se dispenser d'en fournir la preuve ; l'appel au sens commun lui suffirait.

Il est donc des substances? Oui, puisqu'il y a des êtres, et il y a des êtres, puisque nous percevons des manières d'être, et que « le néant ne peut avoir d'attributs. » Jusqu'ici, nous ne sortons, pour ainsi dire pas, du sens commun. Aussi n'apercevons-nous guère le lien qu'on nous assure exister entre l'évidence du principe en question, d'une part, et, de l'autre, celle du monisme. Des deux assertions, la première est une banalité ; la seconde une énormité, c'est-à-dire, ainsi que le sens du mot l'indique, une affirmation tellement « non conforme » *(e norma)* aux suggestions de l'expérience, qu'elle a tout l'air d'une contre-vérité. Et cependant la distance qui nous sépare du monisme est non pas seulement infranchissable, mais extrêmement courte ; et la preuve en sera bientôt faite.

Il est des substances; de cela, nul ne doute. Mais combien y a-t-il de substances ? On ne peut dire. A-t-on même un critère infaillible pour distinguer une substance d'une autre? cela dépend. Je me distingue de mon semblable, car je n'ai directement conscience que de moi-même: ici la distinction est facile. Descendons au-dessous de l'homme et des êtres animés.

Voici un bloc de pierre : est-ce une substance ? Oui, vraisemblablement. Je frappe sur le bloc et je le brise en une multiplicité de pierres : ces pierres, je les compte et, par suite, je les distingue. Ai-je là plusieurs substances ? Pourquoi non, si j'ai plusieurs pierres ? Ai-je autant de substances que de pierres ? J'allais répondre affirmativement, ainsi que n'eût pas manqué de faire le premier venu; mais, après réflexion, je ne puis m'y résoudre : alors il dépendrait de moi de détruire un bloc, et, avec les morceaux de ce bloc, d'obtenir une multiplicité d'éléments distincts. Si le bloc est une substance, si chacun des éléments que j'en ai pu extraire en est une, me voilà destructeur et fabricateur de substances.

— Dira-t-on que le bloc primitif était un faisceau de substances ? On en aurait peut-être le droit. L'essentiel serait, non pas seulement de substituer à l'hypothèse de l'unité celle de la pluralité, mais encore de nombrer les éléments qui la composent. Or cela est impossible.

On sait la théorie de Descartes : il est deux genres irréductibles d'êtres, les esprits et les corps. Du point de vue générique, la substance est double. — Mais du point de vue numérique ? — Descartes eût répondu : « Il y a autant de substances pensantes qu'il y a d'esprits. » — Soit : cela est ou paraît intelligible. — Descartes eût vraisemblablement continué : « Il est autant de substances étendues qu'il est de corps matériels. » Cela ne se comprend plus. Autant la distinction générique est aisée, autant la distinction numérique est difficile : elle manque d'un principe, d'un critère. Descartes admet la pluralité des substances, mais il l'admet sans la justifier. Il va plus loin ; il oublie, ce dont Spinosa essaiera de convaincre ses disciples, que la pluralité des substances de même attribut est loin d'être évidente : Spinosa prouvera le contraire. A ce point de vue, la proposition V du premier livre de l'*Ethique* est d'une importance capitale. La voici:

« *Il ne peut y avoir dans la nature des choses deux ou plusieurs substances de même nature, ou, en d'autres termes, de même attribut.*

» En effet, s'il existait plusieurs substances distinctes, elles se distingueraient entre elles, ou par la diversité de leurs attributs ou par celles de leurs affections. Si par la diversité de leurs attributs, un même attribut n'appartiendrait donc qu'à une seule substance ; si par la diversité de leurs affections, la substance étant antérieure en nature à ses affections, il suivrait de là qu'en faisant abstraction des affections, et en considérant en elle-même une des substances données, c'est-à-dire en la considérant selon sa véritable nature, on ne pourrait la concevoir comme distincte des autres substances, ce qui revient à dire qu'il n'y a point là plusieurs substances. »

En effet, dirons-nous à notre tour, non pour justifier Spinosa, mais pour le commenter, la possibilité de concevoir la substance sans requérir à un autre concept implique son antériorité relativement à ses affections (Spinosa ne connaît que l'antériorité logique). Admettez plusieurs substances : elles ne sont plusieurs qu'en un sens, puisque le nom de *substance* leur convient à toutes ; cette pluralité numérique recouvre dès lors une unité générique indéniable (1). Mais, par hypothèse, outre la distinction numérique et générique, les substances en admettent une autre, spécifique, puisqu'elles sont plusieurs, d'une part, et que, d'autre part, elles sont ou étendues ou pensantes. Voilà donc la différence spécifique érigée, elle aussi, en critère de distinction. Mais cela ne se peut, à moins qu'on n'oblige la substance à n'être concevable qu'au moyen de ses attributs, ce qui revient à lui contester le privilège d'être antérieure à ses affections, et, par suite, d'être conçue par soi (2).

---

(1) Puisqu'elles sont toutes des substances, elles rentrent dans une classe commune.

(2) Ce qui est contraire au postulat fondamental du spinosisme. Notons, à ce sujet, que le spinosisme applique rigoureusement et implacablement la méthode cartésienne, qui consiste à aller du concept à la chose, de l'abstrait au concret.

Voilà comment Spinosa remanie la théorie cartésienne des substances, et la modifie profondément. Cette Proposition V est surtout importante au point de vue critique : c'est contre Descartes qu'elle est dirigée, contre Descartes, dont la doctrine, au lieu d'affirmer la pluralité indéfinie des êtres pensants et des êtres étendus, aurait dû, à tout le moins, se borner à l'affirmation d'une seule subsistance spirituelle et d'une seule matérielle. Supposez maintenant que le cartésianisme se rende, le panthéisme est fondé, car pourquoi pas l'unité de l'être? Parce que la différence des êtres a pour fondement celle des attributs(1)? Est-ce là un axiome? N'en est-ce pas un, au contraire, que si la substance se suffit à elle-même, elle est, en quelque sorte, antérieure à ses attributs, qu'il n'est aucun critère de la distinction des êtres, que partout où l'être est, il est semblable à lui-même et que, par conséquent, rien n'est en dehors de lui? On ne fait point à la substance sa part. Ou bien elle se fragmente en autant d'éléments substantiels qu'il est d'attributs, ou bien elle demeure immuable, immense, éternelle, infinie.

Mais pourquoi pas autant d'êtres que d'attributs désignables, autant de substances que de phénomènes ?

Quand il jugeait la doctrine de son maître, l'auteur de la *Métaphysique*, Aristote, la comparait à la plus stérile des opérations. « Pour expliquer un être ou un attribut d'être, disait-il, Platon le double, et, cela fait, ne cherche rien au delà. » On aurait tort, cependant, de s'en

---

(1) C'était là, au fond, croyons-nous, l'opinion de Descartes. La substance, à ses yeux, est loin d'être un inconnaissable ; ses attributs, ou plutôt son attribut essentiel, loin de la dissimuler la fait transparaître.

tenir à cette condamnation sommaire. Chez Platon, l'Idée n'est pas seulement, comme on le pourrait croire, le Sosie de la chose ; elle en est la cause formelle, efficiente, éternelle. Par malheur, l'Idée, prise en elle-même et considérée dans son isolement, ne rend compte que de sa présence, à elle seule. Or, les qualités ne sont pas errantes ; elles forment par leur réunion un tout organisé ; d'où il suit que le véritable problème est d'expliquer leur coexistence, bien plutôt que leur existence. C'est ce que Platon n'a eu garde d'oublier ; d'après lui, les *Idées*, outre qu'elles sont, pour les choses, principes de participation, le sont aussi pour elles-mêmes. De plus, étant donné deux d'entre elles, dont on dit qu'elles participent, on ne peut, dans l'énoncé de ce rapport, mettre indifféremment le sujet à la place de l'attribut. Si l'on peut dire : « L'idée de Socrate participe de l'idée d'homme », on n'a point le droit de dire : « L'idée d'homme participe de l'idée de Socrate. » Pas plus que la République platonicienne des citoyens, la République des Idées n'est égalitaire, et leur importance hiérarchique a pour mesure leur degré de généralité. L'Idée d'Etre les domine toutes ; elle est l'idée des Idées, celle qui reçoit toutes les autres. Je me trompe, celle dont toutes les autres procèdent, et qui, sans elle, ne seraient point.

Voilà donc la pluralité métaphysique réduite à l'unité, la multiplicité des idées réduite à l'apparence, et, pour emprunter une formule moderne, le monadisme réduit au monisme. Aristote se plaignait que le terme *participation* fût demeuré dans l'équivoque ; Platon ne l'eût jamais chassé de son vocabulaire, car, bien que le sens en fût obscur, il fallait cependant prévenir la dispersion possible des Idées dans le monde intelligible et les maintenir, chacune à son rang, autour de leur commune génératrice. L'explication de l'unité apparente des choses lui tenait à cœur, au moins autant que celle de leur pluralité. Il pressentait l'alternative, et qu'entre la thèse d'un nombre d'êtres égal à celui des attributs discernables et celle de l'unité de l'Etre, la raison était appelée à se prononcer.

On sait comment elle s'est prononcée dans la philosophie platonicienne et que le monisme y est plus que transparent.

Et l'on peut dire que, depuis Platon jusqu'à H. Lotze, l'un des plus illustres métaphysiciens allemands de cette fin de siècle, l'histoire du monisme se confond presque avec celle de la métaphysique. Et c'est à peine si l'on peut faire exception pour Descartes, car il fut, incontestablement, le maître de Spinosa.

« La marche de nos réflexions sur le monde, écrit Lotze, nous avait conduit d'abord à l'idée d'une pluralité des choses dont la diversité semblait offrir l'explication la plus commode pour la variété non moins grande des phénomènes... *Un tel préjugé doit être abandonné*... Le pluralisme originel de notre manière de concevoir le monde doit faire place au monisme (1). »

Au premier abord, en effet, l'hypothèse pluraliste se présente comme étant la plus naturelle de toutes : elle se justifie, en effet, par la pluralité irréductible de nos sensations. Soient, par exemple, une sensation de rouge et une sensation d'amer ; ne sont elles pas incomparables ?

Et pourtant, tout incomparables qu'elles semblent, elles se trouveront bientôt réduites à l'unité d'un genre. Ce n'est pas tout. Que l'expérience nous apprenne que l'une

---

(1) Lotze, *Métaphysique*, trad. fr., p. 140-141.

de ces sensations, dans certains cas définis, est toujours suivie de l'autre, nous érigerons naturellement la concomitance de ces *deux* sensations incomparables en signe infaillible de la présence *d'un* objet.

La sensation d'amer est souvent donnée par des fruits rouges: chacun sait cela ; d'où il infère que l'irréductibilité des sensations éprouvées, ou dans un même instant, ou en deux instants très voisins, n'entraîne nullement l'irréductibilité des objets. A un même objet peuvent être attribuées deux qualités extrêmement différentes. La multiplicité des attributs n'est point, par conséquent, un gage de la multiplicité des êtres. Bien plus, tous ces attributs qualitativement incomparables, s'ils coexistent, — et l'expérience est là pour l'attester, — coexistent en vertu d'une relation constante. La certitude de cette coexistence réagit peu à peu sur notre penchant à considérer les attributs comme irréductibles. Au lieu d'être frappés de notre impuissance à comparer entre elles la sensation de rouge et celle d'amer, nous sommes maintenant surpris de la difficulté, pour nous désormais invincible, de les dissocier quand une suite d'expériences nous les a présentées réunies: c'est ainsi que l'irréductibilité des sensations, tout en restant incontestable, perd le genre de valeur significative qu'on lui avait attachée tout d'abord. On était tenté de conclure de la diversité des qualités à la diversité des choses, et maintenant, au rebours de cette tendance, on se montre tout disposé à voir, dans la coexistence constante d'attributs différents, le signe de l'unité même de la chose.

Ainsi, une sensation n'entre jamais seule dans la conscience sans appeler à sa suite d'autres sensations qui viennent la compléter et l'expliquer en la complétant. Tout bruit est un signal, toute voix est la voix de quelqu'un ; tout ce qui résiste est en même temps étendu.

lumineux, sonore, etc. Ainsi, toute sensation fait partie d'un ensemble dont l'abstraction, seule, peut isoler les éléments : on dirait, par suite, que ces éléments ont une base commune et qu'ils servent tous d'enveloppe à un même noyau. Ce noyau, réel ou imaginaire, est la substance, et, comme nulle part on n'omet de le supposer, le principe de substance passe à juste titre pour gouverner tous les entendements : il est d'ailleurs le nerf — non caché mais immédiatement évident — de tout discours.

D'autre part, il n'est pas moins incontestable qu'une seule qualité ne suffit pas à une substance ; que le nombre des qualités est supérieur à celui des êtres ; que la diversité numérique des qualités surpasse celle des substances.

Le principe de substance est précisément la grande assise du monisme. Seulement, tandis que le sens commun affirme la pluralité des substances, le monisme la conteste. Le désaccord entre le monisme et le sens commun ne provient donc pas de l'hétérogénéité des principes admis. Ce qui est axiome pour le vulgaire ne cesse pas d'être axiome pour le moniste. La réalité de la substance n'est pas mise en question. Mais, quand vient le moment de lui appliquer la catégorie de nombre, un dissentiment s'élève : ici on veut l'unité, là on tient ferme pour la pluralité. Qui a raison ?

S'il est vrai, ainsi que l'affirme Lotze, que l'état d'un être quelconque A se règle sur celui d'un être B, si tout changement a de A implique nécessairement une modification b survenue dans B, rien ne nous empêche de regarder les deux états a et b comme s'ils appartenaient indifféremment à la chose A ou à la chose B. « Mais l'idée que les états d'un être B sont en même temps les états d'un autre être A, implique directement la négation de la proposition que A et B sont deux êtres séparés l'un de l'autre et indépendants... Il n'est donc pas nécessaire de deviner ou d'inventer l'unité de tous les êtres en M (par exemple), sous la forme d'une hypothèse, comme un expédient pour écarter les difficultés ; elle est, à ce qu'il me semble, une idée dont une simple analyse peut faire voir qu'elle est contenue dans le concept d'action mutuelle. Quand on soutient que les choses sont d'abord des unités différentes et indépendantes les unes des autres et qu'ensuite il s'établit entre elles un rapport d'union pour l'action, on décrit là, non pas une relation positive ou un fait de la réalité, mais seulement le mouvement de la pensée qui, au commencement, est partie d'une supposition fausse, et ensuite est obligée, par les problèmes qu'elle doit résoudre, de chercher, par des moyens défectueux, à établir l'idée juste qu'elle aurait dû tout d'abord admettre » (1).

Ainsi, le sens commun a raison de ne point voir dans la diversité numérique des qualités l'indice d'une égale diversité des substances : il se tromperait toutefois en n'osant pas aller jusqu'au bout. Le principe de substance, outre l'énoncé que toute qualité appartient à un sujet, implique cet autre, auquel on n'a point coutume de prendre garde, à savoir que toute qualité qui appartient à un sujet coexiste dans ce sujet avec une pluralité de qualités dont elle diffère et qui diffèrent entre elles. Tout sujet serait donc une unité composite ou, comme on l'a déjà donné à entendre, un foyer de convergence de qualités multiples. Mais comment déterminer le nombre de ces sujets? Où trouver le fondement de leur distinction ? dans leur indépendance qualitative réciproque ? Si cette indépen-

---

(1) H. Lotze. *Métaphysique*, p. 144-145.

dance est illusoire, et si l'on interprète la loi des causes efficientes, de telle sorte que la nature et les modifications d'un être soient déterminées par la nature et les modifications de ceux qui le précèdent ou l'environnent, s'il est impossible de se représenter une existence sans relation avec une autre, celle-ci avec une troisième, et ainsi de suite, on ne peut croire à l'enchaînement universel des causes et des effets sans croire à l'unité de l'être. Ce ne sont point là deux croyances logiquement enchaînées ; ce sont là deux manières d'énoncer une seule et même croyance.

II

On vient d'esquisser, à l'aide du principe de substance, la genèse de la métaphysique moniste. Ce principe est-il *à priori ?* Est-ce un axiome ? En tout cas, on ne peut nier qu'il ne soit admis universellement. Toutefois, les axiomes métaphysiques ne sont pas, il s'en faut de beaucoup, aussi bien partagés que les axiomes mathématiques. Ceux-ci sont généralement univoques : leurs formules n'admettent que d'insignifiantes variations ; elles ne comportent jamais plus d'un sens.

L'équivoque est le lot des axiomes métaphysiques : et la preuve, c'est qu'un seul sens pour chaque axiome impliquerait une seule métaphysique. La pluralité des systèmes est l'indice de la multiplicité des significations assignables à une même formule, et leur divergence extrême atteste l'écart considérable de ces interprétations. Les mêmes formules sortent donc de toutes les bouches, et cependant il s'en faut que tous les philosophes parlent la même langue. — Tous les philosophes, non, mais tous les hommes. — Tous les hommes s'imaginent être d'accord, parce qu'ils négligent de se consulter.

— Il est pourtant impossible d'effacer du vocabulaire courant les formules suivantes: « Pas de fait sans cause ; pas de qualité sans substance. » Tout le monde les admet : donc, en supposant que tout le monde ne soit pas d'accord sur le commentaire, tout le monde doit l'être sur le texte à commenter. Dégagez le texte du commentaire, et vous aurez le vrai principe avec son vrai sens.

Il y a longtemps que les philosophes ont entrepris de dégager ce texte, mais ils n'ont jamais pu s'entendre sur le point précis où le texte cesse pour faire place à la glose. Nous croyons toutefois que sous ce texte: « pas de qualité sans substance », le vulgaire entend: « point de sensation isolée de toute autre adjacente ou immédiatement conséquente ; point de qualité errante, point d'œuvre sans artisan... » Le vulgaire entend cela et rien autre : les philosophes ajoutent le reste.

Et il faut bien qu'ils ajoutent, car les formules sont vagues, presque tautologiques. Le vulgaire s'y attache : elles tiennent donc à notre constitution mentale et elles sont, en nous, profondément enracinées. Pourquoi le sont-elles et quel en est le sens profond ? Le problème se pose et il faut ou le résoudre ou le démontrer insoluble.

A en juger par les formules qui viennent d'être cueillies, au hasard, dans la langue courante, on serait tenté de croire que le principe de substance est un principe analytique. On sait par où les jugements analytiques se distinguent des jugements synthétiques. Kant l'a dit, et il n'y a pas à y revenir : « Dans tous les jugements où l'on conçoit le rapport d'un sujet à un prédicat, ce rapport est possible de deux manières. Ou bien le prédicat B appartient au sujet A, comme quelque chose déjà contenu (mais d'une manière cachée) dans le concept A ; ou bien B, quoique lié à ce concept, est placé tout à fait en dehors de lui. Dans le premier cas, je nomme le jugement *analytique ;* je l'appelle *synthétique* dans le second. Les jugements analytiques sont ceux dans lesquels l'union du prédicat avec le sujet est conçue comme un rapport d'identité ; ceux où cette union est conçue sans identité sont des jugements synthétiques (1). »

Le tout est de savoir quels sont *pour un sujet donné* les prédicats dont l'union avec le sujet peut être « conçue comme un rapport d'identité. » C'est précisément ce qu'il est difficile de savoir, au moins dans un assez grand nombre de cas. Au vrai, tout jugement exprime une pensée, cette pensée a un contenu, et ce contenu est une découverte, ou passée, ou présente ; au vrai, la condition à laquelle tout jugement analytique est tenu de satisfaire ne peut presque jamais être démontrée réalisée. Dans l'abstrait, la distinction kantienne est d'une évidence lumineuse. Le diagnostic des cas particuliers est d'une difficulté à peu près insurmontable. Le seul jugement que l'on puisse, sans crainte d'erreur, qualifier d'analytique est le jugement vide de toute matière. A *est* A. Mais ne confondons pas la forme abstraite, idéale, du jugement avec le jugement lui-même, la pensée en puissance avec la pensée en acte.

Dans le cas présent, il s'agit de savoir si le principe de substance est ou n'est pas un jugement analytique. On lui attribue généralement le caractère essentiel des jugements synthétiques, attendu, dit-on, que l'idée de qualité ne contient pas celle de substance, pas plus qu'elle n'y est contenue. Et, cependant, ne suffirait-il pas d'une

---

(1) *Critique de la Raison pure*. Trad. Barni, t. I, p. 54.

courte inspection de l'esprit, pour s'apercevoir que ces deux notions, à supposer qu'elles ne soient ni parties l'une de l'autre, ni de la même famille, ont besoin d'être associées, pour être comprises, et qu'aussitôt associées elles deviennent inséparables? Et même, c'est mal dire : car, dès que l'on s'aperçoit qu'entre elles toute dissociation est désormais impossible, on ne tarde pas à se reprendre et à supprimer *désormais*. Entre la qualité et la substance, le lien est tel, qu'à le rompre on détruirait presque les éléments qu'il maintient unis. La disparition de la substance entraîne ou est censée entraîner celle de la qualité, et réciproquement. La qualité, en un sens, ne peut être dite partie de la substance, puisque celle-ci reçoit des épithètes que l'on refuse à celle-là ; l'une serait changeante, éphémère, contingente, l'autre, nécessaire, immuable, permanente ; et, loin d'établir entre elles un rapport d'identité, on essaierait vainement d'atténuer leur parfait contraste. Et cependant peut-on dire que la notion de substance soit « tout à fait en dehors » de celle de qualité ? De ces deux notions, l'une n'est-elle pas la compagne inséparable de l'autre ? Les idées de qualité et de substance, sans être concentriques, si l'on peut dire, de telle sorte qu'il suffise du même coup d'œil pour les apercevoir toutes deux, feraient-elles partie — et cela, en dépit de leurs caractères opposés — du même système, comme, par exemple, deux astres dont l'un est le satellite de l'autre ? le regard les distingue, l'esprit les considère comme deux parties d'un même tout. — La notion de substance serait dès lors la *complémentaire* de celle de qualité.

Est-ce bien ainsi qu'il convient de se représenter le rapport des deux notions, et, si c'est ainsi, n'a-t-on point, d'une part, légitimé la distinction kantienne des jugements analytiques et des jugements synthétiques, de l'autre légitimé la théorie de ceux qui, à la suite de Kant, tiennent le principe de substance pour un principe synthétique *à priori*? Nous serions donc là en présence d'un axiome métaphysique.

Ne discutons point l'axiome : prenons pour accordé que toute qualité implique une substance. Il n'en reste pas moins un problème à résoudre. Qu'est-ce que la substance ? Y a-t-il une substance, des substances, ou simplement de la *substantialité* ?

Dans quel cas y aurait-il substantialité, et peut-il y avoir substantialité sans qu'il y ait substance ? Il se pourrait, croyons-nous, que l'axiome de substance n'eût d'autre rôle que d'établir entre les phénomènes certaines relations définies : la substance serait alors le nom d'une fonction dévolue à certains groupes de phénomènes, en raison de leur permanence relative : alors, il faudrait cesser de maintenir entre la substance et le phénomène l'opposition que l'on a coutume de prétendre radicale.

Dans quel cas y aurait-il une substance ? Dans le cas où il faudrait rattacher tous les phénomènes à une seule substance. La substance se confondrait ainsi avec l'absolu.

Mais le monisme, tout vraisemblable qu'il semble, n'est pas la seule hypothèse admissible. Au cas où l'on ne voudrait adhérer, ni au monisme, ni au phénoménisme, on serait forcément conduit à intercaler, entre le monde de la substance et celui des phénomènes, un je ne sais quel monde mixte, peuplé de substances secondes, sortes d'absolus subalternes bornés dans le temps, mais immuables tout le temps qu'ils durent, ayant besoin, pour exister, du concours de Dieu, mais, cette réserve faite, existant par soi et susceptibles d'être conçus par soi.

De là, trois conceptions possibles de la substance entre lesquelles il faut nécessairement choisir.

DE LA RÉALITÉ : LA SUBSTANCE

I

Substance peut se dire de tout ce qui *subsiste*. La permanence de l'être s'oppose, ordinairement, au caractère passager de ses manières d'être ; de même, l'unité de l'être s'oppose à la multiplicité des qualités. Celles-ci n'existent que dans la substance qui les contient et les supporte : « Il est impossible de parler des êtres ou des choses, si l'on ne conçoit dans chacun d'eux un sujet qui en soutient les propriétés ou les modes. » De là, pour le terme substance, une signification nouvelle, qui s'ajoute à la première, celle de *substratum* ou de support. Deux verbes latins semblent avoir présidé à la formation du mot, et, par suite, deux idées à celle du concept : l'une est connotée par le verbe *subsistere*, l'autre, par le verbe *substare*.

Notons, en premier lieu, que si de ces deux notions élémentaires celle du substrat implique celle de permanence, la réciproque n'a point lieu. De ce que les qualités restent toujours adhérentes au même noyau et qu'un certain nombre d'entre elles, distinctes des accidents, ne peut être conçu isolé de la substance, sans que celle-ci disparaisse, par suite de démembrement, faut-il en conclure que ce noyau est distinct des qualités ? Par abstraction, oui ; autrement, non. Les qualités, par leur coexistence, leur cohésion, leur pénétration, forment un tout indécomposable ; de dire qu'elles existent dans ce tout, c'est parler par métaphore. « Dès que les qualités distinguent les corps et qu'elles en sont les manières d'être, il y a dans le corps quelque chose que ces qualités modifient, qui en est le soutien ou sujet, que nous nous représentons dessous, et que par cette raison nous nommons substance (1). » Ce quelque chose est la tortue ou l'éléphant de la légende hindoue ; on ne peut s'empêcher de se le représenter.

Il y a là une nécessité de conception, disons mieux, d'imagination, de laquelle nous sommes dupes. En effet, on commence par détacher les qualités de la substance. Après les avoir successivement considérées à part, on leur confère insensiblement, à chacune, une sorte d'existence indépendante. Le simple fait d'attacher à chaque qualité un nom qui la distingue de ses compagnes inséparables, suffit à produire l'illusion. Quand l'illusion a duré, on se ressaisit, on se souvient que ces qualités sont les parties d'un tout, on veut faire revivre l'association momentanément détruite ; pour cela, on se met en quête d'un collectionneur : on le baptise avant sa rencontre et, sous prétexte qu'on l'a nommé, on ne lui demande plus d'autre certificat de vie. Avant l'opération, il y avait un ensemble de qualités, appréhendé par la perception, à la suite de sensations multiples et distinctes : les unes simultanées, les autres successives. Pendant le premier moment de l'opération, celui de l'analyse, ces qualités ne sont pas supprimées ; elles sont dissociées et dispersées, chacune avec son étiquette. Or, la synthèse ne doit-elle

---

(1) Condillac, *Gramm*. Précis des leçons préliminaires.

pas venir rassembler ce qu'a séparé l'analyse ? Et c'est ce second moment de l'opération qui nécessite, semble-t-il, le recours à l'entité Substance.

Ce recours est inutile. Pourquoi ? Parce qu'il n'y a eu rien de décomposé, ni de démembré. On s'est mépris sur la nature de l'opération, on a raisonné comme s'il s'agissait d'une analyse concrète. Or, c'est l'abstraction qui, seule, s'est mise en frais ; pour réunir ce qu'elle a séparé, aucun expédient métaphysique n'est indispensable. Faites cesser l'abstraction, et la réalité concrète se montrera telle qu'elle est, telle que jamais elle n'a cessé d'être. Ainsi, le problème qui consiste à se demander comment les qualités demeurent associées les unes aux autres, est un problème imaginaire. Il n'y a rien à se demander.

II

Il n'y aurait rien à se demander, en effet, si les êtres et les choses, tout en présentant une multiplicité d'aspects, gardaient toujours même apparence. Si les qualités demeuraient, la pensée ne chercherait rien en dehors d'elles. Si toutes les qualités étaient soumises à un perpétuel changement, s'il était vrai, absolument vrai, que nous ne repassons jamais deux fois le même fleuve, le problème de la substance ne trouverait ni sa raison ni sa formule. Mais nous repassons le même fleuve deux fois et plus, car nous nous souvenons ; mais les choses disparues reparaissent. Elles renaissent ; donc, à vrai dire, elles ne naissent ni ne meurent ; elles *deviennent,* elles changent ; mais, si elles changent, c'est qu'en elles tout ne ne change pas. Nous voilà donc encore à la recherche d'une entité pour jouer le rôle assigné par Héraclite aux Euménides. Si le soleil s'avisait de franchir ses limites, les Euménides, disait-il, iraient lui demander compte de cette infraction à la règle. Il semble, dès lors, que la qualité et le phénomène soient voués à une existence nomade; puis, comme leur tendance à la dispersion est contenue, réglée, comme elle ne se manifeste jamais hormis certains cas prévus ou prévisibles, cette régularité nous surprend, et c'est encore la substance que nous chargeons du soin d'en répondre.

De là, une nouvelle propriété de la substance : les phénomènes passent, la substance dure, les phénomènes se montrent à la surface, la substance demeure dans ces parties profondes de l'être dont elle constitue l'intimité; bref, la substance se cache. Par suite, d'une part, elle n'est pas objet de représentation, et l'on n'en peut avoir aucune expérience; de l'autre, comme elle existe, et qu'à sa réalité est suspendue celle du phénomène, on doit, de toute nécessité, la revêtir de l'existence indépendante, absolue. Les phénomènes existent par la substance, la substance existe par elle-même.

Nous voici en possession de la définition cartésienne et spinosiste tout ensemble : on en connaît les termes. La substance est exclue du champ de la représentation, elle ne tombe sous aucun sens, ni externe ni interne. D'elle, on ne saurait rien si, à la capacité de recevoir des représentations, ne s'ajoutait, en nous, celle de former des concepts. Tout concept est notion, toute notion implique une conscience : d'où une première difficulté.

Comment passer d'une notion immanente au sujet, à une existence transcendante ? Et le mot *transcendant* est ici le mot propre, puisque ceux qui l'ont introduit dans le vocabulaire entendaient lui faire désigner tout ce qui excède les bornes de la représentation. Ce n'est point seulement le problème métaphysique de l'existence de Dieu, que l'impossible passage de la notion subjective à la réalité objective (au sens kantien) rend insoluble, c'est encore le problème métaphysique de toute existence indépendante de la représentation de toute réalité extra-consciente et, comme telle, transcendante, divine ou autre.

Pour obvier à la difficulté, Descartes dira : « Ce que je conçois être clairement et distinctement existe tel que je le conçois », et il meublera l'entendement de concepts innés ; il dotera l'esprit d'une science infuse, d'une je ne sais quelle faculté d'intuition suprasensible, dont il ne restera plus à Malebranche qu'à trouver le nom : Vision en Dieu. Or, cette intuition intellectuelle octroyée par Descartes est un don illégitime, pis que cela, illusoire.

Soit, en effet, la notion de substance. On la définit : « ce qui n'a besoin que de soi-même pour exister », et l'on en donne pour raison qu'elle n'a besoin que d'elle-même pour être conçue : la raison est fragile. Et Descartes va nous en fournir la preuve.

Il est dit, en effet, au premier livre des *Principes de la Philosophie* (§ 52) que si la substance est conçue par elle-même — et cela est, autrement, d'où saurait-on que, pour exister, elle n'a besoin que d'elle-même ? — on ne peut, de cela seul, inférer qu'elle existe : « Il faut, outre cela, quelques attributs que nous puissions remarquer. » D'où l'impossibilité de concevoir la substance concrète sans la revêtir d'attributs, d'où, enfin, l'impossibilité que la notion de substance se suffise à elle-même.

Aussi bien, s'il en était autrement, la cause du conceptualisme serait victorieuse et l'entendement pourrait s'offrir un concept pur sans représentation adjacente. Cela est impossible. Aristote l'a dit et Berkeley l'a démontré. Ou la substance est objet de perception, ou l'entendement ne la peut atteindre.

— Est-il vrai, cependant, qu'aucune expérience ne nous fasse pénétrer jusqu'au fond du réel ? On parle toujours de l'expérience externe, et l'on n'a point de peine à démontrer qu'elle reste à la surface des choses. Il en est tout autrement de l'expérience interne, de cette intuition, de laquelle on ne peut vraiment dire si elle est psychologique ou métaphysique. Les substances, en général, nous échappent ; mais celle que nous sommes ne se distingue pas de nous, et, comme nous nous connaissons nous-mêmes, il serait assez étrange que celle-là aussi fût située hors du champ de la représentation. —

Nous nous connaissons nous-mêmes : et cela, personne ne s'est avisé de le contester sérieusement. Mais nous connaissons-nous en tant que substance ? Un grand nombre de philosophes plaident la négative, et ceux qui plaident l'affirmative ne le font pas avec une pleine assurance. Maine de Biran, dont c'est la réputation d'avoir fondé la métaphysique subjective et mis la conscience en communication immédiate avec ce qui, en nous, est le plus intime, s'est ravisé sur la fin de sa carrière. Comme Fichte, au *moi* de la conscience il en superposa un autre, inconscient, et par là même inconnaissable, réel néanmoins à ses yeux. C'est qu'en effet, il croyait à la substance ; et le sujet conscient, objet de l'intuition psychologique, était loin de lui en présenter les caractères essentiels. Le moi subsiste, sans doute ; mais sa permanence est, si l'on peut dire, exclusivement formelle, puisqu'en lui rien ne demeure ; tout en lui change, hormis lui. — Il s'oppose donc à ses propres états ? — Sans aucun doute. Reste à savoir comment il s'y oppose. Soit le sujet S ; je l'oppose à l'un de ses états, A ; puis-je avoir de S un concept pur ? Oui ; mais ce concept, une fois que tout contenu en a été mis en liberté, perd son cachet individuel. Ce n'est plus *un moi* qu'il représente, mais le Moi, en général, l'Idée platonicienne de la personnalité, avant ses incarnations multiples dans les personnes. Le moi pur est un concept, et un concept général, planant sur les différences individuelles ; il n'a rien du moi vivant que ma conscience m'atteste. Et que lui faut-il, à ce moi, pour vivre ? Ne se purifier point, ne point s'abstraire de tout contenu.

Le moi ne peut s'apercevoir dans cet état de pureté métaphysique qu'il se figure être un affranchissement, et qui ne serait qu'un anéantissement dans toute la force du terme. Le sujet S, qui s'oppose à l'état A, n'est pas un S dépouillé de toute matière, B ou C par exemple; l'opposition n'a point lieu entre une chose et des phénomènes : elle a lieu entre une série d'états de conscience *a parte ante* et une série *a parte post*. Aussi, quand on vient dire qu'il est, hors de nous, des substances, c'est-à-dire des réalités dont l'identité est l'essence, il est bon de savoir combien peu cette prétendue identité métaphysique nous est essentielle. L'expérience psychologique, loin de nous l'attester, nous la dérobe. Souvenons-nous de Kant et de ses arguments contre les « Paralogismes de la Psychologie rationnelle. »

Il ne s'agit point de mettre en doute notre identité personnelle : il s'agit de distinguer cette identité exclusivement psychique d'un moi qui s'apparaît, de l'identité de je ne sais quel substrat, qu'à force de vouloir opposer à ses phénomènes, on a fini par isoler de toute représentation. De sa réalité, toute preuve manque, et l'existence que certains lui confèrent est un effet de cette *metaphysical lunacy* devant laquelle le bon Dr Reid restait paralysé d'effroi. Aussi bien, l'affirmation de notre identité personnelle peut bien, pour l'adulte, être l'objet d'un jugement primitif, sans qu'il y ait là autre chose qu'un acte de synthèse résultant d'une lente élaboration. La conscience de l'identité se forme graduellement en nous, et si, dans la psychologie de l'enfant, rien n'autorise à la présumer absente, tout autorise à croire qu'elle se dégage peu à peu des états, qui, s'ils la contiennent (et l'hypothèse contraire est impossible), l'enveloppent et tout d'abord l'oppriment. Ainsi que dans une œuvre symphonique, la mélodie, au lieu d'éclater *ex abrupto*, se fait annoncer par certaines mesures préparatoires dont elle semble n'être qu'un prolongement, ainsi, la conscience de l'identité a besoin, pour faire saillie sur les états dont elle se détache, d'y être primitivement attachée, de ne s'en dégager que progressivement et jamais complètement. Les états de conscience n'ont de réalité que par la conscience dont ils sont les états, et la réciproque est nécessaire : pour que le moi sache reculer un jour devant ce flot d'états psychiques dont il fera effort pour se distinguer, il est indispensable que ce flot l'apporte et que toujours il le baigne ; autrement oublieux de ses origines, le moi s'oublierait lui-même et, en s'oubliant, se détruirait.

Lorsque le *moi* veut se distinguer du *mien*, ou c'est le moi d'aujourd'hui qui s'oppose au moi d'hier, ou c'est l'inverse ; mais c'est toujours un moi empirique, c'est-à-dire une conscience pleine, et non un moi pur, c'est-à-dire une conscience vide, qui fait d'elle-même deux parts et localise chacune de ces parties dans des portions distinctes de la durée. Que l'on y songe : l'identité d'un coupable, celle qui est jugée indispensable à l'établissement de sa responsabilité et à sa condamnation n'offre rien, ni de métaphysique, ni d'étranger aux conditions de l'existence spatiale et à tout le moins temporelle. Elle ne se conclut pas de prémisses *à priori ;* elle résulte de faits, et de faits soumis à un aisé contrôle. Elle n'est point celle d'une substance, mais d'une personne, ce qui est assez différent. Car, alors même que plusieurs substances concourraient à la constituer, ce que Kant affirmait n'être pas rigoureusement inadmissible, sa réalité n'en serait nullement atteinte. Ainsi, le terme substance, au sens métaphysique qu'il n'a jamais cessé d'avoir et qui implique l'idée de soutien ou de *substratum,* ne saurait convenir aux sujets conscients. D'ailleurs, la conscience est tout aussi bien *dans* chacun de ces états que chacun de ses états est *en* elle. Qu'est-ce qui supporte ? Qu'est-ce qui est supporté ? C'est *ad libitum;* entre deux métaphores inexactes, le choix est indifférent... à moins qu'on n'en choisisse aucune, ce qui serait, très certainement, préférable.

De deux choses l'une : ou la substance est inconnaissable, et alors, bien qu'inconnaissable ne signifie point « nul et non existant », tout se passe de même à nos yeux ; ou la substance est connaissable, et alors on la peut définir ou, tout au moins, dévoiler. Dira-t-on qu'elle est constituée par la partie stable des qualités dont la partie changeante n'est que l'enveloppe éphémère ? La réponse équivaudrait à la négation de la substance, à l'élimination de la chose en soi. Dira-t-on qu'elle reste chose en soi sans cesser d'être accessible à la connaissance ? Autant vaudrait soutenir que nous connaissons ce qui est, tel qu'il est, sans avoir à tenir compte des réfractions inévitables produites par le passage des choses à travers l'entendement. Or, c'est précisément à ces réfractions — depuis Kant, personne ne les conteste, pas même les partisans de la substance — que serait due la transformation des choses en phénomènes. Par suite, qu'il s'agisse de la substance de Spinosa, de l'être des monistes, ou des substances secondes de la philosophie écossaise, la

Chose en Soi, tant au singulier qu'au pluriel, si elle existe est insaisissable.

Schopenhauer a soutenu que l'on peut connaître la Chose en Soi. — Allons au texte et lisons : « Nous appartenons nous-mêmes aux objets de la connaissance ; nous aussi nous sommes des choses en soi ; par suite, il s'ouvre à nous, pour saisir l'essence propre et immanente des choses, à laquelle nous ne pouvons arriver du dehors, un chemin en quelque sorte souterrain, une communication secrète, qui nous transporte soudain, comme par trahison, dans cette forteresse que nous ne pouvons pas emporter par une attaque de l'extérieur. » Voilà le théorème métaphysique à démontrer.

En voici la preuve : « Toutes les fois qu'un acte volontaire, parti des sombres profondeurs de l'intérieur, pénètre dans la conscience du sujet connaissant, c'est la chose en soi dont l'être n'est pas soumis au temps qui effectue son apparition directe dans le phénomène. L'acte volontaire n'est donc, à vrai dire, que le phénomène le plus proche et le plus visible de la chose en soi... Cette volonté, qu'est-elle, absolument parlant, et par elle-même? Qu'est-elle, abstraction faite de sa manifestation comme volonté, ou, plus généralement, abstraction faite de tout phénomène, c'est-à-dire de toute connaissance ? Cette question n'a pas et n'aura jamais de réponse : parce que, ainsi que je l'ai dit, être connu est en contradiction avec être en soi (1). » On souhaiterait difficilement un plus franc aveu d'impuissance. Schopenhauer prétend que nous sommes des choses en soi et qui s'apparaissent :

---

(1) Schopenhauer, *le Monde en tant que Volonté et Représentation*, trad. Cantacuzène, t. II, p. 290-291.

car, du moment où il décore la chose en soi du nom de Volonté, ce nom, par lui choisi, ne l'est pas au hasard ; mais, ou ce nom n'a point de sens, ou il désigne toute une classe de représentations dont la conscience est le genre et l'automotivité l'espèce. Il se peut que certaines représentations, données immédiates du sens externe, en suscitent d'autres, dont l'induction par analogie est la source. Je vois se mouvoir une forme corporelle semblable à celle dont la conscience de ma personnalité est, tout à la fois, indépendante et inséparable. J'affirme sans hésiter qu'il y a, non loin de moi, un de mes semblables, un être, un esprit de mon espèce. En quoi suis-je obligé de conclure qu'il y a là une substance ? Et de ce que certaines représentations immédiatement données en impliquent d'autres, qui m'oblige à leur refuser le nom de phénomènes ?

III

Cette Chose en Soi, décidément inconnaissable, n'aurait servi d'ailleurs qu'à expliquer la partie stable des êtres et des choses. Pour rendre raison de ce qu'ils offrent de variable, l'hypothèse d'un noumène à demeure, loin de dénouer la difficulté, la complique.

En effet, quelle que soit notre puissance d'abstraction, jamais nous ne parviendrons à concevoir la substance comme étrangère à ses attributs. Les Écossais l'ont essayé, non sans se contredire. Si donc, dans l'objet, une partie subsiste, comment admettre que le déplacement des parties variables ait lieu sans influer sur elle ? Or, qui dit influence dit changement. Il faut, dès lors, que la substance, à supposer qu'elle soit, change. Les spiritualistes ont beau soutenir que la substance, pour être, a besoin d'être cause, ils ne s'aperçoivent pas que tout acte de causation amène un changement, non seulement dans son terme, mais encore dans son principe. Créer, c'est faire passer quelque chose du néant à l'être ; mais créer, c'est vouloir que quelque chose soit, dont, avant qu'on le voulût, l'existence ne semblait pas désirable. On désire ce que naguère on ne désirait pas : soi-même, on a donc changé. Ainsi, pour autant que la substance remplit l'office d'une cause, elle cesse d'être substance.

Décidément, plus on cherche à quoi peut bien servir la substance, plus l'embarras est grand de formuler sa consigne. Le soldat dont la consigne est de... dormir bruyamment, est un soldat de vaudeville, et pourtant, révérence parler, c'est à lui que la substance nous fait songer. Elle n'a rien à faire qu'à signaler sa présence, en se dérangeant le moins possible. Tant qu'on la saura présente, les phénomènes, ou ne bougeront point, ou ne se permettront que des escapades prévues, je me trompe, des congés réguliers, et tout phénomène en congé sera suppléé par un autre...

— Mais nous prenons mal la thèse des innombrables partisans de la substance. Jamais ils n'ont dit ni voulu faire entendre que les substances étaient inertes. Il leur plaît, assez ordinairement, que l'*agir* accompagne l'*être* et toute substance est, à leurs yeux, un être capable d'action. Notre comparaison serait donc une erreur doublée d'une malveillance, et celle du factionnaire présent, mais endormi, devrait céder la place à celle d'un factionnaire l'œil au guet, toujours au port d'arme. Et encore notre comparaison, ainsi amendée, n'exprimerait qu'une partie de la vérité : car tout changement, même subi par la substance, est subi conformément à sa nature ; le résultat d'une action dépend de l'être qui la communique et de l'être qui la reçoit ; par conséquent, loin d'être ce qu'il y a de plus inerte, la substance serait ce qu'il y a de plus actif. —

Alors, qu'on ne parle plus de substance et qu'on transporte la causalité aux phénomènes ; qu'on affirme entre eux des relations réciproques, des changements A, auxquels correspondent, en d'autres éléments du réel, des changements B et C, de telle sorte qu'A étant donné, B et C s'ensuivent, mais qu'on n'aille point concentrer arbitrairement l'action causale sur un élément à l'exclusion des autres. Un fait a toujours plus d'une cause.

L'opinion commune, de même qu'elle matérialise la substantialité, matérialise aussi la causalité. A entendre parler même des philosophes, agir serait faire passer quelque chose de soi dans autrui. Un état se transporterait de l'être B sur l'être C, par exemple, et s'additionnerait à ses états actuels sans que C eût autre chose à faire qu'à recevoir le changement. On ne dit point qu'une cause passe de B en C, mais qu'un état de B, se séparant de ce dont il est l'état, tombe sur l'inerte C et le modifie bon gré malgré. Ainsi, l'argent qui passe du gousset de Pierre dans celui de Paul l'enrichit en s'ajoutant aux pièces de monnaie qu'il y rencontre.

Mais aucune chose n'est passive, aucune n'est apte à recevoir un état tout achevé comme simple addition à sa nature. On doit même admettre, avec Lotze, que dans les cas d'action égale il n'y a pas transmission réciproque d'un tout achevé. Les deux sujets entre lesquels l'action s'exerce concourent pour une part égale à la production de l'effet : « Ce qui se passe en A et en B est alors aussi toujours la nouvelle production d'un Z, conformément à la nécessité avec laquelle Z, sous l'influence de B, naît de la nature de A, et, sous l'influence de A, naît de la nature de B. » (1) Bref, ainsi qu'on le disait il n'y a qu'un instant, la substance n'est pas inerte. Mais agir, c'est changer. Or, s'il faut, de toute nécessité, attribuer à la substance la capacité de changer, et il le faut, le plus simple est de la supprimer. Ou la substance est fainéante ou elle n'est pas ; mais fainéantise et inertie c'est tout un, d'une part ; de l'autre, personne, depuis Leibnitz, ne met en doute que le non agir et le non être ne soient réciproques. Ainsi, 1° le concept de substance est obscur, insaisissable ; 2° il est contradictoire.

— Et pourtant il sera toujours plus facile de réfuter le substantialisme que de l'éviter ; car, si le monde change, tout n'y change pas incessamment et capricieusement. Il y a donc de la substance, ou, si l'on préfère, de la *substantialité*. Lotze, l'un des plus intraitables parmi les adversaires de la substance, en convient tout le premier. « Lorsque j'ai essayé, pour la première fois, d'exposer mes convictions métaphysiques, j'ai résumé les pensées dont nous venons de nous occuper dans cette proposition : *Les choses n'existent point par une substance qui serait en elles, mais elles existent lorsqu'elles peuvent produire en elles-mêmes une apparence de substance* (2). J'ai été alors blâmé, non pas seulement pour le fond de la thèse, mais aussi parce que les deux membres dont elle se compose paraissaient ne pas correspondre l'un à l'autre comme des termes opposés. »

Les deux affirmations, en effet, ne se contredisent-elles pas ? N'est-ce pas précisément « l'apparence » de la

---

(1) Lotze, *Métaphysique*, § 57, p. 119 de la trad. fr.

(2) *Métaphysique*. Cf. le début du chapitre IV, § 57. Je prie le lecteur de noter le mot *conviction*.

substance qui dénote sa réalité ? Il faut vraisemblablement qu'elle soit pour qu'elle ait l'air d'être... Et d'ailleurs si la thèse du vieux Parménide est : « point de phénomènes, rien que la substance », la thèse d'Héraclite, qu'on oppose à la sienne, n'en est pas exactement le contrepied. Le phénoménisme d'Héraclite n'est point celui de Hume, et encore celui-ci n'est-il pas le pur phénoménisme. Car, outre les impressions et les idées, Hume admet des lois mentales d'association. Du moment où le devenir des phénomènes est un devenir réglé, quelque chose domine le phénomène et lui impose de se modifier entre certaines limites et sous certaines conditions. Ce quelque chose n'est-il pas la substance ?

Pas nécessairement. Car, on a beau faire, on ne peut se figurer la substance sans l'imaginer comme coagulant les phénomènes et, grâce à cette action coagulante, les empêchant de se disperser. Or, pour autant que le changement existe, et il existe, la substance le rend inexplicable. Ce Réel en soi, « tronc robuste, dont la changeante feuillaison se compose de toutes les qualités et de leurs vicissitudes », n'offre aucune prise à la pensée. Dira-t-on que la substance n'a sur ces phénomènes qu'un pouvoir limité, qu'il en est de plus ou moins dociles à ses ordres? Cela reviendrait à se représenter les phénomènes comme autant de choses groupées autour d'une autre chose et rattachées à celle-ci par une force de cohésion d'intensité variable. Cette conception du rapport de la substance à ses phénomènes n'ayant jamais trouvé de défenseurs, ne nous attardons pas à la combattre.

Au fond, le *devenir*, dont le *permanent* ne rend pas compte et qui, néanmoins, sans le permanent n'est pas, est une donnée primitive et, comme telle, inexplicable. La direction définie du cours des choses et la réalité de l'ordre du monde seront donc posées à titre de vérités premières et, pour exprimer cet ordre, on évoquera le concept dont ce fut toujours la fonction de paraître l'expliquer en ne faisant que l'exprimer : le concept de loi.

Nous dirons dès lors : « La substance n'est pas ; mais partout où la loi règne, il y a apparence de substance. »

Mais toute loi n'est-elle pas le signe d'une volonté antérieure et supérieure à l'être qu'elle domine ?. Les lois de l'univers ne sont-elles pas autant de volontés de l'absolu ? et avec l'absolu la substance ne va-t-elle pas renaître ?

Nous avons bien triomphé des substances contingentes de la philosophie cartésienne, de celles qui, pour existér, « ont besoin du concours de Dieu » ; mais c'est pour voir se dresser devant nous, ou la substance de la philosophie spinosiste, ou l'absolu de la métaphysique allemande postérieure à la critique kantienne.

IV

Kant, dans la *Raison pure,* a porté à l'absolu des coups que l'on s'est trop pressé de croire mortels. En effet, du moment où l'on pense que le noumène existe et que son existence est nécessitée par le phénomène, rien ne sert de le présenter comme un inconnaissable. En vain objecterait-on que le phénomène nous le dérobe : il serait bien plus juste de dire qu'il en est le moyen de transmission, le véhicule. Et avec le noumène, l'absolu reparaît.

Kant, dans la *Raison pratique,* attribue à l'homme une liberté intemporelle : il scinde l'homme en deux parties, ou plutôt, il le considère sous deux aspects. En un sens, l'homme appartient au monde de l'expérience, et tout en lui est déterminé ; en un autre sens, l'homme participe du noumène et de la chose en soi : comme tel, il est libre. La liberté seule rend compte de l'obligation. Or, ou l'obligation n'est point, ou, si elle est, il faut que l'homme noumène descende dans le champ de l'expérience et que l'absolu nous devienne, en quelque manière, accessible. On s'explique, dès lors, cette résurrection glorieuse de l'absolu dans la philosophie des successeurs de Kant.

Cet absolu variera selon les systèmes, et chaque philosophe lui assignera les déterminations qu'il estimera le plus appropriées à son essence, comme s'il n'était pas contradictoire de prétendre déterminer l'absolu ! Chez tous, cependant, cet absolu gardera le même caractère fondamental, celui d'être immanent au monde, de se réaliser dans ses phénomènes et de parvenir, dans l'homme, au plus haut degré de perfection susceptible d'être atteint par un absolu qui, du moment qu'il s'incarne, nécessairement déchoit. De là, des difficultés inextricables, des contradictions et, pour les faire évanouir, des prodiges de virtuosité dialectique, dont il n'est pas encore certain qu'en Allemagne même, le temps soit passé.

En France, depuis Descartes, le Dieu de Descartes est resté debout. On a pu l'oublier pendant le XVIIIᵉ siècle, on ne l'a pas remplacé. Ceux des « philosophes » qui ne croyaient pas en Dieu ne s'embarrassaient guère d'appuyer leur incroyance sur des arguments péremptoires : peu leur importait que l'absolu fût ou ne fût pas inconcevable. On s'en désintéressait et l'on n'y pensait point.

Aussi, quand revint le moment d'y penser, le Dieu de Descartes reparut dans toute sa gloire. En fait, bien peu, parmi nos philosophes spiritualistes, renonceraient à l'infini-parfait transcendant, auteur et père du monde. Les arguments de Kant et d'Hamilton ont glissé sur eux sans laisser de trace. Qu'on en juge par cette déclaration toute récente :

« Les plus grands philosophes et les plus dogmatiques, écrit un de nos penseurs les plus écoutés, n'ont jamais prétendu que l'on pût avoir de l'absolu une science absolue. Descartes disait que nous pouvions concevoir Dieu, mais non le comprendre. Il le comparait à une montagne que l'on peut toucher, mais non embrasser. Malebranche disait que nous ne connaissons pas Dieu par son idée, c'est-à-dire de façon à pouvoir déduire ses propriétés de son essence, comme on fait en géométrie. Nous sommes plongés en Dieu comme dans la lumière, par laquelle nous voyons toute chose sans savoir en elle-même ce qu'elle est. Spinosa disait que nous ne connaissons que deux attributs de Dieu, quand il en possède un nombre infini. La théologie elle-même affirme que Dieu est un Dieu caché ; et saint Thomas enseigne qu'il y a deux degrés d'intelligibles en Dieu, un degré par lequel il est accessible à la raison et un autre, plus élevé, que l'on n'atteint que par la foi. N'est-ce pas dire que ce que nous connaissons de Dieu par la raison n'est qu'une révélation incomplète et tout humaine ? Chez les anciens, Platon disait également que nous n'apercevons que difficilement l'idée de Dieu, c'est-à-dire l'essence de Dieu, et les alexandrins plaçaient cette essence au dessus de l'intelligence et de l'être. Pour tous ces philosophes, il n'est pas inexact de dire que la philosophie est la science relative de l'absolu, en d'autres termes, qu'elle est *la science humaine du divin* (1). »

---

(1) Paul Janet, *Revue philosophique*. avril 1889.

C'est peut-être aller bien vite que de juxtaposer tant d'opinions dont les analogies ne sont pas évidentes. En effet, les alexandrins, tout d'abord, ne veulent, en aucune sorte, faire descendre l'absolu dans le champ de la connaissance, d'où il est permis d'inférer qu'ils admettent implicitement le caractère relatif de tout acte intellectuel et refusent à un esprit non absolu la capacité de comprendre ce qui lui est contraire ; le semblable, souvenons-nous-en, chez les anciens, ne pouvait être connu que du seul semblable. Descartes, sans doute, non moins que Spinosa, déclarait Dieu incompréhensible : il nous en refusait la connaissance totale. Il estimait toutefois que Dieu, dans ce qu'il nous est donné d'en connaître, est connu clairement, distinctement, d'une connaissance adéquate. Malebranche, disciple de Descartes, n'acceptait point que des propriétés de Dieu, l'homme fût capable de déduire son essence ; en s'exprimant ainsi, donnait-il à entendre que Dieu ne saurait être clairement aperçu ? L'hypothèse est invraisemblable et ne tend à rien moins qu'à contredire dans ses parties essentielles la théorie de « l'entendement pur. » Nous ne connaissons pas le tout de l'absolu, et notre connaissance de l'absolu est *partielle,* voilà ce que pensaient ensemble Descartes, Malebranche, Spinosa. De transformer cette connaissance partielle en connaissance relative, de s'exprimer comme si ce que nous connaissons de l'absolu est relatif à nos moyens de connaître, en avons-nous le droit ? Dire que l'absolu se *réfléchit* partiellement en nous, ou dire qu'il s'y *réfracte,* est-ce indifférent ? Encore qu'à parler ainsi, on parle par figure, le choix de la métaphore ne saurait être laissé à notre bon plaisir. Or, ni chez Descartes, ni chez Malebranche, ni chez Spinosa, la théorie de la relativité de la connaissance ne se rencontre, pas même à l'état d'ébauche ; au surplus, la théorie cartésienne et spinosiste de la connaissance adéquate est bien faite pour la contredire.

Ainsi, entre les cartésiens et les alexandrins l'écart est notable, pour ne rien dire de plus. Les uns nient ce que les autres affirment. En outre, et si l'on insiste sur les théories cartésiennes, est-il possible de soutenir que l'absolu soit, en nous, l'objet d'une connaissance adéquate et partielle? Depuis Kant, cela n'est plus possible. Il faut donc se contenter d'une connaissance relative à nos moyens de connaître ; or, une telle connaissance nous interdit non-seulement l'entrée, mais la contemplation lointaine de l'absolu. — On insiste et l'on invoque de nouveau les noms de Spinosa, de Malebranche, de Descartes: on nous rappelle des fragments inoubliables du *de Deo*, de la *Méditation troisième*, de la *Recherche de la vérité*; ils attestent, à vrai dire, une conviction inébranlable, profonde, réfléchie, appuyée sur des raisons dignes d'examen : ils attestent un dogmatisme non moins audacieux, une foi presque sans exemple dans la docilité de l'entendement à refléter les choses telles que les choses sont, et cela, qu'il s'agisse du monde sensible ou du monde intelligible. La connaissance partielle, mais adéquate, de l'absolu implique le dogmatisme ; or, depuis la *Critique de la Raison pure*, le dogmatisme est atteint mortellement.

Oublions les ruines amoncelées par Kant et conférons à la « Raison » proprement dite l'autorité que lui reconnaissait Descartes : jugerons-nous, comme Descartes les juge, les notions de parfait, d'infini? Essaierons-nous d'établir que la connotation en est rigoureuse et que rien d'obscur ou de confus ne s'y trouve mêlé ? « Par le nom de Dieu, j'entends une substance infinie, éternelle, immuable, indépendante, toute-connaissante, toute-puissante, etc… » Ainsi parle Descartes : réservons le problème de l'immanence ou de la transcendance, puisqu'aussi bien la substance de Spinosa se laisserait définir en termes analogues. Examinons ces adjectifs : infini, éternel, absolu, etc., et demandons-nous si derrière ces mots il pourrait se rencontrer autre chose qu'un mot synonyme, et rien de plus. Demandons-nous comment s'obtiennent les noms d'infini, d'éternel, d'absolu, de parfait, etc., ou plutôt souvenons-nous-en. Ne faisons point difficulté d'admettre qu'aux yeux de Descartes et de Spinosa, chacun de ces concepts vise à représenter la plénitude de l'être, c'est-à-dire la position du réel sans limite aucune, ni dans l'ordre de la qualité, ni dans l'ordre de la quantité. La question n'est pas de déterminer l'orientation de ces concepts ; elle est de savoir si le but vers lequel ils s'orientent n'est pas situé à l'infini ; elle est de savoir si l'élaboration de chacun de ces concepts pris à part est possible. Une fois commencée, va-t-elle aboutir ? ou bien, presque aussitôt commencée, ne faudra-t-il pas que l'élaboration s'arrête devant un concept contradictoire subitement apparu ?

On ne peut en quelques lignes renouveler une discussion toujours victorieuse et toujours recommencée, car les discussions en vue d'établir la thèse contraire sont victorieuses, elles aussi. On ne peut, en passant, mettre de nouveau Hamilton et M. Spencer en présence et objecter à M. Spencer ce qu'Hamilton vivant lui aurait assurément objecté. Hamilton s'est-il jamais exprimé, sur ce point, d'une manière satisfaisante, et les contradictions dans lesquelles sa pensée s'engage sont-elles décidément inextricables ? D'autres que nous jugeront. Il est permis, toutefois, de continuer à penser, même après le retour offensif tenté par M. Spencer, que la conception d'un absolu quelconque nous est interdite. Et cela est permis, non point « malgré », mais « grâce » à M. Spencer. Elle est, en effet, de M. Spencer, cette affirmation grave :

« La distinction que nous sentons entre l'existence spéciale et l'existence générale est la distinction entre ce qui peut changer en nous et ce qui ne le peut pas. Le contraste entre l'absolu et le relatif dans nos esprits n'est, au fond, que le contraste entre l'élément mental qui existe absolument, et les éléments qui existent relativement. » Soit. Devons-nous cependant admettre qu'à la conscience empirique de l'être individuel se superpose une conscience non empirique de l'Être absolu ?

Laissons parler un philosophe qui, récemment, chez nous, employait au service de la métaphysique dogmatique les ressources d'une dialectique toujours sincère et très souvent ingénieuse. Il n'accepte point l'équation d'Hamilton : penser $=$ conditionner. Applicable à certains de nos actes intellectuels, tant s'en faut qu'elle lui semble régir la totalité de ces actes : « Oui bien, répondons-nous, telles sont les conditions de ce qu'on pourrait appeler la conscience empirique ; mais il nous paraît nécessaire de reconnaître comme une autre conscience qui soit le principe et le support de celle-là. Cette conscience, non transcendante, comme le *moi* nouménal de Kant, mais immanente au plus intime de nous-mêmes, ne peut être définie autrement que le sentiment ou l'intuition de l'être. Conscience supérieure et immuable, comme son objet, presque tous les grands métaphysiciens l'ont reconnue. Elle est la νόησις de Platon, l'intellect actif d'Aristote : elle subsiste dans l'extase alexandrine, s'il est vrai que le *moi* ne puisse être absolument étranger à lui-même ; elle est l'idée de l'être que Leibnitz constate au fond de tous nos jugements ; elle est l'idée de Dieu, source de toutes nos idées, selon Spinosa, l'intuition intellectuelle de Schelling, l'intuition immédiate de l'infini, de Cousin. Elle n'est pas conditionnée et ne conditionne pas, en ce sens qu'elle est principe de toute pensée particulière et discursive, et que son objet est l'être que ne limite aucune négation. Selon la méthode un peu scolastique d'Hamilton, et en posant les concepts dans toute la rigueur de l'abstraction, on doit, je le sais, maintenir que, la dualité du sujet et de l'objet subsistant toujours, ni le sujet, ni l'objet ne cessent d'être relatifs ; que, par suite, la pensée est toujours nécessairement conditionnée. Quelque effort que nous fassions pour échapper à cette conséquence, au point de vue logique, elle est inévitable. Mais notre thèse, répétons-le, est plutôt psychologique. Nous affirmons dans le sujet, parce que nous croyons l'y saisir, un élément de pensée pure, de pensée de l'être, antérieur à toutes les pensées particulières de choses particulières et fugitives : cela c'est de l'inconditionné ; non pas, si l'on veut, de l'inconditionné logique, mais de l'inconditionné réel ; c'est, en d'autres termes, l'intuition primordiale et fondamentale qui rend possibles toutes les autres, et n'est elle-même déterminée par aucune (1). »

Ce passage méritait d'être transcrit, ne serait-ce que pour montrer l'accord de deux philosophes français séparés, si je ne me trompe, par l'intervalle d'une génération : non seulement MM. Janet et Carrau pensent de même, mais l'un et l'autre, pour justifier leur droit de penser ainsi, ne craignent pas d'invoquer à l'appui de leur cause les penseurs les plus illustres et aussi, qu'on nous passe cette remarque, les plus opposés. On s'étonne que le nom de Spencer ne figure pas à côté des autres. Est-il décidément l'adversaire de Schelling, de Fichte, de Spinoza ? N'avoue-t-il pas qu'il en est de la pensée comme de la

---

(1) Ludovic Carrau. *La Philosophie religieuse en Angleterre*, p. 175-176. Paris, Alcan, 1888.

nature, que l'horreur du vide lui est innée, que tous ses efforts pour se détruire, même par hypothèse, sont de vains efforts, qu'après avoir supprimé la *réalité* des conditions, on ne peut en supprimer la *possibilité*, que l'idée d'être demeure toujours disponible, etc.

On cherche à penser l'absolu, à concevoir cet objet de l'aspiration religieuse, à le déterminer. Or cet objet — j'allais dire *ineffable,* non, il ne l'est pas, et c'est un malheur qu'il ne le soit pas, car les idoles de forum mènent à celles de théâtre, — cet objet que l'on croit saisir n'est rien de plus que la pensée abstraite ou, si l'on préfère, la pensée virtuelle, celle que je ne pense pas encore, que je pourrais penser sans doute. Mais du moment qu'une telle pensée arriverait à l'acte, elle cesserait d'être inconditionnée, et son objet de même.

— Prenez garde! va-t-on nous dire, vous tombez dans le piège ; on vous parle « inconditionné réel » et vous répondez « inconditionné logique. » Ici encore j'entends bien prononcer deux adjectifs différents ; je n'en reste pas moins perplexe, et, derrière ces deux vocables, je ne réussis point à découvrir deux notions distinctes... à moins, peut-être, qu'il ne faille lire entre les lignes et comprendre « le sentiment ou l'intuition de l'être » comme s'il s'agissait de « l'aspiration religieuse », d'un amour concret pour une personne supposée vivante... Dans ce cas, toute contradiction s'efface : en revanche, l'absolu, l'infini, l'être pur, se sont évanouis.

Ne craignons pas de le dire. M. Spencer a plus fait contre l'absolu que son adversaire implacable W. Hamilton : la restauration qu'il en a tentée est une déchéance presque définitive ; le nom d'inconnaissable dont il l'appelle prouve bien plus que M. Spencer n'espérait ou ne désirait prouver, car cela qui ne peut être connu ne peut être pensé, car un concept qui avorte n'est qu'un pseudo-concept, un je ne sais quoi flottant entre le non être et le fantôme de l'être.

— Et maintenant ne restera-t-il pas un dernier refuge aux partisans de l'absolu ? Ils ont renoncé, par hypothèse, à le concevoir ; ils se résignent à ne point confondre avec une intuition de la pensée pure ce qui n'est, somme toute, qu'un élan de l'âme, sinon vers le bien par excellence, du moins vers le meilleur ; ils ne persistent plus à croire qu'ils « pensent » chaque fois qu'ils « prient » ; mais ils nous demanderaient peut-être, avec inquiétude, si la suppression de l'absolu n'équivaudrait pas au démembrement ou à la dissolution de l'esprit. L'esprit n'est vraisemblablement rien en dehors des lois qui le gouvernent ; les abolir, c'est donc l'abolir. Or, on l'abolirait du moment où l'on s'insurgerait contre une de ses lois fondamentales, celle de la position simultanée des concepts antagonistes. Ne sait-on pas que la notion d'infini est, si l'on peut dire, l'harmonique de l'idée de fini, que la notion de relatif a pour harmonique celle d'absolu, qu'on ne peut faire vibrer fortement l'une sans entendre faiblement résonner l'autre ? Ne sait-on point cela, non seulement depuis Cousin, mais depuis Descartes ? —

On le dit, il est vrai, et parce qu'on le dit, on croit qu'on le sait : et l'on croit qu'on le sait, parce qu'on étend à de prétendus concepts un pouvoir dont l'influence se fait sentir sur des mots, rien que sur des mots. Les propositions ne sont point seules à se laisser convertir : un *terme* positif peut toujours se convertir en son négatif correspondant (1). De là on en conclut que tout

---

(1) Il suffit pour cela d'ajouter au terme positif un préfixe négatif, l'*in* français ou l'*un* anglais, par exemple.

concept positif, clair et distinct, admet un concept négatif de même genre, mais d'espèce diamétralement contraire, et l'on se trouve bientôt conduit aux thèses les plus courantes et aussi les plus surprenantes. Exemples : « L'infini est supposé par le fini ; l'absolu est supposé par le relatif... » Cela passe aussi facilement qu'une lettre à la poste, dites-vous ? Continuez, vous all⸱ voir : « La présence suppose l'absence : l'être suppose le néant. » Ne vous récriez pas ; si je n'ai rien dit d'absurde au début, je ne dois pas, vers la fin, m'être rendu coupable d'absurdité et *réciproquement ;* car, dans la constitution des thèses successives, j'ai suivi une même marche, j'ai procédé d'après une méthode unique. Ainsi, ou j'ai toujours eu tort ou j'ai eu raison toujours ; choisissez.

Soyons donc de bonne foi, soyons logiques, ce qui revient au même. Soit, par exemple, un être fini, c'est-à-dire limité. Que suppose-t-il ? Un être infini ? Non point. Tout limité suppose une limite, un être qui le borne et qu'il borne. Soit, par exemple, un être relatif. Que suppose-t-il ? Un absolu ? Non, mais un relatif avec lequel il soit en relation. Inutile de poursuivre, n'est-ce pas ? Inutile d'insister plus longtemps pour justifier notre transformation de formules. Donc, il ne faudra plus dire : « Le fini suppose l'infini, le relatif suppose l'absolu. » Ce sont là locutions vicieuses, expressions d'une pensée qui, pour mieux trouver la raison d'elle-même, s'abîme dans l'impensable. Il faudra dire : « Le fini suppose l'*autre* fini ; le relatif suppose l'*autre* relatif, etc... »

Ainsi disparaît l'absolu, et avec lui la substance, et avec la substance, la métaphysique dogmatique. Et cependant il reste à la substance un dernier refuge ou plutôt un dernier point d'appui. La grammaire le lui fournira.

V

Il est plus facile de vaincre la métaphysique dogmatique que d'avoir raison de la grammaire. Or, de même que la métaphysique prétend ne pouvoir se passer de la substance, de même la grammaire a besoin du substantif. Et ce besoin est constant ; le verbe, en effet, ne mérite son nom que s'il est uni à un sujet.

Le substantif ne serait-il pas le noumène, ou du moins n'en serait-il pas le signe ? Pour le savoir, demandons-nous comment se forment les substantifs.

Il est deux classes de substantifs : la première comprend des noms se rapportant à des êtres ou choses perceptibles ; les noms de la deuxième classe désignent au contraire des abstractions, exemple : table, pierre, rose, chêne, serpent, cheval, pour le premier groupe ; pour le second, respect, blancheur, vice, vertu. La bonté se révèle, la vertu se manifeste ; l'une et l'autre veulent être dites plutôt transparentes qu'apparentes : une table, un serpent, un cheval, se voient et se touchent.

Ces deux classes de substantifs ont-elles même genèse ? Au premier abord, il semble que non. Les substantifs du premier groupe préexistent aux adjectifs dans la composition desquels ils entrent : *equestris* vient d'*equus*. Au contraire, les noms de la seconde classe tirent leur origine d'adjectifs préexistants. *Æquitas* suppose *æquus*, *justice* suppose *juste*. Ces deux substantifs expriment des manières d'être, des qualités, et les termes à l'aide desquels ils sont formés jouent, dans le discours, le rôle de prédicats. Dans l'usage, les épithètes de concret et d'abstrait suffisent peut-être à la distinction des deux classes précitées, les noms concrets servant à désigner des êtres, les noms abstraits à désigner des manières d'être.

Le terme *bonté* fait partie de notre deuxième classe de noms ; il ne peut donc s'introduire dans le vocabulaire qu'à la faveur de l'adjectif *bon*. Celui-ci, à son tour, pour entrer dans la langue usuelle, implique toute une série d'acquisitions préalables. Enoncez le mot *bon :* isolé de tout autre terme, il n'exprimera qu'une simple possibilité. Si l'on veut qu'il prenne corps, il faudra lui faire contracter alliance avec l'un ou l'autre des noms de la première classe : Pierre, cheval, fruit, etc. On dira : « Pierre est bon, ce cheval est bon, ces fruits sont bons. » A quelle condition de telles phrases sont-elles possibles ? A la condition que l'on ait traversé une série d'états de conscience, qu'on les ait comparés, c'est-à-dire, tour à tour, différenciés et assimilés. On aura perçu des choses différentes ; parmi ces objets distincts, certains détails auront sollicité l'attention : aussitôt remarqués, on les aura reconnus ; en d'autres termes, on se sera avisé que la différence entre les objets ne va pas à l'infini, qu'il est, dans les détails de chacun d'eux, des éléments de non-différence. De chacun des objets dissemblables se dégageront des impressions assez analogues pour se superposer et se fondre dans l'unité d'une même sensation, aussitôt que l'esprit les aura enregistrées. L'idée de qualité commune sera éclose et les droits de l'adjectif à l'existence seront unanimement reconnus.

A qui l'adjectif sera-t-il redevable du bienfait ? Aux substantifs, dont il s'est dégagé par une sorte de segmentation ? Cela est incontestable. Il importe néanmoins de noter le caractère *sui generis* de cette segmentation.

Afin qu'un adjectif naisse, il faut qu'une sensation homogène fasse saillie sur un ou plusieurs groupes de sensations hétérogènes ; et ces groupes veulent être multiples, car la naissance d'un adjectif est presque toujours l'effet d'un enfantement laborieux ; cet enfantement traverse plusieurs phases, et souvent de longs intervalles les séparent.

Ce qui vient d'être dit s'applique, entre autres, au terme *bon*. Du terme *bon* au terme *bonté*, le chemin est court : quand on aura eu l'un, bientôt on aura l'autre. Pour que le terme *bon* soit, il faut un assez long *processus ;* il faut qu'une multiplicité d'impressions ait donné lieu, sous le regard attentif de l'esprit, à une reconnaissance d'impressions analogues, puis à leur fusion en une seule. Aussitôt la fusion achevée, la notion du « bon » s'éveillera dans l'esprit sans évoquer à sa suite, ou du moins sans évoquer, à l'état distinct et fort, celle de l'un ou de l'autre des êtres dont elle aura été dégagée antérieurement. L'esprit passera insensiblement de la conception de τὰ ἀγαθα à celle du τὸ ἀγαθον, et la notion de bonté occupera désormais une place distincte. Voilà pour les substantifs « abstraits », ceux de la deuxième classe.

Arrivons à ceux de la première classe, les substantifs concrets ou soi-disant tels. Soit : *le cheval*. Que faut-il entendre par ce mot ? Un être de l'embranchement des vertébrés, de la classe des mammifères, etc. Supposons énumérés tous les caractères du cheval. Suffira-t-il de les réaliser par la pensée pour obtenir, du même coup, la perception d'un cheval ? Point. De la connotation du terme cheval ne font point partie un certain nombre de traits particuliers grâce auxquels un cheval peut être distingué d'un autre. Ou bien cette remarque repose sur des observations, ou bien notre distinction des substantifs abstraits et concrets n'est qu'une distinction superficielle et, qui plus est, artificielle. Tous les substantifs sont abstraits de leur nature, et leur signification, à tous, est exclusivement potentielle. Ils dénotent ou des possibilités d'être, ou des possibilités de manières d'être, rien de plus.

Dresser la liste des caractères constitutifs d'un acte bon serait chose presque impossible, à moins de s'en tenir à un petit nombre de caractères vagues. En revanche, il sera toujours aisé de définir scientifiquement « le cheval ». La connotation du terme *bonté* reste toujours vague et sujette, dans le détail, à d'interminables contestations : tout autre est celle du terme *cheval*. Toutefois, pour l'un comme pour l'autre, la réalisation hypothétique des caractères connotés ne suffirait à produire ni la perception d'un acte de vertu, ni la perception d'un cheval. Autre est *la bonté*, autre est *un acte* de bonté ; autre est *le* cheval, autre *un* cheval. Sans doute, pour passer de la puissance à l'acte, l'espèce cheval requiert l'application de règles définies ; sans doute, la nature se conforme à ces règles, mais elle fait plus que d'y obéir. Elle donne naissance à une espèce en donnant naissance à une multiplicité d'individus partiellement identiques. Or, la nature ne réussit à faire naître des individus qu'à une double condition : d'abord elle doit réaliser, par une suite de mouvements coordonnés, la production des caractères spécifiques, ensuite elle doit les réaliser en introduisant, dans l'unité de cette somme de caractères invariables, une diversité que, faute d'un terme meilleur, on peut qualifier d'esthétique, étant donné qu'elle se sent ou qu'elle se devine, sans jamais se laisser immobiliser dans une définition. Bref, chaque production d'un individu est une occasion, pour la nature, de reproduire le même thème sans jamais le reproduire identique jusque dans les moindres détails. S'engageant à répéter partout la même mélodie fondamentale, pour le choix des variations, des modulations, des notes de remplissage, elle réserve sa liberté d'agir et laisse prendre essor à son goût de diversifier. Ainsi, les caractères inclus dans la connotation d'un concept et exprimés par un substantif ne sauraient, à eux seuls, désigner un être, un individu. Or, l'individu seul est réel.

Tout individu se reconnaît à ce qui le distingue des autres ; le nommer à l'aide d'un substantif, c'est le classer dans un groupe, ce qui équivaut à ne le point dénoter du tout. Pour y réussir, ni le substantif, ni le substantif accompagné de l'adjectif, ne sont suffisants ; il faut le pronom démonstratif suivi d'une périphrase, aidé du geste. Le secours du double langage naturel et artificiel est ici nécessaire.

On voit donc, par ce court exposé, que la question de savoir ce qu'est un être, phénomène ou substance, laisse les grammairiens indifférents. On entrevoit cependant entre le substantif et l'adjectif une parenté beaucoup plus étroite qu'il n'en saurait être, au dire des métaphysiciens, de celle qui tiendrait unis la substance et le phénomène ; on s'aperçoit, en outre, que la distinction de l'adjectif et du substantif n'est point fondée sur la présence ou l'absence de la moindre entité suprasensible. Le résultat n'est pas médiocre.

Insistons encore. Voici deux noms : *soldat, fleuve*. Qu'est-ce qu'un soldat, si l'on ne considère que la seule étymologie du terme ? un *soldat* est un homme *soldé*. Qu'est-ce qu'un fleuve ? un objet, une chose *fluide*. Qu'est-ce qu'un *navire* ? un objet qui *nage*.

Ainsi, tout substantif désigne à l'origine une qualité

particulière. Sans doute, le substantif peut aider à former des adjectifs, l'adjectif, à son tour, d'autres substantifs. Mais ce qu'il importe de mettre en lumière, c'est l'origine qualificative du nom, c'est encore, pour me servir d'autres termes, la nature essentiellement *prédicante* de tout substantif.

« Tout substantif désigne à l'origine un objet par une qualité particulière qui le détermine. Ainsi, la chose que le latin appelle *fluvius*, fleuve, présente divers traits caractéristiques : aspect des rives, mouvement de l'eau, etc., dont chacun pourrait servir à le dénommer ; le mouvement de l'eau a été choisi, et cette qualité d'eau *courante, quod fluit*, a donné son nom à la chose. Ainsi encore ce que le français appelle *vaisseau*, par assimilation de forme à un grand vase ou *bâtiment*, par allusion au travail de la construction, le latin l'appelle *navire*, c'est-à-dire ce qui *nage, flotte* sur l'eau *(natat)*.

» Cette qualité particulière qui sert à dénommer l'objet est le *déterminant*, ainsi dit parce qu'il le *détermine* et le fait connaître par *un caractère spécial*. Dans une *capitale*, *capitale* est le *déterminant* qui caractérise un déterminé sous-entendu (ville, lettre). Dans *fluvius, navis*, les idées de *couler*, de *flotter* sont les déterminants qui précisent les déterminés généraux non exprimés : *la chose* (qui coule, flotte). Dans les noms composés, les rapports des déterminants et des déterminés sont plus visibles, parce que ceux-ci sont tous deux exprimés : ainsi dans *coffre-fort*, *coffre* est le déterminé que précise le déterminant *fort*.

» Le choix d'un déterminant, c'est donc le premier acte de l'esprit dénommant un objet : il y saisit une qualité et en prend le nom pour en faire le nom de l'objet.

» Chose curieuse, cette qualité n'a nullement besoin

d'être essentielle et vraiment dénominative. Ainsi *cahier* est, étymologiquement, un groupe de *quatre* choses, *carillon* est aussi un groupe de *quatre* cloches » (1).

Ce témoignage d'un philologue d'une érudition très précise et très riche tout ensemble, est précieux à enregistrer. Il achève de nous persuader que si la substance est une entité suprasensible, ce n'est point elle qu'on vise à désigner par le substantif : il nous montre, par l'histoire des mots de la langue vulgaire, ce que déjà un philosophe, M. Taine, avait excellé à mettre en lumière par ses remarques sur le langage de l'enfant. On sait assez que le phénomène de la confusion des langues s'accomplirait sans aucune intervention miraculeuse d'une divinité courroucée, si les parents n'étaient là pour limiter et maintenir l'ardeur novatrice de l'enfant dans la confection de son propre langage. Puisque la qualité servant à dénommer l'objet n'a nul besoin d'être essentielle et vraiment dénominative, puisque, d'autre part, il faut faire choix d'une qualité pour dénommer un objet, cette qualité sera, tantôt de l'ordre visuel, tantôt de l'ordre sonore, tantôt de l'ordre tactile. Supposez un enfant doué d'une vue perçante ; il sera surtout attentif aux propriétés visibles des choses, et c'est par l'une de celles-ci qu'il les désignera volontiers. S'il a l'oreille fine, s'il est plutôt de la classe des « auditifs » que de la classe des « visuels », cette disposition se manifestera, sans doute, par la tendance aux onomatopées. Ainsi, chaque enfant en arriverait, peu à peu, à ne parler que dans sa langue et deviendrait bientôt incapable de comprendre d'autres

---

(1) Arsène Darmesteter. *La Vie des mots*, p. 40-41. — Paris, Delagrave, 1887.

que lui-même, sans la surveillance attentive et généralement efficace de la mère. Dangereuse ou non (peu nous importe d'ailleurs), cette tendance, très heureusement et très exactement analysée et décrite par M. Taine, n'est autre que la tendance des hommes faits, celle-là précisément que vient de nous décrire l'auteur de la *Vie des mots*.

Chez l'homme et chez l'enfant, le procédé est le même. En vertu de la propriété de l'attention, qui est précisément de se fixer en un point, de faire de ce point comme un centre d'où elle rayonne pour achever la connaissance de l'objet, non par une simple juxtaposition, mais par une vraie synthèse ; en vertu de cette propriété dont elle est revêtue, d'établir entre les sensations une sorte de hiérarchie, il devient presque impossible à la mémoire de se rappeler un objet, c'est-à-dire un groupe de sensations, sans qu'à l'avant-garde du groupe l'une d'elles apparaisse. Laquelle? cela dépend du point fixé par l'attention, et ce point est assez variable : l'essentiel est de remarquer que toujours l'attention se fixe et se concentre sur un élément du groupe.

On a invoqué en faveur de la substance les lois de la grammaire générale. Ces lois prouvent la nécessité du substantif ; mais les lois de la formation des mots prouvent que le substantif et la substance n'ont de commun qu'une partie de leur nom. On sait comment le substantif se forme, qu'il naît de la perception des qualités et du discernement attentif de l'une d'elles. Ainsi se trouve justifiée l'assertion du philosophe illustre auquel nous avons, dans le présent essai, emprunté mainte formule : « On ne doit pas parler substantivement, mais seulement adjectivement, de tout ce qui est réel (1). »

Terminons par un dernier argument que nous fournira la logique formelle. Les propositions peuvent se convertir. Le chassé-croisé des sujets et des attributs prouve, dès lors, entre ceux-ci et ceux-là, une communauté d'essence. Si donc, on tient à garder la substance, il faut aller la chercher, non dans une entité sous-jacente aux phénomènes, mais dans ces parties apparemment stables, adjacentes à celles dont le va-et-vient est la loi. Que sont ces éléments stables ? Des noumènes ? Point : on les peut nombrer, analyser, décrire. Alors ce sont des phénomènes, et à quoi bon les appeler substances ? Pour utiliser un mot du vocabulaire ? Mais ce mot est devenu encombrant.

En tout cas, si on le garde, il faudra se rappeler qu'il n'est pas le nom d'une chose, mais le nom d'un rapport, ou, si l'on préfère, d'une loi. Nous tenons, dès à présent, pour assuré que, s'il est des choses, ces choses sont des phénomènes ou plutôt des colonies de phénomènes.

---

(1) Lotze, *Métaphysique*, § 31, p. 74.

DE LA RÉALITÉ : LE PHÉNOMÈNE

Ramenons en quelques traits, sous nos yeux, les résultats de nos recherches. Ils semblent nuls et, qui plus est, négatifs. Point d'absolu, c'est-à-dire rien d'existant par soi, rien de réel : point de substance, c'est-à-dire rien qui demeure hors du cadre de nos représentations ; donc, encore une fois, rien de réel. Et ce n'est même pas l'idéalisme qui l'emporte, c'est le scepticisme.

I

Le scepticisme tient tout entier dans la formule de Montaigne : « Que sais-je ? » Rapprochez-la de cette autre : « Il n'est rien de vrai. » Apercevez-vous la différence ? La seconde est une thèse ; la première marque le dessein de n'en poser aucune. Or, toute résolution de s'abstenir implique, à titre de possibilité non venue à l'acte, celle d'agir, et, par suite, d'affirmer. Le sceptique, s'il voulait, cesserait de l'être : il lui suffirait, pour cela, d'examiner à nouveau les raisons des dogmatistes et de les préférer aux leurs. Donc, pendant qu'ils demeurent sceptiques, les pyrrhoniens connaissent ces raisons qu'ils désapprouvent : ils savent, aussi bien que Pascal, que la nature les confond et ils se laissent confondre. Ils se laissent solliciter à l'affirmation sans se départir de leur attitude, et ils doutent à propos de tout. Cela suffit pour nous convaincre des limites du doute universel et qu'elles sont infranchissables. En un sens, ce doute ne laisse rien hors de ses prises : en un autre sens, tout lui échappe. Sceptiques et dogmatistes, n'ont-ils pas les mêmes yeux ? Ne lisent-ils pas les mêmes textes ? L'interprétation, seule, diffère profondément. Ainsi, des deux côtés, même point de départ, même question initiale, et cette question est : « Que vaut l'apparence ? »

La réalité de l'apparence, sa réalité phénoménale, dirions-nous au risque d'un pléonasme, voilà le fait universellement constaté, universellement consenti, car il n'y a pas à le mettre en doute. Lorsque Descartes feint d'ignorer s'il veille ou s'il rêve, il ne sait pas choisir entre les deux membres de l'alternative ; mais, s'il ajourne la solution du problème, il ne se sent pas libre d'en supprimer l'énoncé. De même, le sceptique, lorsqu'il doute, fait porter son doute sur la réalité objective du phénomène, non sur sa réalité subjective. Il nie que quelque chose soit ou, du moins, il n'affirme rien à cet égard : qu'il y ait de l'apparence, que quelque chose ait l'air d'être, il ne prend pas la peine de le mettre en question.

Entre une toile parfaitement blanche, sur laquelle aucun point ne fait saillie, et une toile sur laquelle défilent des ombres ou des personnages de lanterne magique, n'établirons-nous aucune différence ? Entre le néant et l'image de la réalité, n'en apercevrons-nous donc point ? Autant vaudrait soutenir que le sommeil sans rêve équivaut au sommeil rempli par des semblants d'actes, d'événements ordinaires ou bizarres. De ce néant absolu qui est le *rien* à ce néant relatif qui est le *paraître*, il y a peut-être toute la distance de la vie à la mort. — Dira-t-on que l'animal ne vit point ? — Sait-il distinguer le rêve de la veille ? — Dira-t-on que l'enfant nouveau-né ne vit point ? — Combien de temps s'écoule avant qu'il ne distingue les moments pendant lesquels il a dormi de ceux pendant lesquels il est resté les yeux grands ouverts ! « Nous vivons d'une ombre, du parfum d'un vase vide ; après nous, on vivra de l'ombre d'une ombre... » Soit ; mais, pour se raréfier indéfiniment, la matière nutritive ne fera point défaut, et il faudra toujours de l'ombre pour que l'on en vive. De même, pour faire parler les sceptiques, je me trompe, pour leur fournir des raisons de se taire, il faut des apparences, et il y en aura toujours.

La question n'est donc point de savoir si quelque chose existe : le « num quid ? » est hors de doute ; le « quid ? » seul, reste à déterminer ; et pour le déterminer, il n'y a rien à entreprendre sur cette surface mouvante de phénomènes qu'avec de bons yeux chacun peut apercevoir. L'effort de traduction exigé par un texte n'en altère point le contenu verbal : l'élève qui manque sa version d'un bout à l'autre sait lire, sans le moindre *lapsus* ou de vision ou de prononciation, les mots dont le sens lui échappe. Et c'est là ce qui nous faisait dire tout à l'heure qu'en un sens le sceptique ne doutait de rien ; car il sait faire, aussi consciencieusement que le dogmatiste, la revue générale de tout ce qui a l'air d'être. Il y a donc, au début de la vie réfléchie, un *primum movens* réfractaire à tout scepticisme, autrement dit, une matière initiale dont la réalité subjective ne peut être mise en cause ; cette matière initiale n'est autre que la matière même de la connaissance.

Et nul ne songe à la contester ni même à la transformer. Qu'elle intervienne ou non, à titre de sujet, dans un jugement d'existence, elle ne perd rien de ce qui la constitue en tant que matière ; elle ne gagne rien non plus,

Le fait d'être investie de réalité objective, au sens kantien de l'expression, n'ajoute ni n'enlève un atome à sa réalité objective, au sens cartésien du terme. Réduit à la seule fonction de penser, c'est-à-dire de concevoir, l'homme ne distinguerait aucunement une idée de sa réalité. Privé du don de vouloir, et, par là même, de consentir, l'homme ne distinguerait pas le vrai du faux, le faux ne différerait du vrai que par des caractères extrinsèques : on penserait aujourd'hui autrement qu'hier, mais on serait hors d'état de s'assurer qu'on a eu tort de penser hier autrement qu'aujourd'hui. L'erreur et la vérité seraient des concepts sans emploi, et, à parler rigoureusement, aucune vérification ne serait possible. Le sceptique est un homme qui se prive volontairement du don de vouloir, ou plutôt qui n'use de sa volonté que pour suspendre les affirmations imminentes. Il est, jusqu'au moment d'en faire usage, dans la même situation d'esprit que le dogmatiste ; il a, comme lui, des connaissances virtuelles, sorte de matière organique dont il dépendra de lui de consommer l'organisation, mais qu'il ne dépend point de lui d'éliminer de sa conscience. Le nihilisme pur est donc insoutenable, et le scepticisme n'est pas le nihilisme. Voilà pourquoi la nature peut confondre les pyrrhoniens sans que cette confusion leur rende la vie intolérable.

II

Tenons pour certain, pour universellement constaté, non pas que quelque chose est, mais bien que quelque chose a l'air d'être ; par suite, il y a des chances pour que quelque chose soit.

Il y en a peut-être autant de favorables à l'hypothèse contraire. Resterons-nous dans cet état d'incertitude ?

Le bon sens s'y oppose, dites-vous ? Et s'il nous plaît de nous opposer au bon sens ? Vous répliquerez que nous avons tort ? C'est possible, mais pourquoi ? En fait de raisons d'ordre intellectuel, je n'en aperçois aucune. Les raisons d'ordre esthétique ne me persuaderont guère davantage. Vous prétendez qu'un monde où les choses auraient juste le degré d'être des sujets de lanterne magique serait moins attrayant qu'un monde de réalités solides, permanentes ? J'ai quelque peine à le croire. En effet, si, quand on fait passer des images devant la lanterne, ces images m'offensent, je réclame, et l'on m'en présente d'autres qui peuvent m'agréer. Les objets du rêve ont une instabilité parfois bienfaisante, et l'effort de l'homme endormi pour modifier ses rêves n'est pas toujours inefficace. Le monde du rêve n'est-il pas notre création ? Or, si l'état de veille n'est, en dernière analyse, qu'un état de rêve ; si la veille, pour être un songe bien lié, n'est, après tout, qu'un songe, qui m'empêche de jouer librement avec mes perceptions, de les modifier par la pensée, ou de les laisser flotter à leur fantaisie, sans me laisser troubler par ce qu'elles peuvent m'offrir d'attristant ou de lugubre, comme si j'assistais à « un spectacle dans un fauteuil ? »

L'art et le scepticisme peuvent donc vivre côte à côte. La contemplation esthétique nous apporte d'autant plus de joie qu'elle nous détache des choses réelles, et plus les soi-disant réalités de la vie nous laissent indifférents, plus l'aspect esthétique des phénomènes nous touche et nous pénètre. Le scepticisme est décidément loin d'être impraticable.

Et il faut qu'il en soit ainsi, pour qu'il y ait quelque mérite à ne le pratiquer point. Et ce mérite n'a rien d'esthétique ou, du moins, la valeur qu'il nous confère n'est pas celle qui fait le prix de la beauté. Si le renoncement au scepticisme dépend de nous, ce renoncement, pour s'accomplir, veut être *commandé*. A moins qu'il n'y aille de notre dignité d'être raisonnables, les motifs de ne plus douter seraient trop frivoles pour être considérés sérieusement. Il faut, dès lors, que la morale intervienne, et que nous soyons réalistes, dussions-nous l'être sans savoir comment se peut éviter l'opinion contraire.

Ainsi, nous affirmerons l'existence des choses sans savoir ce que cela signifie, car, on l'a déjà vu, leur attribuer quelque persistance indépendante de la nôtre, c'est substituer à notre personnalité détruite une autre personnalité, c'est mettre un esprit à la place d'un autre esprit. Les vestales de la religion romaine se relayaient les unes les autres pour que la lampe sacrée ne s'éteignît pas : du moins, une fois certaines précautions prises, les prêtresses en fonctions pouvaient-elles détourner la tête sans craindre l'extinction du feu. Ici, rien de pareil : le monde s'évanouit du moment où s'est évanouie toute conscience. Si Dieu n'est point là qui veille, si Dieu n'a point délégué la surveillance à quelque esprit créé, plus de formes sensibles, plus d'objets à percevoir. Héraclite enseignait que chaque matin les feux d'un nouveau soleil viennent réchauffer la terre et que chaque soir le nouveau soleil va s'éteindre dans les eaux. De même, à chaque réveil, si les idéalistes disaient vrai, ce serait un monde nouveau qui jaillirait de chaque conscience. Ainsi, la persistance des choses externes, leur permanence objective continue de rester incertaine. De même, la permanence objective et substantielle des sujets pensants, des âmes, manque aussi de preuve. Des phénomènes avoisinés par d'autres phénomènes, voilà ce qui est ; d'où il suit que si cela est, et rien de plus, l'hallucination et la perception se confondent. Et qu'on ne pense pas que si la morale interdit de les confondre, elle nous mette en mesure de définir cette fameuse existence si obstinément réclamée. Elle ne sait pas ce qu'elle demande et elle s'irrite contre ceux qui le lui refusent. Voilà où nous en étions naguère ; voilà où nous en sommes toujours.

III

N'est-ce pas exagérer, cependant, que de tenir pour nul le travail d'élimination auquel nous nous sommes précédemment appliqués ? L'écart des solutions fausses fut-il jamais une œuvre vaine ? La réfutation, d'ailleurs, a toujours passé pour une méthode de démonstration, et des philosophes ont pu se faire classer, rien que par la désignation de leurs adversaires. Ainsi, et pour ne pas chercher loin nos exemples, nous venons d'opter contre l'idéalisme, contre la philosophie de l'unité, contre celle de la substance : c'est donc que nous sommes tout près d'opter pour une philosophie de la pluralité, du phénomène, du réel. La dissonance de ces trois thèses frappe tout d'abord, mais qu'importe ! On s'habitue bien aux dissonances musicales ; pourquoi s'effraierait-on des dissonances logiques ou métaphysiques, comme si deux concepts, à moins d'être reconnus contradictoires, pouvaient être, avant tout examen, jugés incompatibles !

Et d'abord, au risque d'un grand scandale, mettons-nous dans l'esprit que le phénomène n'est pas l'antipode du réel, pas plus que l'hallucination n'est l'antipode de la perception. Entre celles-ci, la différence est tout extrinsèque ; entre ceux-là, la différence est artificielle, rien de plus. On éprouve une hallucination et l'on n'en tient pas compte ; on aperçoit, à portée de sa vue, un personnage mort depuis des années ; au lieu de se déranger pour lui faire prendre place à côté de soi, au lieu de prononcer des formules de politesse, on reste tranquille, attendant que des sensations vraies viennent se superposer aux sensations fausses et les effacer progressivement. A moins d'être privé de raison, l'halluciné ne règle pas sa conduite sur ses perceptions imaginaires, mais, à cela près qu'il ne tire de celles-ci aucune conclusion traduisible en actes, et qu'il laisse ses perceptions proprement dites déterminer en partie le cours de sa vie quotidienne, entre ses perceptions et ses hallucinations, toute autre différence se dérobe à la recherche. Car toute hallucination n'est pas nécessairement individuelle ; il en est de collectives. Dès lors, si, du point de vue sensitif, l'hallucination et la perception restent subjectivement indiscernables, on est conduit à les discerner, en se fondant sur des caractères extrinsèques. Dans un cas, le phénomène reste isolé de ses conséquents ; Brutus voit apparaître son mauvais génie, le laisse disparaître et reprend le cours de ses pensées ; dans l'autre cas, le phénomène est source d'actions ou de pensées fécondes. Nos perceptions deviennent des motifs ou des bases d'inférences, nos hallucinations jamais, sauf quand la raison nous abandonne. Cette différence est donc notre œuvre ; elle ne nous est imposée que si nous y consentons. On peut n'y pas consentir : les sceptiques en sont la preuve. Si le devoir l'exige, il faut absolument consentir, autrement dit, traiter l'apparence comme une réalité objective.

Aussi bien, qu'est-ce qu'une réalité objective, sinon une apparence liée à ses antécédents et à ses conséquents ? Qu'est-ce qu'une chose, sinon un phénomène ou un groupe de phénomènes coordonnés ? Ce n'est donc point hors de l'esprit qu'il faut aller chercher les caractères de la chose et de la pure apparence. Ainsi, l'on avait raison de prétendre que l'attitude de celui qui croit à la réalité des choses et l'attitude de celui qui en doute ne dépendent en rien du contenu de la connaissance ou de sa matière. La *réalisation* du phénomène est notre œuvre. Parler ainsi, c'est nier toute différence objective entre le phénomène et la chose, toute assimilation objective entre la non-chose et le phénomène ; c'est repousser, autant qu'il dépend de soi, l'opposition, préjugée radicale, du réalisme et du phénoménisme.

Le rêve et la réalité ne diffèrent, somme toute, que par des modalités extrinsèques. Ici, les représentations s'unissent et se fondent ; là, elles flottent au hasard ou ne forment que des associations fragiles et, de plus, extrêmement circonscrites. Ici elles sont ordinairement fortes, là ordinairement faibles. Point de caractères spécifiquement distincts : Hume l'a dit et démontré. Mais qui peut répondre à coup sûr que telle chose est rêvée, que telle autre est arrivée ? Personne. Dira-t-on que les phénomènes du rêve ne peuvent figurer dans aucun rapport à titre de termes ? On aura raison, mais jusqu'à un certain point ; et comment déterminer ce *quatenus* ? Quand vous rêvez, vous combinez des images, et des images de source empirique ; vous imaginez à l'aide de vos souvenirs. Ces souvenirs ne reproduisent pas exactement les objets de la veille : ils n'en diffèrent pas absolument, non plus. Vous êtes dans une maison flottante ; cette maison est de pierre comme celle que vous habitez. Au lieu de reposer sur le sol, elle vogue sur l'océan, comme un navire. Ici commence l'invraisemblable. Il peut se continuer, s'accentuer, s'exagérer ; toujours est-il qu'en décomposant les phénomènes de votre rêve et en les isolant les uns des autres, vous serez surpris de leur vraisemblance et vous y découvrirez des relations identiques à celles de l'état de veille.

Ainsi, les morceaux qui servent à la structure d'un rêve sont des phénomènes ou plutôt des rapports de phénomènes analogues à ceux que nous percevons éveillés. Seulement, leur puissance de cohésion, sans être détruite, est considérablement affaiblie. Dans l'état de veille, quand un rapport s'est constitué, il vient prendre place dans un rapport plus vaste ; celui-ci fait de même, et ainsi de suite. Dans le rêve, les fédérations de phénomènes ne gagnent pas de proche en proche, elles ne savent ni s'étendre ni durer. — Fort bien, nous sera-t-il répondu ; mais, combien de temps durent-elles ? Jusqu'où s'étendent-elles ? — Cela dépend des personnes, de leur état de santé, bref, des circonstances.

On insistera encore, et l'on s'appuiera sur ce que les phénomènes du rêve ne forment que des agrégats incomplets, pour leur refuser toute relation avec une substance. Mais, si le concept de substance ne correspond à rien d'objectif, si la substance n'est, par elle-même, ni une chose, ni un être, l'objection disparaît et il n'y a plus lieu de distinguer entre des phénomènes errants dans un état d'indiscipline, comme ceux du rêve, et des phénomènes gravitant autour d'une entité centrale, comme ceux de la veille. Ajoutons que si, d'une part, l'existence de ces entités reste plus que problématique, d'autre part, aucun phénomène n'apparaît dans le champ de la représentation sans donner lieu à l'établissement d'un rapport et, par suite, sans déterminer, par le seul fait d'être apparu, d'autres phénomènes. Et cette règle ne souffre aucune dérogation. Soit que l'on veille ou que l'on dorme, l'horreur du phénomène pour la solitude n'admet ni exception ni intermittence.

On le voit : l'état de veille manque d'un critérium, j'entends un critérium objectivement infaillible et dont nul ne puisse contester la validité. Ceux qui sont en notre pouvoir ont une valeur variable et qu'il dépend de nous d'augmenter ou de laisser décroître. A moins d'un trouble survenu dans les fonctions mentales, chacun se refuse ses rêves et décline la responsabilité des desseins et des simulacres d'action qui les remplissent. A moins d'un parti-pris violent ou d'une sorte de gageure avec soi-même, on tient ses perceptions pour réellement avenues et l'on calque ses actions sur ses perceptions.

Mais ce parti est toujours possible, mais cette gageure n'est pas pour décourager les audacieux. Ainsi, la distinction du rêve et de la veille, si elle reste dénuée de toute valeur objective, admet une valeur d'un tout autre genre, à savoir une valeur pratique, qu'il serait puéril de conférer sans motifs, qu'il serait blâmable de refuser par indifférence ou par fatigue d'agir.

Voici donc le problème dégagé de toute solution illusoire ou boiteuse : définir l'existence de manière à éviter l'idéalisme et à *fortiori* le scepticisme, le substantialisme et à *fortiori* le monisme. A première vue, l'entreprise est décourageante, on peut même aller jusqu'à dire qu'elle se détruit elle-même : tout se passe comme si nous formions le dessein de résoudre un problème, en écartant de propos délibéré chacune des solutions qu'il admet. Selon nous, parmi les solutions proposées ou essayées, il en est au moins une dont s'approchent la plupart de ceux de nos contemporains que le monisme ne réussit pas encore à satisfaire. Elle peut se dégager de la monadologie leibnitienne, bien qu'elle ne s'en donne pas pour une simple illustration. Leibnitz était moniste en dépit de son monadisme, et c'est à n'être pas moniste que nous avons résolu de nous appliquer ; Leibnitz était substantialiste, et c'est de ne point l'être que nous avons formé le dessein. Il nous est donc impossible de conclure simplement par un vœu de retour à la doctrine leibnitienne des monades : il faut développer notre conception et, s'il se peut, la justifier.

Le phénoménisme est l'un de ses caractères. Essayons d'établir que « l'illusionnisme » s'en distingue.

IV

Ouvrons le mot *phénomène* pour en faire sortir les significations diverses, philosophiques et autres. Assez souvent, il sert à désigner quelque chose d'imprévu, d'anormal, d'extraordinaire, ou, plus spécialement et plus exactement, un être organisé, homme ou animal, dont l'organisation physique ou psychique s'écarte du plan ordinaire. Quand on a dit d'un homme ou d'un animal : « C'est un phénomène », on en a dit assez pour faire comprendre qu'il s'agit d'une production anormale de la nature, d'un monstre en un mot.

Lorsque le terme phénomène est accompagné d'un ou de plusieurs mots, adjectifs ou substantifs, comme dans ces membres de phrase : *Les phénomènes célestes, les phénomènes de la mer, les phénomènes physiques,* alors il peut être remplacé par les mots : *ce qui se passe dans, ce qui arrive dans;* donc, il est synonyme d'évènement, de fait. Mais, comme les verbes *arriver, se passer,* ont une signification partiellement identique à celle d'*exister*, comme, d'autre part, tout ce qui existe est réel, attendu que les termes existence et réalité coïncident, voilà notre mot : phénomène, qui devient le substitut des mots réalité, existence. Originairement, étymologiquement, logiquement, phénomène ne peut signifier autre chose.

On voit, dès lors, que pour identifier la notion de phénomène à celle d'anomalie, il faut faire violence à la signification primitive ; ces violences-là sont fréquentes dans l'histoire du langage. Le peuple les commet à son insu, et, petit à petit, il en vient à désigner par un mot le contraire de ce que ce mot signifiait à l'origine. Dans l'exemple présent, on ne peut dire que la signification du mot phénomène ait été retournée ; elle n'a été que détournée. Les réalités normales étant, par définition même, en nombre infiniment supérieur aux réalités anormales, il eût été naturel que le mot phénomène s'attachât de préférence aux premières ; rien n'empêchait, néanmoins, qu'il ne s'attachât aux secondes, les réalités anormales existant au même titre que les autres.

Eh bien ! ce que le peuple n'a pu faire, les philosophes l'ont osé ; ce sont eux, surtout, qu'il faut accuser d'avoir fait main basse sur le mot phénomène et de l'avoir mis sens dessus-dessous. Rien, en effet, n'est plus ordinaire que de les entendre dire : « Les phénomènes *ne sont pas,* les phénomènes sont le contraire de l'être. » Ces façons de parler leur sont coutumières. Or, si les phénomènes ne sont pas, il faut dissocier à tout jamais les notions de phénomène et celles de réalité, d'existence, de fait, d'évènement. Avant d'examiner jusqu'à quel point la dissociation est légitime, demandons-nous sur quelles raisons plus ou moins plausibles on prétend la fonder.

On peut, d'abord, invoquer des raisons soi-disant étymologiques et raisonner comme il suit : « Le nom de phénomène convient à tout ce qui paraît : donc phénomène est synonyme d'apparence. Mais à qui n'arrive-t-il pas d'opposer le paraître à l'être, l'apparence à la réalité? Un monde de phénomènes sera, dès lors, un monde d'apparences, et comme un monde d'apparences équivaut, à s'y méprendre, à un monde de fantômes, il devient aisé de comprendre par quelle série de notions intermédiaires on peut rattacher toute doctrine phénoméniste aux doctrines nihilistes ou sceptiques. »

Le paradoxe est évident. Insistons encore, et nous parviendrons à comprendre comment il se trouve des philosophes pour le soutenir. Quel est le propre d'une apparence ? D'être instantanée, ou tout au moins, semble-t-il, peu durable ; d'où l'on peut conclure, sans pousser à l'excès le goût des antithèses, que la loi de l'apparence est de disparaître. Cette loi se marque dans l'épithète de *fugitive*, qu'une longue habitude a soudée au mot apparence et qui, par analogie, deviendra bientôt inséparable du mot phénomène. Or, qu'est-ce que cela qui naît pour mourir, qui paraît pour disparaître ? Une ombre vaine, un spectre sans consistance, une chose que l'on peut voir mais non toucher, qui fuit quand on l'approche, un presque rien, un rien.

Il est donc vrai. Grâce à une association, fruit de l'accoutumance, et qui simule à s'y méprendre les fameuses associations inséparables des empiristes modernes, la notion de phénomène connote tout un groupe de notions auxquelles correspondraient les adjectifs : *instantané, éphémère*, etc... Ainsi entendu, le phénomène occuperait dans la durée une place insignifiante. A cette question : quelle est la durée d'un phénomène ? il n'y aurait qu'à répondre : « Le temps nécessaire pour le constater, *et encore pas toujours.* » Il est des phénomènes qui se produisent dans notre champ d'observation, et qui restent cependant inobservables ; ils ne durent pas assez pour fixer notre attention.

Le phénomène est particulier, concret ; il se constate et se décrit ; il est objet de perception et de souvenir ; en tant que phénomène, il est accompagné de certains caractères qui concourent à l'isoler, au moins dans une certaine mesure et par abstraction, d'autres phénomènes contigus ou successifs, et à lui conférer une presque individualité. Or, si le phénomène est tout ce que nous venons de dire, comment ne pas s'étonner de cette disposition, trop souvent invincible, à le considérer comme un presque non-être, comme un simulacre d'être ?

« Il n'y a que des phénomènes, donc rien n'existe », disent certains philosophes. « S'il n'était que des phénomènes, rien ne serait », disent certains autres philosophes. Assertions bien étranges ! Mais un éclair a sillonné la nue ; il a duré, tout au plus, un vingtième de seconde ; il a duré cependant, car je l'ai perçu. Mais des transports de joie ou des frissons d'épouvante interviennent parfois au cours de nos rêveries ; ils ne durent qu'un instant, témoin cette expression bien connue : *Un éclair de joie*. Néanmoins nous avons tressailli d'allégresse, ou nous avons tremblé d'effroi. Cela, nous l'avons éprouvé, et cela n'est rien ! Ainsi, un peu plus ou un peu moins de durée suffirait à distinguer entre une chose qui est et une chose qui n'est pas ! Imaginez un éclair qui dure : la lumière, au lieu de disparaître aussitôt apparue, reste quelque temps perceptible ; et après ? De ce que la sensation de lumière aura persisté, en quoi sa persistance aura-t-elle diminué sa nature ? Que, sur le clavier d'un orgue, on me fasse entendre le son *ut*, par exemple, pendant un quart d'heure ou pendant une demi-seconde, peu importe ; la durée n'influe pas sur la nature du son.

Les notions qui font cortège à la notion de phénomène forment deux groupes ; l'un comprend celles dont nous parlions tout à l'heure, l'autre comprend les notions suivantes : individualité, particularité. Celles du premier groupe, se rapportant à la durée, n'expriment que des caractères extrinsèques et, par suite, peuvent être dissociées de la notion centrale. — Au contraire, dire d'un phénomène qu'il est toujours concret, particulier, individuel, n'est-ce pas énumérer ses caractères intrinsèques, essentiels, inséparables, ceux qui se dégagent de la notion dès qu'on la presse ? Mais, pressez l'idée de phénomène, en ferez-vous sortir celles d'*éphémère* ou de *non réel* ? A moins de les y avoir préalablement introduites en contrebande, vous n'y réussirez point. Le lien qui rattache ces notions à celle de phénomène est synthétique, non analytique, et ce lien peut être brisé.

A notre avis, il doit l'être. Il y va de l'avenir de la philosophie réaliste, de celle qui, prenant pied dans le monde où nous sommes, entend se maintenir résolûment sur le terrain solide de l'expérience. La certitude, disons mieux, la fausse certitude d'existences supérieures aux existences phénoménales ; la prétendue intuition d'un monde d'*Idées*, seules réelles ; l'affirmation d'un *Inconnaissable* dont la fonction est de supporter cette succession indéfinie d'apparences que le vulgaire aurait le tort d'appeler des êtres et des choses : tous ces rêves de la métaphysique substantialiste ont pu naître d'une confusion contre laquelle on n'a pas encore assez réagi. Cette confusion des caractères extrinsèques du phénomène avec ses caractères intrinsèques, a donné naissance à une idole de forum ; de celle-ci est née une idole de théâtre. On s'est dit : « Des phénomènes apparaissent, donc ils ne sont point ; donc, ou rien n'existe, ou ce qui est véritablement réside hors de ce monde. » Dès lors, deux groupes de philosophes se sont partagé la domination. Les uns, détachés de l'expérience, ont rêvé d'un monde idéal et ont décrit leurs visions ; les autres, privés des bienfaits du rêve, n'ont pu franchir les bornes du monde perceptible. On les a appelés nihilistes, et c'est à peine s'ils ont osé protester. Ils en avaient le droit, cependant.

V

Non seulement ils avaient le droit de repousser cette qualification de nihilistes, qui s'adapte généralement assez mal aux adversaires de la substance, mais, avec un peu d'habileté dialectique, ils auraient pu la renvoyer à son point de départ. Le dogmatisme substantialiste, en effet, n'est, après tout, qu'un scepticisme inconscient ; car, si les sceptiques, sans aller jusqu'à l'affirmation ferme, en quoi ils dérogeraient à leurs principes, inclinent à penser que la réalité des choses nous échappe, les substantialistes assurent qu'on ne l'atteint jamais. Et pendant qu'ils réfutent le « scepticisme » de Kant, fondé, d'après eux, sur la distinction des phénomènes et des noumènes, ils en édifient un autre, tout aussi résistant, tout aussi décevant. Les dogmatistes, j'entends les dogmatistes substantialistes, sont, eux aussi, des illusionnistes en leur genre.

On l'a déjà dit (1), le scepticisme ne s'impose qu'à une condition : le maintien de la substance. La fait-on disparaître, on modifie la situation du tout au tout. Du moment où je n'ai pas de raison de ménager, derrière les phénomènes, un lieu de retraite à la prétendue Chose en Soi, je n'ai plus à me préoccuper d'éviter, sur son compte, tout jugement de forme assertorique. Toute matière à des jugements de ce genre faisant désormais défaut, de tels jugements cessent d'être à craindre. Pascal voit un gouffre béant à ses pieds et tremble; du moment où l'hallucination cesse, il ne tremble plus. Et aussi, du moment où l'on se persuade que l'hypothèse de la substance est une hypothèse gratuite, il n'y a plus, ni à s'interdire d'en parler, ni à la proclamer inaccessible. Il n'y a qu'à n'y plus penser, et alors le scepticisme manque de base ; car la prétendue impossibilité d'atteindre le Réel, et qui est pour les pyrrhoniens un argument banal, se transforme en une impossibilité bien autrement naturelle et rassurante, celle de n'atteindre pas le Non-Réel. S'il n'y a rien en dehors des phénomènes, loin de nous plaindre de ne pouvoir faire avancer la connaissance au-delà de leur sphère, félicitons-nous d'en être incapables. La mort de la substance est l'affranchissement du phénomène : elle lui donne vie et réalité, et le remède au scepticisme veut être cherché dans le phénoménisme.

---

(1) Voir notre étude : *Dogmatisme, Scepticisme,* etc.

DE LA RÉALITÉ : L'ÊTRE ET LA LOI

Nous avons cherché le réel en dehors du phénomène. Assuré maintenant qu'il ne s'y trouve point, tâchons d'esquisser, si possible, une théorie phénoméniste de l'être.

I

Que pensons-nous avoir affirmé des choses quand nous disons qu'elles existent, même sans être aperçues ? Ou nous parlons sans être assuré de ce que nous voulons dire, ou nous entendons qu'elles sont aptes à nous survivre, alors que nous ne sommes plus là pour les penser ou les contempler.

Qu'est cela, survivre ? — Ne le puis-je savoir, moi qui survis à la disparition de tant de choses et d'êtres, qui continue de me représenter moi-même à moi-même, alors qu'ils cessent de m'être représentés ? L'extinction d'une conscience voisine de la mienne porte le trouble dans mes représentations, mais sans les détruire ; la succession ordinaire de mes états psychiques est rompue ou altérée, mais elle subsiste. Je ne cesse ni de penser, ni, à l'occasion, de réfléchir sur ma pensée. La continuité de mon existence subjective est donc la garantie du fait même de ma survivance.

Pour qu'il y ait des êtres hors de moi, il faut que, hors de moi, il y ait des consciences, et qu'à ce point de vue, toute distinction radicale s'efface entre les êtres et les choses. Autant d'êtres, autant de consciences, et réciproquement. Leur nombre m'en restera inconnu, mais je ne pourrai plus dire qu'en soi ce nombre est indéterminé.

Cette conception « monadiste » du réel n'a rien de dogmatique ; à nos yeux, elle est toute critique (1). Nous ne venons pas imposer le renoncement à l'idéalisme, nous venons exposer à quelles conditions, très acceptables et très vraisemblables, à notre avis, on peut, sans enfreindre les exigences de la raison spéculative, remplacer une doctrine très difficile à pratiquer par une autre, dont la pratique ne rencontre aucun obstacle. Au vrai, Descartes est plus idéaliste que l'auteur du système des monades : son étendue reste intelligible et, bien qu'il se prétende assuré du contraire, c'est au fond la pensée du sujet qui, dans sa doctrine, procure à l'objet sa réalité. Chez Leibnitz, la monade ne sort point d'elle-même, et le fameux passage où le philosophe lui refuse « d'avoir portes et fenêtres » n'offre rien d'embarrassant, ni au commentateur pour l'expliquer, ni à l'adepte pour la justifier. Toute théorie de la connaissance ne peut qu'être subjectiviste, et il faut savoir gré à la philosophie de Kant d'avoir clos la discussion sur ce point. Mais de dire qu'il n'est pour les

---

(1) C'est pure sottise que de nier la réalité externe, et cette sottise, nul ne s'en est rendu coupable. De là vient que l'effroi de ces prétendues négations confine à la sottise. Quant à l'espérance de triompher de ces négations par une preuve ou rationnelle ou empirique, on peut la comparer à l'espérance d'obtenir la démonstration du mouvement perpétuel ou de trouver la quadrature du cercle.

monades aucun moyen de se pénétrer, que, pour se révéler à leurs voisines, celles-ci les doivent métamorphoser en états de leurs propres consciences, cela n'implique nullement la nécessité du subjectivisme. Cela revient à dire que tout acte de perception a une conscience pour siége et que, pour qu'il s'accomplisse, cette conscience doit persister, bref, que la conscience est le genre dont la perception est une espèce. Tout objet, en effet, est un *donné ;* or, le mot *donné* ne se comprend pas sans un complément indirect. La question : *à qui ? pour qui ?* est inévitable, et le moins que l'on puisse répondre, c'est : *à quelqu'un, pour quelqu'un.* De là vient qu'on ne peut barrer la route du subjectivisme.

Mais on peut en construire une autre à côté. C'est ce que nous voudrions essayer de faire, en nous inspirant de Leibnitz. Leibnitz n'a point prouvé la réalité de ses monades ; il a profondément compris que cette preuve excédait les forces de tout entendement humain et que, pour l'obtenir, il faudrait supprimer les conditions de la connaissance. Il a donc postulé ses monades, il a pris pour accordée la pluralité des existences et il a trouvé la condition fondamentale, sinon suffisante, que toute réalité est tenue de remplir. Il n'a point démontré le réalisme, entreprise vaine, il en a trouvé la formule, celle-là même que nous avons si longtemps cherchée et que nous pressentions, longtemps avant d'en pouvoir dégager les termes : tout être est une conscience, un « donné pour soi ». Mais si, comme on se réserve de l'établir, la conscience exige l'opposition du sujet et de l'objet, tout « donné pour soi » est en même temps « donné pour un autre que soi. » Ainsi, selon nous, à la très juste mais décevante formule de Berkeley : *Esse est percipi,* il convient d'en ajouter une autre : *Esse est percipere* et de dire que tout *perceptum* est le signe d'un *percipiens.*

S'exprimer ainsi, c'est revenir à la distinction des états forts et des états faibles dont M. Spencer n'a pu rétablir le crédit. Mais, s'il n'est que des phénomènes, on n'a plus à craindre l'objection du monisme, et si cette objection ne trouve plus à se produire, tout motif disparaît de ne tenir aucun compte de la distinction élémentaire, universellement admise et comprise, entre les états forts et étendus, d'une part, et, de l'autre, les états faibles et temporels. Du moment où le phénomène prend rang de réalité, il est logique d'ériger l'irréductibilité qualitative des phénomènes en critère de l'existence indépendante des êtres, et il n'y a, semble-t-il, rien à objecter contre ce critère (1). Ainsi, tout *donné pour nous,* d'un caractère vif, extensif... sera le signe *d'un donné pour soi* conçu d'après le type que nous portons en nous, et d'un donné pour soi psychologiquement indivisible. Que la monade soit ou ne soit pas un « point métaphysique », il importe médiocrement à son unité. Ou cette unité est celle d'une conscience, ou elle n'est nulle part, et si elle est celle d'une conscience, c'est-à-dire d'un centre de représentations, réalisé exclusivement par des représentations, cela suffit pour lui valoir le nom de monade.

Ces brèves remarques gagneront, ce semble, à une exposition détaillée qui, à défaut d'autre mérite, aura celui, peut-être, de montrer jusqu'à quel point notre

---

(1) N'avons-nous pas dit tout à l'heure que tout phénomène est représentation et, par suite, est représenté dans une conscience ? — Mais il n'est pas indispensable que cette conscience soit mienne ni qu'il n'y ait qu'une seule conscience. Du moment où le monisme subjectif, tout en restant une hypothèse admissible, ne reste pas la seule admissible, du moment où le monisme objectif est écarté, rien n'empêche d'ériger les *états forts* en signes de la présence d'un « autre conscient. »

conception phénoméniste de la réalité peut donner satisfaction aux exigences et du sens commun et de son interprète naturel, le langage. On y reviendra sur des choses déjà dites ; mais on espère les pouvoir redire sur un autre ton et les illustrer de nouveaux commentaires.

II

Partons d'où est parti Descartes et cherchons à montrer que toute conscience d'un sujet n'est possible qu'autant que d'autres sujets existent, qu'on ne peut être donné pour soi-même, sans être donné pour un autrui quelconque, que tout *nostrum* implique un *alienum*.

Je suis. — Que suis-je, moi, qui me distingue du monde ? Une substance, a dit Descartes ; un mode de la substance divine, a dit Spinosa ; une monade, miroir représentatif de l'univers, a dit Leibnitz. — Toutes ces réponses m'étonnent, et parce qu'elles diffèrent les unes des autres, et parce qu'elles ne m'apprennent rien de ce que je crois savoir de moi-même. Je pense, je veux, j'imagine, je me souviens, je raisonne, je compare, je suis heureux, malheureux, etc.... voilà ce que je suis, c'est-à-dire — ne reculons pas devant une apparence de pléonasme — un être qui veut, qui se souvient, imagine, compare, jouit et souffre, etc.

Or, un être qui pense, qui... etc., n'implique-t-il pas la réalité d'un *sujet*, d'une *substance* dont c'est l'*attribut*, la *qualité* de penser, de vouloir, de... etc. ?

Après Descartes, écoutons Maine de Biran, un autre méditatif, moins curieux, celui-là, de se regarder penser que de se regarder agir. — J'existe, dira Maine de Biran ;

l'effort volontaire le prouve. — Je veux remuer le bras, je le remue, je veux soulever cette chaise, je la soulève, je fais effort, j'exécute des mouvements : donc je suis.

La notion d'existence, dirons-nous à Descartes, est donc inséparable de la notion de pensée ? Descartes le concèdera, car, non content de définir l'âme une substance, il l'appellera une substance pensante, *res cogitans*, une *chose dont l'essence est de penser*.

La notion d'existence, dirons-nous à Maine de Biran, est donc inséparable de la notion d'effort, de l'idée d'action ? Et Maine de Biran, trouvant dans la psychologie une démonstration nouvelle des principes de la philosophie leibnitienne, modifiera la définition cartésienne de l'âme. A ses yeux l'essence de l'âme ne sera point la pensée ; elle sera l'effort.

Prenant acte de ce désaccord touchant la définition de l'âme, je suis conduit à remarquer qu'en fin de compte, pour la définir, on est contraint de dresser la liste de ses attributs, et, sur cette liste, d'en choisir un auquel on reconnaît un caractère dominateur. On le traite comme un attribut impliquant tous les autres, comme une fonction enveloppante ; puis, cela fait, on le décore du nom de substance. Et le choix de cet attribut fondamental n'est point partout le même ; et le dissentiment auquel ce choix donne lieu et qui paraît avoir pour objet une définition d'essence, ne porte, en réalité, que sur une valeur relative ou hiérarchique d'attributs.

Dès qu'on prétend que « les choses sont les phénomènes », la discussion est légitime ; car, ces phénomènes, on ne se les représente nullement les uns en dehors des autres, existant les uns à part des autres, alignés comme le sont, sur un champ de manœuvre, les soldats d'une même compagnie. Sans doute, le terme *âme* ou *esprit* connote une pluralité de phénomènes, et l'obligation de les isoler de l'ensemble pour les distinguer, de les nommer successivement pour les rendre discernables, leur fait prendre une apparence de juxtaposition. Dans la réalité, les phénomènes sont impliqués, engagés les uns dans les autres ; il n'y a pas entre eux simple coexistence, mais bien fusion, pénétration. Cette fusion, cette cohésion, cette pénétration, n'exigent en rien l'intervention de la substance.

Voici un livre : j'en ai abstrait la couverture, le livre reste ; j'en ai abstrait la moitié des feuilles, il reste encore. Je lui rends sa couverture et ses feuilles ; mais, par la pensée, j'en efface les caractères : ai-je encore un livre ? J'ai un registre, un cahier, rien de plus. Il y a donc une hiérarchie entre les phénomènes. Et, pour rendre compte de cette hiérarchie, la substance n'est nullement indispensable. Ou la substance sera le nom de certaines modalités permanentes, exprimant l'essence d'un être, parce que leur suppression entraînerait sa destruction, et alors elle désignera des phénomènes ; ou la substance ne sera qu'un X dont on ne pourra rien dire, à moins qu'il ne plaise d'en tout dire. Des choses dont on ne sait rien, on peut dire ce que bon semble.

Il est désormais bien entendu que le sujet dont le jugement : *sum* ou *j'existe* pose la réalité, est, non une substance, mais une synthèse d'attributs permanents. Et maintenant, comment éviterons-nous l'idéalisme ?

Le sujet de la pensée, une fois ramené à la condition d'une synthèse de phénomènes, perd le droit de se prendre pour la totalité des choses, ou, du moins, ne sait plus comment en légitimer l'exercice si, d'aventure, il lui plaisait de l'exercer. Quelle raison aurait-il de mettre en doute l'hétérogénéité des phénomènes dont le temps est la forme commune, et de ceux dont le caractère commun est la spatialité ? Nier cette distinction radicale équivaudrait à réduire ces deux genres incompatibles à l'unité d'un genre enveloppant, et, par suite, à restaurer la substance. Ou par-delà cette distinction, telle qu'il n'en est pas de plus profonde, il n'y a rien à chercher, ou par-delà le phénomène il faut rétablir le noumène. Ou je ne suis pas, ou tout ce qui est donné est réel. J'existe parce que je *me* pense ; les choses sont parce que je les perçois, et qu'en les percevant, je les pense.

Il est, par suite, deux ordres de réalités : les réalités conscientes ou les esprits, les réalités étendues ou les corps. Il se peut que ces corps soient autres qu'ils ne m'apparaissent ; il ne se peut qu'ils ne soient point. Autrement, rien ne me garantirait que j'existe, rien ne m'assurerait que ces corps qui m'environnent et moi, nous ne sommes point les phénomènes d'un être unique, du seul Réel véritablement existant. Or, ce prétendu Réel n'est qu'un fantôme métaphysique ; n'en soyons plus hantés.

Exister, c'est se connaître ; exister, c'est être connu ; exister, c'est être donné pour soi ; exister, c'est encore être donné pour les autres. Peut-il se trouver une définition de l'existence qui réduise à l'unité cette double définition ? Nous chercherions en vain. Toutefois, il convient de remarquer que d'un être qui serait à la fois donné pour lui-même et donné pour les autres, pour lui-même à titre de sujet, pour les autres à titre d'objet ; de celui-là qui participerait à la double forme de l'existence, on pourrait dire qu'il existe à un degré supérieur, qu'il a en lui plus d'existence que les autres êtres. Cette réflexion s'explique d'elle-même et n'exige, ce nous semble, aucun développement.

Ceci posé, l'expérience ne nous a point encore mis en mesure de constater qu'il existât des êtres donnés exclusivement pour eux-mêmes. Telle était, aussi, l'opinion de Kant, dont on a précédemment (1) essayé le commentaire. Débarrassez-la du monisme qui l'enveloppe, et il ne vous restera pour ainsi dire plus qu'à l'enregistrer. Donnons-en une preuve nouvelle.

Imaginons un homme isolé de tout contact avec l'homme ou avec l'animal : le sol, le ciel et lui ; réduisons, pour un instant, l'univers à ces trois réalités. N'a-t-il pas un corps qu'il touche de ses mains, comme il peut toucher de ses mains le sol sur lequel il repose ? De l'un de ses pieds, il peut toucher son autre pied. Il ne se confond pas, *lui,* avec son corps ; il sait, cependant, qu'entre son corps et lui des relations existent, et des relations *permanentes*. Il veut s'allonger sur le sol ; immédiatement son corps prend la position horizontale. Donc il se perçoit comme une double synthèse de représentations, les unes, étrangères à toute figure, à toute étendue — ces représentations le constituent essentiellement ; sans elles, il ne serait pas ; — les autres participant de l'étendue, du mouvement... etc., et il ne se sent pas constitué par celles-ci au même titre que par celles-là. Il change de vêtement et il reste lui-même ; il pourrait changer de corps et rester lui-même. L'hypothèse ne se réalise jamais, et pourtant elle ne paraît offrir, *à priori,* rien d'invraisemblable.

Donc, sans sortir de lui-même, notre personnage, rien que par la revue de ses propres perceptions, se distinguera d'un *autrui* quelconque ; il jugera, qu'en dépit de la conscience à laquelle ces perceptions se rapportent et que son identité rend toutes siennes, il en est un grand

---

(1) Voir l'étude *Dualisme et Monisme.*

nombre que, tout en s'attribuant, il se refuse. Et cela se peut, sans enfreindre le principe de contradiction. En effet, des deux jugements, l'un d'attribution, l'autre d'exclusion, le second seul est explicite ; le premier reste implicite et n'a de réalité qu'au regard du psychologue. Il s'en faut donc que les deux jugements s'accompagnent, qu'ils soient énoncés en même temps. En outre, ils ne le sont pas sous le même rapport. Mes volitions m'appartiennent, je les fais jaillir du fond même de ma conscience ; mes sensations me sont apportées. Est mien ce que je produis, car je me le donne ; est mien, mais à un autre point de vue et sous un autre rapport, ce que je subis, car il m'est donné.

Dira-t-on, avec Fichte, que cela qui m'est donné m'est donné par moi-même ? Oui, mais à la condition de ressusciter la substance et de s'en procurer une hallucination volontaire ; oui, mais à la condition de doubler le moi et de se représenter le moi de la conscience empirique comme la doublure d'un moi transcendantal. « Insensé, dit le poète, qui crois que je ne suis pas toi ! » « Insensé, nous dira Fichte, qui crois que le monde n'est pas ton œuvre et que tu n'es pas l'Absolu ! » Bref, et ne nous lassons pas du soin de le redire, la seule force capable de tenir en échec la doctrine de la réalité de l'objet est celle de la métaphysique moniste. Du moment que cette métaphysique est fondée sur les concepts de substance et d'absolu, du moment que ces concepts restent sourds à l'appel des mots qui les évoquent, et que l'esprit, derrière ces mots, ne trouve rien, il ne faut attribuer au moi que ce qu'il s'attribue en pleine conscience. Aussitôt la nécessité, pour le sujet, de n'exister, à ses propres yeux, qu'en s'opposant à un objet externe, devient un impérieux motif d'échapper au subjectivisme idéaliste.

Ainsi, même quand il se trace ses limites, le sujet de

la conscience veut y être incité par la présence d'un *autre que soi* qui tente de le refouler, et qu'ensuite il refoule. L'âme et le corps — en un sens tout phénoméniste — sont donnés dans une synthèse primitive, abstraitement décomposable, réellement indissoluble. En disant : *l'âme*, nous entendons un ensemble de phénomènes successifs, coordonnés dans une même conscience. En disant : *le corps*, nous entendons un ensemble de phénomènes annexés à la même conscience, siens à certains égards, et cependant, exclus de son intimité, car l'étendue leur est commune et l'espace les contient. Et il n'est point d'âme sans corps, et sans le corps, l'esprit est inconcevable. Kant nous l'a déjà dit et Fichte nous l'a confirmé.

De là vient, précisément, que Leibnitz dotait ses monades d'une « matière première » consistant, non dans l'étendue, mais « dans l'exigence de l'étendue » et qu'il ne comprenait pas l'être sans une « puissance passive primitive. » De là vient que, s'il est une divinité, ou cette divinité est l'Absolu, c'est-à-dire un inintelligible, ou elle est une personne, et une personne qu'il est presque impossible de ne pas *incarner* au sens profond du terme. Ce n'est pas seulement lorsque le Christ descend dans le sein de Marie que Dieu se fait homme : en créant, Dieu se fait Verbe. Mais le jour où la première Parole fut, des êtres furent qui l'entendirent. Malheureusement il échappe aux défenseurs de la métaphysique chrétienne que la personnalité exclut la spiritualité pure, non moins que l'immensité et l'éternité, et que si le monde, pour être, a besoin de Dieu, pour que Dieu soit, il faut le monde. — Et s'il nous est objecté que l'on amoindrit Dieu en lui enlevant ce par quoi son idée nous dépasse, c'est que, peut-être, les problèmes religieux — même dans les limites de la raison — ne sont point, à proprement parler, problèmes philosophiques. Figurez-vous un temps où le temps n'était point, une immensité antérieure à l'espace, une conscience capable de s'apercevoir sans se déterminer, de se déterminer sans se limiter, de se limiter sans se segmenter, et vous aurez l'idée d'un Dieu antérieur et supérieur au monde ; vous aurez un concept contradictoire, c'est-à-dire un pseudo-concept.

Figurez-vous, maintenant, un être s'écoulant dans le temps, sachant qu'il existe et qu'il pense, et capable de penser sans éprouver de sensations. Vous l'essayez en vain ? Soit : laissez la sensation s'introduire ; mais à sa suite, l'étendue se sera frayé passage. Le non-moi, le corps, l'étendue, voilà des termes distincts, signes d'une même réalité. Or, il n'est pas de moi sans non moi. Le moi, le successif conscient — ce qui implique la synthèse du changeant et du durable — le temps, voilà des termes distincts dont les idées s'appellent. Le temps naît avec la conscience ; mais avec celle-ci l'espace apparaît. Donc le temps et l'espace sont frères jumeaux, jumeaux également ces prétendus frères ennemis qui s'appellent le corps et l'âme. Point d'esprit sans matière.

II

Demandons-nous maintenant si la matière existe à part l'esprit. Cela serait, si l'on parvenait à établir la réalité indépendante de l'étendue.

On essayera de démontrer, avec Descartes, que l'étendue est hétérogène à la pensée et l'on raisonnera en s'appuyant sur le prétendu principe de substance. On sait déjà ce que vaut un tel raisonnement. Par conséquent, affirmer que l'étendu est hétérogène au pensant, c'est simplement enregistrer un fait, sans rien préjuger contre leur dépendance réciproque. Descartes s'incline devant le mystère de l'union de l'âme et du corps, devant un miracle réalisé par la soi-disant communication des substances distinctes. Mais il n'y a point de miracle parce qu'il n'y a point de substances communicantes. Il y a deux ordres distincts de phénomènes, en relation l'un avec l'autre. Leibnitz l'a bien vu et l'hypothèse de l'*Harmonie préétablie* n'est, après tout, que la constatation d'un fait d'expérience quotidienne, au moins en ce qui concerne l'Harmonie toute seule, c'est-à-dire en réservant la question de savoir si elle est ou n'est pas préétablie par un auteur extramondain de l'Univers.

On écartera, dès lors, tout essai de solution métaphysique pour rester, autant que faire se pourra, sur le terrain de l'expérience ; et là où l'expérience est muette, on y suppléera par analogie.

Les objets, c'est-à-dire les réalités étendues, mobiles, en un mot, les corps, sont-ils ou ne sont-ils pas donnés pour eux-mêmes ? — Telle est la question. — Or, je ne sais rien de l'existence de mes semblables, si ce n'est par une induction. D'une part, je me sens lié à un corps, d'autre part, je perçois leurs corps, j'entends les mots qui s'échappent de leurs bouches, et ces mots, je les interprète, je les érige en signes d'états de conscience déterminés. Par ce que je sais de moi, je juge de ce qui se passe en eux. C'est ainsi que devient possible l'emploi de la méthode extérieure en psychologie, et aussi la psychologie animale, désignée, selon l'ordinaire, par le nom de psychologie comparée.

Tant qu'on reste en présence de l'homme et des animaux supérieurs, on ne leur refuse point le privilège d'exister pour soi. Mais on s'arrête vite, et longtemps, avant d'avoir atteint le dernier degré de l'échelle animale.

Prêter une âme au polype, doter le végétal d'une âme, passe encore en poésie ! Prêter le moindre degré d'existence spirituelle à l'atome inerte, quoi de plus extravagant ! Ne multiplions pas les êtres sans nécessité et n'attribuons pas à l'atome, qui n'en sait rien, la moindre parcelle d'âme ; l'âme, source de vie, ne convient pas à ce qui est sans activité, à ce qui est mort.

Ces scrupules ont leur raison d'être, et les excès de circonspection ne sont jamais à craindre, même en philosophie. Il faut pourtant reconnaître à quelle nécessité nous sommes réduits : bon gré, mal gré, nous sommes contraints d'opter entre un subjectivisme partiel, décidément injustifiable, et un monadisme universel, analogue à celui de Leibnitz, mais d'une apparence peut-être plus hardie encore. — Quoi de plus hardi, n'est-ce pas, qu'un monadisme phénoméniste ? —

Pourquoi serions-nous contraints à un subjectivisme partiel ? Parce que nous refuserions l'existence consciente à une bonne moitié des êtres vivants, et notamment à la totalité du règne végétal : le végétal ne se meut point par lui-même. — Il pousse, il émerge du sol ; n'est-ce point là se mouvoir ? — D'accord, mais la matière, en s'organisant, n'obéirait-elle pas aux ordres d'un architecte extérieur, principe de son activité ? — Possible. En tout cas, l'hypothèse est invérifiable et elle se présente à nous avec un air de miracle bien fait pour en motiver l'abandon. Laissons de côté, une bonne fois, l'examen des détails. Mieux vaut examiner la chose en grand.

Tout être exclusivement manifesté par des phénomènes de l'ordre objectif, serait donné exclusivement comme objet de connaissance, ou réelle ou possible ; il n'aurait, par suite, d'autre existence que celle que lui conféreraient les consciences humaines ou animales mises en relation avec lui. Il serait, selon l'admirable expression de Stuart

Mill, une possibilité permanente d'états de conscience. Mais, à supposer que l'homme et les animaux supérieurs vinssent à disparaître, que serait le végétal, que deviendrait la molécule ou l'atome ? Existerait-il ? S'il existait, il n'en saurait rien, puisque, par hypothèse, il serait privé de conscience. Que serait-il donc ? Pour lui donner l'être, il faudrait ressusciter les consciences que l'on supposait absentes tout à l'heure. Donc, encore un coup, toute réalité externe constituée exclusivement par des phénomènes d'étendue, de résistance, de mouvement, naît et meurt à mesure que naît et meurt une conscience d'homme ou d'animal ; autant dire qu'elle n'existe que dans et par nos consciences.

— C'est précisément pour échapper à cet idéalisme partiel, nous sera-t-il répliqué, que Descartes et les cartésiens ont soutenu le dualisme de l'esprit et de la matière, envisagés l'un et l'autre comme *substances*. La substance matière persiste comme un support indestructible ; les couleurs passent et changent, la toile reste la même, le contenu se livre ou est livré à un interminable va-et-vient, le contenant demeure. — L'homme et l'humanité disparaissent; plus d'esprits, plus de *choses pensantes*. Mais il reste les *choses étendues*, matière de sensations possibles, le jour où d'autres esprits, unis à des corps matériels, seraient appelés à l'être. Que la matière soit une possibilité permanente de sensations, on peut l'accorder à Stuart Mill, qu'elle ne soit rien autre, cela passe l'entendement. Dès lors, puisque l'idéalisme partiel est inacceptable, n'est-on pas tenté, faute de mieux, de s'en tenir au dualisme cartésien ?

Au surplus, cette substance matière que Descartes nous propose, mérite-t-elle le reproche général adressé à la substance ? Est-ce un X algébrique, une entité imaginaire et surérogatoire? Dit-on seulement qu'elle est, sans ajouter ce qu'elle est? Point. Descartes définit la matière *Res extensa*, une substance étendue, et il définit l'étendue-substance comme on est accoutumé à définir l'étendue géométrique. Il suit de là que l'étendue est l'essence de la matière.

Dans ces conditions, si l'on veut éviter cet idéalisme mixte et par là même incohérent, vers lequel le sens commun, à son insu, incline, pourquoi ne pas dire, avec Descartes, que l'étendue exprime l'essence d'une réalité profondément hétérogène à l'esprit, d'une « chose en soi », profondément distincte de la chose en soi qui, en nous, pense et se sait penser?

C'est bien *en soi* qu'il faut dire et non *pour soi*, car *pour soi* impliquerait la conscience; or, l'étendue, loin de l'admettre, la repousse. Ce n'est point notre pensée qui crée l'étendue. Si elle la conçoit distinctement et clairement, elle se conçoit, elle aussi, clairement et distinctement, hors de toute matière. Pour être, la substance étendue n'a besoin que du concours de Dieu. — Quelles sont, maintenant, les propriétés essentielles à toute étendue?

1° Les trois dimensions; 2° l'infinie divisibilité. La matière est étendue et comprend un infini actuel de parties. Mais un infini de parties ne peut être donné en acte; or il faut, si le tout est donné, que le nombre des parties le soit. Comment échapper à la contradiction?

Soit un corps défini en grandeur, et remplissant d mètres cubes d'espace. On dira: d mètres cubes équivalent $d \times 1000$ centimètres cubes: $1000\,d$ centimètres cubes, à leur tour, valent $1000\,d \times 1000$ millimètres cubes, et ainsi de suite, sans que l'on ait, pour s'arrêter, d'autre raison que la fatigue. D'où il suit qu'un corps de dimensions données contient un nombre inépuisable de parties ayant, chacune, des dimensions, et chacune contenant, par cela même, un nombre inépuisable de parties. Mais le tout peut s'épuiser et il s'épuise en fait, car il est donné ; or, s'il est donné, ses parties doivent l'être, et leur nombre ne peut être infini. Donc le concept d'étendue est contradictoire.

— Ce raisonnement paraît bien sans réplique, mais que prouve-t-il ? Il prouve que l'étendue, telle que Descartes en a défini le concept, ne saurait être objectivement réalisée. Il vaut contre l'étendue telle que nos sens nous en procurent l'intuition. Tout autre, on le sait, est l'étendue cartésienne : elle est intelligible, non sensible. —

Erreur : intelligible ou sensible, l'étendue est toujours l'étendue, c'est-à-dire « le localisé » ; or, tout localisé est spatial et participe des attributs de la spatialité dont l'un est la divisibilité à l'infini ; et toute matière en participe. Ce n'est point parce qu'elle est « intelligible » que l'étendue, selon Descartes, est indéfiniment divisée, c'est parce qu'elle est l'étendue. En outre, dans la langue de Descartes, intelligible n'est point synonyme de non réel : ici, l'intelligibilité emporte la réalité.

— On insiste encore ; on nous objecte que cette division sans terme est notre œuvre, non celle de la nature, que ces parties, dont le nombre augmente à notre volonté, n'existent qu'autant que notre volonté leur octroie l'être et que notre faculté d'abstraire les détache du tout enveloppant. Elles n'ont donc qu'une existence précaire, imaginaire même, et il est faux de dire qu'elles soient données. Voici une particule de matière : regardez-la au microscope, mesurez-la, séparez-en les parties : croyez-vous qu'après un certain temps vous aurez toujours devant les yeux des parties matérielles, sensibles ? Non : vous aurez devant vous un nombre défini et par suite *fini* de points matériels, d'indivisibles physiques : et de la juxtaposition de ces indivisibles résultera une perception d'étendue. Donc l'étendue matérielle n'est pas indéfiniment divisible. —

L'objection est frivole ; comme si les limites de la perception distincte coïncidaient avec celles de la division possible ! Mais s'il n'y a point coïncidence — et ne perdons pas notre temps à le prouver — où la division s'arrêtera-t-elle ? Elle ne peut s'arrêter là où le regard l'arrête. Reste que ce soit l'esprit qui l'achève : et l'esprit ne l'achèvera jamais.

On est visiblement conduit à nier l'étendue en soi, ou à poser l'existence réelle, effective de « cela dont l'essence implique contradiction. » Si l'étendue existe, elle n'est pas indéfiniment divisible. — Mais l'indéfinie divisibilité lui est essentielle ! — Donc l'étendue n'existe pas.

Au reste, le problème de l'étendue se confond avec celui de l'espace ; or, du moment où l'on ne peut assigner à l'espace le moindre degré d'existence objective — et nous tenons pour inattaquables les conclusions de l'*Esthétique transcendantale* — l'étendue devient ce qu'est l'espace, une propriété conférée par nous aux choses dites matérielles, non, sans doute, parce qu'il nous plait de les en investir, mais parce que les lois de la représentation l'exigent.

L'effet ordinaire, je me trompe, nécessaire, de toute représentation spatiale est de susciter, dans la conscience où elle se produit, un jugement de non attribution à cette conscience. Ce jugement est primitif, et toute tentative pour en compromettre la valeur a été démontrée vaine. Du moment où la réalité de la substance est une hypothèse gratuite, la thèse de l'unité de substance n'a plus à être discutée, et il n'y a plus lieu de douter de la pluralité des êtres : l'extensif prouve l'externe, car il en est désormais le signe légalisé, donc incontestable. Par suite, les jugements de non attribution se trouvent validés comme tels, et toute perception d'étendue, c'est-à-dire tout perçu, devient aussitôt l'indice d'un percevant. Ainsi, tout représenté étendu sera désormais lié, dans la conscience du représentant, à la conception soudaine, irrésistible, d'un représentant externe, c'est-à-dire « d'un autre conscient. »

Et c'est là une nécessité qui n'admet ni exception ni intermittence. A ce point de vue, mon corps ne diffère point des autres corps ; il est hors ma conscience et je ne puis nier qu'il ne le soit, car, si tout ce qui est de mon corps est mien, tout n'y est pas mien au même titre, et bien des choses s'y passent dont je ne suis nullement averti. En outre, s'il est des différences qui me permettent de distinguer mon corps des corps étrangers, ces différences n'empêchent point mon corps d'être perçu comme le sont, par moi, les autres corps. Lorsque ma conscience aura cessé, mon corps ne m'étant plus annexé, se dissoudra, mais ses parties demeureront. Elles sont d'ailleurs indestructibles ; elles peuvent exister à part mon esprit. Peuvent-elles exister à part de tout esprit, de toute conscience ? Souvenons-nous d'Hœckel et de sa « Psychologie cellulaire. » Une âme annexée à un corps est une conscience temporairement associée à d'autres consciences inférieures, et le signe de cette association n'est autre que le sentiment durable de notre étendue corporelle et de sa situation dans l'espace.

L'homme est une colonie de consciences, et cette conception « sociomorphique » de l'organisme humain, originairement indépendante de tout système préconçu de philosophie, vient prêter à la conception monadiste un rare degré de vraisemblance. Or, cette conception implique le refus à la matière de toute existence distincte, indépendante.

Leibnitz, il est vrai, remplissait le monde d'un infini actuel de monades, par où il offrait à l'intelligence, décidément réfractaire à l'admission du nombre infini, une conception contradictoire de l'univers actuel. Serait-ce déserter sa philosophie que de peupler notre univers d'un nombre inimaginable, mais non inassignable, d'indivisibles psychiques, soit de monades, c'est-à-dire d'unités de perception, *toujours, à quelque degré, conscientes*? Et quand cela serait, quand Leibnitz aurait pris au pied de la lettre ses fameuses « petites perceptions » et les aurait réellement privées de conscience, quand il n'aurait point voulu, ainsi que nous le croyons, faire désigner à ce mot d'*inconscient* la limite vers laquelle tendrait, sans jamais l'atteindre, une perception d'intensité indéfiniment décroissante, nous serions, nous, forcés de reconnaître que l'idée de perception inconsciente n'est ni plus ni moins contradictoire que celle de « l'étendue en soi. » Concluons donc au rejet des perceptions inconscientes.

Ce n'est pas tout. « Les monades, dit Leibnitz, n'ont ni portes ni fenêtres. » Qu'elles n'aient point de portes, passe encore ; la thèse va de soi. Qu'elles n'aient point de fenêtres, rien n'est moins évident. Réciproquement impénétrables, en tant que consciences, puisqu'une conscience ne peut devenir celle d'autrui, peut-on, à un autre point de vue, leur refuser de se pénétrer ? L'hypothèse de l'harmonie préétablie est là pour maintenir cette impénétrabilité réelle, *mais c'est en dépit des apparences contraires*. L'illusion d'un dehors environnant est inséparable de la notion de monade. L'illusion est nécessaire, Leibnitz l'admet ; mais est-ce bien « illusion » qu'il faut dire ?

Chaque monade est un tout fermé : elle ne sait rien que d'elle-même, enfermée qu'elle est dans l'enceinte de ses propres perceptions. Le monisme en est la conséquence inévitable : et cependant le monadisme est bien près d'en être le contre-pied. Ou le monadisme est une pétition de principe, ou la monade est avertie que, non loin d'elle, d'autres monades coexistent. Or, la monade perçoit ; donc elle en est avertie. Comment ?

Leibnitz, à son insu, va nous le dire. D'une part, en effet, la monade ne sait rien que d'elle-même, de l'autre, à tout changement produit ou subi par elle, d'autres changements correspondent, produits ou subis par ses éternelles compagnes. Tout se passe comme si, entre toutes les monades, s'exerçait une continuité d'actions réciproques, et c'est cela que signifie la capacité dévolue à la monade, quel que soit son rang dans la hiérarchie des êtres, de « représenter l'univers à son point de vue. » Rien n'arrive que la monade ne perçoive, et tout ce qu'elle perçoit fait nécessairement partie de ses propres états. Mais, puisque tout ce qui fait partie de ses propres états se trouve représenté, à un degré quelconque, dans les autres monades, à quoi bon s'obstiner à prétendre qu'elle est l'auteur unique de ses propres représentations ? Aussi bien, cet auteur n'est point la monade ; c'est Dieu, source et cause unique de l'harmonie préétablie. Alors, c'est le monisme qui, insensiblement, se substitue au monadisme, car l'unité de la cause implique nécessairement l'unité de l'être.

Pour sauver la réalité de la monade, il faut lui permettre, non de sortir d'elle-même, hypothèse contradictoire, mais, tout en restant chez elle, d'avoir vue chez les autres : il faut lui « donner des fenêtres » et la rendre accessible aux influences externes. Les monades, pour agir, doivent pâtir et s'inciter réciproquement à percevoir et « à passer d'une perception à une autre. » Et cette « appétition », dont chaque conscience est le siège, est ou causée ou entretenue par les changements survenus dans les monades voisines. Si rien ne changeait autour de nous, ni dans les corps environnants, ni dans notre corps, comment se pourrait-il concevoir qu'en nous-mêmes quelque chose change ?

A quoi tendent ces réflexions ? A vrai dire, elles tendent moins à nous faire pénétrer les pensées intimes de Leibnitz, qu'à nous procurer les moyens d'extraire de sa théorie de l'être les éléments d'une théorie que nous puissions faire nôtre, sans perdre de vue notre constant dessein : définir l'existence de manière à sauvegarder l'existence réelle de l'objet et découvrir, pour le terme *exister*, une signification plausible ; juxtaposer, en les éclairant l'une par l'autre, la formule de Berkeley : « *esse est percipi* » et la formule leibnitienne dont le sens exact est : « *esse est percipere* ».

Leibnitz contestait formellement le *percipi*, ou du moins il en niait la réalité fondamentale, ne pouvant en méconnaître l'apparence ; et il devançait Kant, en superposant au monde du *paraître* un monde de *l'être* gouverné par d'autres lois. Il ébauchait, lui aussi, à sa manière, une distinction entre un apparent non réel et un réel non apparent. De là vient qu'il affirmait la monade et qu'il niait l'étendue. Or, selon nous, la distinction n'a aucune raison d'être ; de là vient que nous affirmons ensemble la réalité de la conscience, celle de l'étendue et leur conditionnement réciproque.

Et l'on doit se les représenter unis dans un rapport dont l'abstraction seule peut isoler les termes. C'est assez dire que l'esprit n'est pas donné avant la matière ni la matière avant l'esprit, que l'un n'est pas le phénomène, l'autre la substance. Etre esprit veut dire être donné pour soi. Etre corps veut dire : être donné pour autrui. Nul être n'échappe à cette double condition, et, par suite, ne peut être défini exclusivement, soit en termes d'esprit, soit en termes de matière. *Esse est percipere et percipi*, et nul *percevant* ne se peut concevoir qui ne soit un *perçu*. La conscience et l'espace s'impliquent l'un l'autre et la supposition d'une conscience préexistant à toute étendue équivaudrait à l'hypothèse inintelligible — ne l'avons-nous point dit ailleurs ? — d'un être préexistant à ses lois, d'une existence antérieure à son essence.

III

Les choses existent non seulement parce qu'elles sont, pour nous, objets de représentation, mais parce qu'elles le sont aussi pour elles-mêmes. « Le monde est ma représentation », écrit Schopenhauer ; nous eussions aimé retourner la formule et dire : « Le monde est *sa* représentation » ; toutefois, il eût été impossible de refuser à cette formule un sens moniste et c'est aux antipodes du monisme que nous avons résolu de prendre place. A nos yeux, le monde n'est pas un Tout-Être, mais un *Tout d'êtres*, et chaque être existe parce qu'il se sait, ou à tout le moins, se sent exister : « sentir » équivaut à « se sentir être » et la statue de Condillac, par cela seul qu'elle « se prend pour une odeur de rose », participe de ce minimum d'existence subjective sans lequel le mot *exister* n'a plus qu'un sens vague et, qui plus est, incohérent. En effet, ou cette proposition : « les corps existent », signifie quelque chose d'analogue à ce que j'entends chaque fois que je prononce le mot « j'existe », et alors la notion d'être est inséparable de celle de conscience, ou, si elle a un autre sens, cet autre sens exige un autre mot.

Les choses existent, non à titre de substances, mais à titre de groupes, de synthèses, de colonies de phénomènes. Ou notre erreur est lourde, ou le concept de substance n'a nullement à intervenir, ni pour constituer, ni même pour compléter notre idée du réel.

Analysez la réalité, vous n'y trouverez que des phénomènes, voilà notre thèse.— Et l'on s'empressera d'en conclure que, selon nous, les êtres ne sont que des collections ou des paquets de phénomènes. — La conclusion est sophistique. Elle repose sur une prémisse assez ordinairement admise : « Les phénomènes sont de vains simulacres » ; or, cette prémisse n'a point cessé d'être battue en brèche ; bien plus, on a essayé d'en changer le sujet grammatical, d'écrire *substances* au lieu de *phénomènes*, et de prouver que l'épithète de *vain simulacre* convient à la substance.

A ce sophisme les partisans de la substance en ajoutent un autre : « Les phénomènes sont de purs abstraits »; or, de votre aveu quelque chose existe ; donc, par delà le phénomène il y a l'être. » — Soit : affirmons l'être, et cela, sans que nos adversaires nous y contraignent ; et après ? En résultera-t-il que nous aurons affirmé la substance ?— Mais vous aurez nié l'indépendance du phénomène ! — Nous ne l'avons jamais affirmée, car autre chose est dire : « Il n'y a que des phénomènes » ; autre chose est dire : « Les phénomènes existent à part les uns des autres. » Or, c'est la thèse contre laquelle s'évertuent les adversaires du phénoménisme, et si nous avons jamais paru la défendre, avouons que notre plume a singulièrement trahi notre pensée.

En effet, constituer des êtres avec des tas de phénomènes, à peu près comme le cantonnier qui rassemble les cailloux en plusieurs tas pour les échelonner sur la route, leur attribuer à chacun une réalité distincte, analogue à celle des cailloux, c'est bien l'opération que l'on attribue gratuitement aux phénoménistes. Mais n'avons-nous pas jugé cette opération ? N'avons-nous pas fait observer que l'esprit seul en était l'auteur, et que, s'il lui plaisait de considérer les phénomènes les uns en dehors des autres, cet isolement factice dénaturait la réalité, loin d'en offrir l'image exactement ressemblante ?

En veut-on une preuve ? Essayez de vous représenter un phénomène, un seul ; comment vous y prendrez-vous ? Vous ressusciterez la statue de Condillac et vous la réduirez au seul pouvoir d'odorer : or, vous aurez là plus d'un phénomène. L'analyse y discernera deux éléments au moins : 1° la sensation ; 2° le sujet de cette sensation. Tout phénomène est un terme dans un rapport ; mais un rapport implique toujours plus d'un terme. Donc le phénomène n'existe pas isolément. Est-il besoin de répéter que pour le cas où il existerait à part soi, il serait substance et que notre doctrine dérogerait à son étiquette phénoméniste ?

Une difficulté s'élève : du moment où le phénomène indépendant n'a d'existence que pour l'esprit qui le considère à part, il doit renoncer à sa réalité au profit du rapport. Or c'est ce qui semble bien invraisemblable : ne sait-on pas que tout rapport est une abstraction ?

— Qu'est-ce qui est une abstraction ? Le phénomène isolé de tout rapport d'une part, et, de l'autre, le rapport isolé de tout terme. Rétablissez la communication interrompue et les concrets vont reparaître.

— Soit. Mais que faire de ces concrets ? Renoncer à les connaître ? Alors on prononcera les noms d'être et de réalité sans savoir ce que ces noms veulent dire. — On ne veut pas y renoncer ? Alors l'analyse est indispensable.

Et, ici, la question se pose : hormis les rapports et les

termes, c'est-à-dire les phénomènes, trouvera-t-on autre chose ? On y a répondu et négativement. De là d'étranges surprises et d'assez plaisantes déceptions : « Où est l'être, nous dit-on ? il nous le faut. Recommencez votre analyse et faites le dénombrement parfait des éléments dissociés.

— Mais ce n'est point ce dénombrement qui nous rendra l'être. L'être, on l'a décomposé, démembré. Quand on juxtaposerait ses membres épars, on n'aurait encore que son cadavre. La prétention est vraiment exorbitante de disséquer un tout vivant et de vouloir qu'après dissection il continue de vivre ! —

Et pourtant la prétention s'explique ; elle provient d'une erreur contre laquelle il faut longtemps lutter pour s'en affranchir. Quand on démonte une horloge, on en sépare les parties ; quand on les a remises à leur place et qu'on a remonté l'horloge, un tour de clef lui a rendu son mouvement : et c'est sur ce type de l'horloge qu'on s'obstine à se représenter l'être, comme si l'être résultait d'une juxtaposition. Il résulte d'une *composition*, ce qui est bien différent, et ses parties sont formelles non matérielles. Et même c'est mal dire que de l'assimiler au résultat d'une composition ; car, pour qu'il y ait composition, il faut que les éléments du composé lui préexistent : or, c'est ce qui n'a point lieu. Il n'y a pas plus de phénomènes sans rapports que de rapports sans phénomènes et l'on ne se récrierait plus, en entendant définir l'être par le rapport, si l'on pouvait secouer définitivement le joug de deux habitudes contradictoires. L'une nous porte à croire qu'il n'est de rapport concevable que dans l'ordre mathématique, c'est-à-dire abstrait : l'autre nous incline, tout abstrait que le rapport nous semble, à lui conférer je ne sais quelle antériorité logique :

et celle-ci ne tarde pas à se convertir en une préexistence imaginaire.

De là vient que, si l'on se résignait à nous sacrifier la substance on hésiterait encore à réduire toute réalité au phénomène, attendu, dirait-on, que par delà le phénomène il y a le rapport, qu'au-dessus de l'être, il y a la loi, et qu'un phénoménisme qui renonce à l'état d'anomie est un phénoménisme repentant, donc un faux phénoménisme.

C'est en effet une opinion assez répandue chez les partisans de la substance que, pour être rigoureusement phénoméniste, il faut répudier et les substances et les lois. On conviendra, cependant, qu'avant d'édicter à quelles conditions une attitude spéculative est tenue de satisfaire sous peine d'inconséquence, il est bon de savoir comment l'ont comprise ceux qui ont entendu la prendre et prétendu s'y conformer. Or, à ne considérer que les sceptiques, aucun d'eux n'a pu méconnaître les signes d'ordre et de régularité dont l'univers porte les marques. Tout en s'abstenant de statuer sur la valeur de ces signes, il sera toujours impossible de contester les apparences, et quand on aura fait descendre l'induction au niveau de l'attente machinale des bêtes, il sera difficile de la dégrader en deçà : les terreurs des animaux aux approches de l'orage attestent, chez eux, le sentiment mal défini, nullement défini même, mais profondément intense, du cours régulier des choses.

Aussi bien, l'idée de phénomène implique celle de rapport, mais celle de rapport se comprendrait-elle en dehors de toute stabilité ou périodicité ? La notion de changement absolu est contradictoire : en effet, tout changement ne se conçoit que s'il est perçu, et il ne peut être perçu que dans une conscience ; et cette condition à laquelle il doit d'être perçu ne se trouverait jamais réalisée si la conscience du sujet se composait d'états épars. L'unité de l'aperception est indispensable à la connaissance de ce qui change. Cette nécessité est-elle assez rigoureuse pour qu'il soit contradictoire de la supposer absente ? On peut soutenir, croyons-nous, qu'en raison de notre nature intellectuelle, l'hypothèse d'un changement radical doit infailliblement nous sembler absurde ; car, nous avons beau faire, jamais nous ne pouvons nous la représenter réalisée : la persistance du spectateur imaginaire et son identité psychique, voilà ce qu'il faudrait supprimer. Or, outre que cette suppression nous est interdite, nous ne pouvons nous en tenir à l'affirmation de notre seule conscience ; la pluralité des existences, que nous n'avons aucun motif de révoquer en doute, équivaut à la pluralité des centres de représentation. Ainsi la loi et le phénomène sont inséparables. — Mais voici bien d'une autre difficulté.

Si la loi et le phénomène sont rivés l'un à l'autre, de telle sorte que l'être résulte ou semble résulter de leur association, l'individu s'absorbe dans le genre, à tout le moins dans l'espèce ; toute loi n'est-elle pas générale ? D'autre part, le phénomène est particulier. Dès lors, ou le phénomène va s'engloutir dans la loi, ou la loi va se disperser, s'émietter dans le phénomène, et, comme celui-ci est particulier, quelque chose de lui débordera la loi; et ce quelque chose, une fois émancipé de sa tutelle, ou restera sans explication, ou bien exigera un principe d'explication étranger à la loi, soit la substance. En effet, la loi veille au cours régulier des choses, au maintien des espèces; la loi est l'expression des « idées de la nature », a dit Claude Bernard. Mais, dans la nature, le nombre des exemplaires de chaque idée dépasse singulièrement celui des idées: il est plus de faits que de lois, plus d'êtres que de types. Or, si la loi intervient fort à propos pour rendre raison de la durée des espèces et de la répétition de certains changements d'ordre physique, biologique ou psychique, il semble bien que le principe de l'individuation veuille être cherché ailleurs que dans la loi. L'être a beau impliquer la loi, la loi, à son tour, impliquer l'être, l'un et l'autre resteront distincts, et la raison, *c'est que toute loi est générale et tout être individuel*. — Reste à savoir si la formule est indiscutable.

Que faut-il pour qu'il y ait loi ? Il faut et il suffit, croyons-nous, qu'il y ait généralité et constance. Une loi doit être permanente ou périodique dans ses manifestations, et, par suite, envelopper une multiplicité ou stable ou mouvante. Or, le principe de l'individuation ne veut plus être cherché dans la substance ; dès lors, ou il n'est pas, ou il doit être cherché et, si possible, trouvé dans des rapports généraux, constants, immanents à l'individu même.

— Mais n'est-il pas contradictoire de dire que, dans un individu, des rapports généraux se réalisent et coexistent, à moins d'entendre sous ce terme des rapports le constituant à titre de partie d'un tout, de membre d'une espèce ? Et ce n'est pas ainsi que nous entendons poser le problème. Nous prétendons trouver la loi dans l'individu, sans sortir de l'individu, sans le comparer à d'autres qu'à lui. — Est-ce possible ?

Si l'on se résout à ne plus revêtir l'individu de je ne sais quelle identité métaphysique décidément inconcevable, il faut bien cependant expliquer d'où vient l'identité qu'il s'attribue et que nous lui attribuons, d'où vient qu'il se reconnaît et que nous le reconnaissons. Cette identité prend sa source dans la persistance du caractère ; et cela est tellement vrai, que, si les expériences d'hypnotisme sont bien décrites et bien faites, il suffit d'effacer les souvenirs d'une personne pour lui ravir sa personnalité et substituer à son caractère naturel un caractère artificiel. Or le caractère est un ensemble d'habitudes et toute habitude est « une manière d'être générale ».

On dit communément : « la loi de l'habitude », et l'on a raison. Mais, si le principe auquel on rapporte les habitudes est une loi, il n'est pas d'habitude particulière dont on ne le puisse dire. Acquérir une habitude, contracter une habitude, c'est se donner ou recevoir une loi. Or, chaque personne, chaque être a ses habitudes ; même les habitudes de l'animal diffèrent de ses instincts, quelle qu'en soit, d'ailleurs, l'origine lointaine : aux habitudes de l'espèce s'ajoutent en lui et quelquefois s'opposent celles de l'individu. Celles-ci le différencient de ses congénères. Sont-elles générales et constantes ? Les unes se manifestent sans intermittence, d'autres périodiquement, mais la périodicité, loin d'être la négation de la constance, en est la confirmation. Qu'un élément disparu reparaisse, vit-on jamais une preuve plus évidente de la réalité de la loi ? Ainsi la loi est le nom de l'habitude.

Tout individu ayant ses habitudes, tout individu aura ses lois. Quel en sera l'office ? d'y contenir l'accident en de justes bornes. Que restera-t-il alors d'individuel dans l'être ? sa façon coutumière de réagir contre les impressions externes, le rythme de ses émotions et de ses passions, ses croyances, ses opinions, ses sympathies, ses antipathies. Ces croyances, ces sympathies, il peut les partager avec tel ou tel de ses semblables ; mais il ne peut que les partager. L'individuel garde toujours quelque chose d'intransmissible, et ce quelque chose n'est pas de l'accident.

Ainsi, pour établir l'individualité d'un être, il faut une règle, non générale, mais individuelle ; c'est à cette règle que correspond la notion générale de substance, c'est cette règle qui, « dominant le développement de l'individu, ne peut être tenue d'étendre son autorité en dehors de lui. Nous nous trompons souvent sur ce point, entraînés que nous sommes par *l'inclination générale à construire la réalité avec des abstractions qu'elle-même nous a mis en état de former*. Sans doute, la marche que suivent nécessairement les recherches nous habitue à regarder les lois générales comme l'*archétype* auquel, naturellement, le Réel avec sa diversité doit plus tard se subordonner comme exemple : il nous serait, néanmoins, aisé de nous souvenir que, de fait, toutes les lois générales naissent pour nous de la comparaison des cas isolés ; ceux-ci sont en réalité l'*archétype*, et la loi générale que nous en déduisons n'est d'abord qu'un produit de notre pensée, produit dont la validité repose sur la comparaison des expériences nombreuses qui l'ont fait naître. Mais si, au lieu de comparer une chose avec d'autres, nous l'eussions comparée avec elle-même en ses divers états, seule comparaison qu'exige ici le cours de nos idées, il ne se comprendrait nullement de soi-même que la continuité et la légalité que nous aurions trouvées dans son développement, dussent être telles que la nature d'une autre chose pût les reproduire pour siennes ; on aurait donc tort de considérer l'essence de la chose comme exemple d'une loi générale à laquelle elle serait soumise... Comparons l'essence d'une chose à une mélodie ; on ne doute pas qu'il ne règne, dans la succession des sons qui la composent, une loi de continuité esthétique, mais en même temps on reconnaît que cette loi est complètement individuelle ; il est absurde de considérer comme espèce ou exemple d'application d'une mélodie générale une mélodie déterminée » (1).

---

(1) Lotze. *Métaphysique*. § 33. p. 77 et 78 de la trad. franç.

V

Retenons ceci de Lotze : « l'être est une loi individuelle » ; mais n'allons point jusqu'à mettre en doute la réalité des lois générales. Lotze, d'ailleurs, et cela résulte de son système, n'est nullement disposé à la sacrifier. Quand on défend le monisme, on affirme, *à fortiori*, le *cosmos*; or, affirmer le *cosmos*, c'est remplir le monde d'individus tout à la fois divers et semblables, c'est envelopper les rapports dans d'autres rapports plus vastes, c'est affirmer un plan dans l'univers. Il se peut qu'on n'aille point jusqu'à ressusciter l'antique doctrine du Démiurge et de l'éternel géomètre ; du moins on ne peut nier ni l'architecture, ni l'éternelle géométrie. — Mais les lois sont des abstraits ! — Cela dépend du genre de représentation qu'on s'en procure. Isolées des concrets qu'elles gouvernent, elles n'existent point, cela va sans dire. La question est de savoir si, pour qu'elles soient dites réelles, il faut nécessairement restaurer le platonisme et maintenir, dans un monde intelligible, des idées séparées des choses : la question est de savoir si un rapport perd toute réalité par cela seul qu'il n'a point d'existence indépendante. Je ne puis supprimer tous les individus d'un genre sans abolir le genre, cela est incontestable. Il ne l'est pas moins, que la pensée des caractères du genre, si elle prend son point d'appui dans une représentation concrète d'un individu, néglige ses particularités individuelles, et que cet individu reste « quelconque. » Je ne puis penser *au* cheval sans imaginer *un* cheval. Mais il me suffit pour cela d'imaginer « le premier cheval venu. » L'espèce est donc indépendante, non de toute individualité en général, mais de telle ou telle individualité. A ce point de vue, l'individu est dominé par l'espèce, et en un sens, on a le droit de dire que l'espèce préexiste à l'individu.

Peut-on tenir ce langage sans *réaliser* une abstraction ? Sans aucun doute. En effet, « réaliser une abstraction », c'est dissocier un rapport d'un autre et l'affirmer réel encore que dissocié. Cela, nous ne l'avons jamais affirmé. Mais on peut répudier le réalisme scolastique sans adhérer nécessairement au nominalisme, et sans croire que la pensée est seule créatrice des lois, des espèces et des genres. Avant de les concevoir, on les *perçoit*. Si l'on veut s'offrir le « spectacle d'une loi naturelle », il suffit d'entrer dans un cabinet de physique ou dans un laboratoire. Le physicien et le chimiste ne démontrent point les lois, ils les *montrent* au sens littéral du terme, et ils s'y prennent, ou peu s'en faut, comme celui qui voudrait montrer la couleur ou les dimensions d'une chose. Dira-t-on que cette couleur et ces dimensions ne peuvent être perçues ?

Les genres, les espèces et les lois sont donc tout autre chose que des abstractions : ils ne sont abstractions qu'après que nous les avons abstraits. Au reste, il serait contradictoire d'affirmer réels les rapports immanents au seul individu et de refuser toute réalité à ces rapports qui le constituent en tant que parties d'un tout, membres d'une espèce, exemplaires d'une loi.

VI

Et maintenant d'où vient qu'il est des genres, des espèces, des lois, et que le monde n'est pas anarchique? Si nous sommes, en partie, les auteurs de notre *caractère*, nous ne le sommes point de notre *naturel;* encore moins le sommes-nous des traits de ressemblance qui nous classent dans l'espèce humaine. Nous ne sommes auteurs, ni du monde, ni des *Idées* qui le dirigent; et ces idées ne nous semblent pas pouvoir subsister par elles-mêmes, flottant au-dessus des êtres et présidant à leur développement. Aussi, comment ne pas leur chercher un siège dans un entendement archétype du nôtre, capable de les produire, coexistant avec une puissance capable de les faire venir à l'acte? —

Faut-il se complaire dans cette antique conception du Démiurge ou s'en garer avec soin comme d'un piège? Peut-on soutenir que toutes les consciences dérivent d'une conscience suprême? Mais, ou celle-ci les impliquerait, auquel cas leur dérivation serait illusoire; ou elle leur préexisterait, auquel cas elle s'abolirait. Il est déjà contradictoire, on le sait, que le genre *conscience* n'ait qu'un seul exemplaire. Toute perception ne naît-elle pas d'un conflit?

Il serait d'ailleurs inutile de choisir entre l'une et l'autre hypothèse. Toutes deux auraient le monisme pour conséquence nécessaire : car, ou le monde et Dieu seraient contemporains, et l'Etre résulterait de leur union ; ou Dieu, avant de se faire Seigneur, et de s'abandonner à la pleine et libre expansion de sa puissance, demeurerait replié sur soi, à l'état d'essence, mais d'une essence qui ne s'est pas encore résolue à exister. Il serait la Substance antérieure à ses attributs, l'Etre antérieur à ses phénomènes, et c'est en se développant qu'il créerait. Lui seul serait et de lui seul tout émanerait. Alors se dresseraient de nouveau devant nous ces obstacles infranchissables que le seul génie d'un Parménide ou d'un Platon donne l'audace nécessaire pour mesurer du regard. — A quoi bon regarder ? Rester penché sur l'abîme sans que l'œil se trouble, cela familiarise avec le gouffre : cela en fait-il apercevoir le fond ?

Ce sont assurément là questions trop graves pour n'être qu'effleurées. Les effleurer sans rien plus, cependant, réduire tout le réel aux phénomènes et aux lois, sans se demander d'où les phénomènes dérivent et d'où les lois, les espèces et les genres tirent leur origine, n'est-ce point marque de sagesse ? Le premier devoir de la pensée envers elle-même est la reconnaissance de ses justes bornes, et cette reconnaissance impose la résolution de ne les point franchir.

Nous avons cherché une définition de l'*être* et une preuve de sa réalité hors de nous. Il semble que nous ayons trouvé l'un et l'autre. Le lecteur s'est depuis longtemps avisé que la seule raison valable de l'existence d'une réalité externe se réduit, en fin de compte, à la raison vulgaire, presque banale : l'opposition, dans la conscience, des états forts et des états faibles, de l'intensif et de l'extensif, etc... Nous voici donc ramenés à notre point de départ. Mais nous n'avons pas erré en pure perte, car nous avons débarrassé l'argument du sens commun de l'appui compromettant de la métaphysique dogmatique et détruit, dans la mesure de nos forces, les raisons qui tendaient à l'invalider.

La fragilité de ces raisons étonne ; on les brise sans de grands efforts. Malheureusement le moule en est indestructible, car il tient à l'essence même de notre pensée. Pour la contraindre au phénoménisme, il faut la froisser dans ses exigences et lui ravir ce rôle de législatrice universelle qu'elle ne peut décidément exercer, n'étant, ni le tout de l'homme, ni ce qui dans l'homme vaut le plus. Pensée et Nécessité sont deux inséparables. Moralité et Liberté sont deux inséparables aussi. Ce qui par-dessus tout est inséparable, c'est l'être en qui la pensée et la moralité coexistent : il faut donc que l'une se subordonne à l'autre (1).

---

(1) Les études qui suivent: *Genèse des Métaphysiques*, *Les deux Morales*, ont trait précisément à ce conflit des deux tendances, dont l'une a la raison théorétique pour origine et l'autre, la raison pratique.

GENÈSE DES MÉTAPHYSIQUES

Qu'est-ce que la Métaphysique ? (1)

Aristote la définit : la science de l'*Être en tant qu'Être*. Définition obscure, semble-t-il, et, qui plus est, imparfaite. Que signifient ces mots : *en tant qu'Être*, et qu'ajoutent-ils à la pensée ?

Toutes nos recherches ont l'Être pour objet, et aucune science ne se rencontre, qui ne soit, à quelque degré, science de l'Être. Dans la Métaphysique, toutefois, l'Être apparaît sous un point de vue spécial. Il apparaît, au dire des métaphysiciens, dépouillé de ces mille accidents qui semblent nous dérober son inaltérable nature. Ces accidents, ces aspects sans cesse renouvelés de la surface des choses n'expriment qu'imparfaitement la nature de l'Être ; disons mieux, ils l'expriment à contre-sens. En effet, l'usage n'est pas encore tombé en désuétude, de considérer comme synonymes les mots *accident*, *non-être*, et de parler des choses éphémères comme si elles n'existaient point. Cela seul est digne de

---

(1) Ce sujet a été magistralement traité par un philosophe dont les doctrines se rapprochent singulièrement des nôtres, l'auteur de : *La Science positive et la Métaphysique*, M. Liard. Nous y renvoyons le lecteur, ainsi qu'aux beaux chapitres du même livre sur la *Substance* et l'*Absolu*.

la véritable existence qui dure toujours et ne change jamais. Ainsi en aurait jugé depuis longtemps la raison humaine. Donc, étudier l'Être dans ses manifestations fugitives, c'est semble-t-il, l'étudier, dans ce qu'il n'est pas. Or, les sciences physiques et naturelles ne franchissent point — leur méthode et leur définition l'interdisent — la surface des choses. Dès lors, elles diffèrent profondément de la Métaphysique, elles ont pour objet le fantôme de l'Être, et non l'Être à proprement parler. En dehors de ces sciences et au-dessus d'elles, une science doit se rencontrer dont l'objet est l'Être pur, l'Être en tant qu'Être. Le pléonasme d'Aristote est désormais justifié.

I

Cette définition, que tous les philosophes acceptent et tiennent pour irréprochable, en même temps qu'elle marque avec une heureuse précision l'objet propre de la Métaphysique, ne nous conduit-elle pas à penser que cet objet nous échappe, qu'il est « inconnaissable » et qu'à parler rigoureusement la Métaphysique ne peut, à aucun titre, se présenter comme science ?

Que l'Être pur ne soit pas objet de science, il y paraît bien, puisque le nombre des philosophies est presque aussi grand que celui des philosophes. Chaque système porte la marque de son auteur. L'individualité de l'homme se reconnaît à la doctrine. « Chaque tête pen-
» sante, écrit Ernest Renan, a été à sa guise le miroir
» de l'univers : chaque être vivant a eu son rêve qui l'a
» charmé, élevé, consolé ; grandiose ou mesquin, plat

« ou sublime, ce rêve a été sa philosophie. La philoso-
» phie, c'est l'homme même ; chacun naît avec sa
» philosophie comme avec son style. » Certes, ce n'est
point le propre d'un esprit sans culture que d'attribuer
à tant de systèmes aussi solidement charpentés une
autorité égale à celle d'une science (1) : c'est bien plutôt
la marque d'un esprit qui a beaucoup étudié, beaucoup
réfléchi peut-être, non seulement sur l'Absolu, mais
encore sur les choses de ce monde, qui constate la
décroissance de la certitude au fur et à mesure que
l'objet à connaître croît en complexité, note avec soin
les dissentiments auxquels donne lieu l'interprétation
des faits, et en conclut qu'une science peut être dite telle
sans se traduire nécessairement par une suite de propositions incontestables.

Et pourtant octroyer à la métaphysique les privilèges
d'une science ne se pourrait que par la plus étrange des
méprises.

La notion d'Être serait-elle donc un fantôme métaphysique ? La notion de Substance, qui ne fait qu'un avec
la notion d'Être, serait-elle une idole forgée de toutes
pièces par l'industrie de notre entendement ? Mais, si
l'idole était notre œuvre, la briser serait chose facile ; si
le fantôme était un produit de notre imagination, vouloir
suffirait pour le faire évanouir. Or, il s'en faut que les
choses se passent ainsi, et l'on sait que la Substance
tient dans toutes les métaphysiques une place d'honneur.

Que la Substance soit indestructible, la raison l'atteste,
car elle défend à l'homme de penser à la moindre des
choses sans lui attribuer un sujet d'inhérence. « Il n'est

---

(1) M. Renan ne craint pas de dire qu'un « béotien », seul, est
capable de considérer la philosophie comme une science.

point de qualité sans substance. » Chacun le sait, même sans avoir fait de métaphysique.

Voilà certes un axiome incontestable et qui suffirait à nous faire rendre les armes, si nous devions voir dans son énoncé l'affirmation plus ou moins explicite de l'Être en tant qu'Être, s'il nous suffisait de le prononcer comme une formule magique, pour être transportés en face de l'Absolu.

A vrai dire, la portée de l'axiome est beaucoup moins étendue qu'on ne le croit d'ordinaire. Son principal office est de nous faire rattacher une notion, objet d'une pensée actuelle, à un groupe de notions, comme on rattache une partie à son tout. Il est pour le terme Substance deux acceptions : l'une, métaphysique, nécessairement vague, pour ne pas dire absolument vide de toute signification ; l'autre, plus précise, et partant plus voisine du sens commun, exempte de tout mystère, ainsi que nous l'allons voir.

Rapprochons le terme « substance » du terme « sujet », si fréquemment usité en grammaire. De bonne foi, quand nous pensons à un adjectif, et que nous le rapportons à un substantif, est-ce une qualité que nous rattachons à je ne sais quelle ineffable essence ? N'est-ce pas plutôt un phénomène, considéré isolément par nous, que nous remettons en sa place, le réunissant à l'ensemble dont nous l'avions momentanément détaché ? La loi de substance exprime la relation de la partie au tout. Mais rien ne prouve qu'il s'agisse, comme on l'a cru longtemps, d'un rapport entre deux réalités hétérogènes, appartenant chacune à deux mondes profondément distincts. Voilà ce qu'il importe de comprendre.

Nous voici loin de l'Être pur et de ce que l'on nomme, en métaphysique, la Chose en Soi, l'Être en tant qu'Être, la Substance, l'Absolu ; autant d'expressions synonymes.

d'ailleurs, et qui correspondent à une pseudo-réalité dont la conception nous échappe, résidant en un lieu dont l'accès nous est interdit. En droit, la Métaphysique ne peut être.

Et pourtant, elle existe ; on la déprécie, on la combat, on lui inflige condamnations et défaites ; ici, on la dédaigne comme un passe-temps frivole ; là, on la redoute comme le fléau par excellence de l'esprit humain : donc elle existe.

Il est un attrait, bien connu de tout esprit cultivé, grâce auquel, par une sorte de prodigalité envers notre intelligence, nous la voulons meubler de superflu ; la science de ce que l'on peut savoir ne suffit qu'à un petit nombre. Aussi bien, savoir, c'est être en mesure d'expliquer ; expliquer, c'est rendre raison d'une chose par le moyen d'une autre, en sorte qu'au lieu d'être deux, elles ne fassent qu'une seule, au regard de l'esprit. Plus la science est digne de ce nom, plus sa force de concentration doit être grande. Non contents d'éprouver combien elle est grande, nous voulons qu'elle atteigne à son maximum d'intensité. On sait le mot de d'Alembert : « L'univers, pour qui saurait l'embrasser d'un seul point de vue, ne serait, s'il est permis de le dire, qu'un fait unique et une grande vérité. » « Au sommet des choses, écrivait un philosophe contemporain, se prononce l'axiome éternel, et le retentissement prolongé de cette formule créatrice compose l'immensité de l'univers. » D'Alembert, M. Taine et tant d'autres, qui ont fait contre la Métaphysique le serment d'Annibal, sont possédés du même souci, sans lequel la philosophie serait encore à naître. En effet, le souci, l'inquiétude subsistent toujours dans l'âme du philosophe, tant qu'il reste en présence de vérités dispersées, tant qu'il n'a point réduit la multiplicité *des sciences* à l'unité de *la science*. Cela n'est pas encore fait, cela n'est pas encore possible. Mais la passion de simplifier ne sait pas attendre, et la raison qui la favorise court se précipiter dans les aventures de la métaphysique.

Et, d'abord, elle invente l'idole de la Substance. Elle imagine, si j'ose dire, que le monde a un dessous, un je ne sais quel substrat, qui a un nom dans toutes les langues, et dont nul ne peut rien savoir. Elle l'appelle Substance pour n'oublier jamais sa fonction essentielle, qui est d'absorber dans l'unité d'un seul et même être toute différence et toute multiplicité.

Ainsi le sens commun ferait erreur quand il parle « des êtres ». Un seul être existerait : l'Être.

L'Être est un. Démontrable ou non, paraît-il, cette affirmation s'impose.

Mais l'Être, comment le définir ?

Après tout, se dira-t-on, puisque son rôle est d'expliquer les réalités de ce monde, il ne doit pas en différer absolument. La cause, pour expliquer l'effet, doit lui être, sans aucun doute, partiellement analogue. Que sera-t-elle ? on le saura plus tard. L'essentiel est de ne point oublier que, pour définir la Substance, il faut chercher dans les phénomènes les éléments de sa définition.

On aura donc, à la base de toute métaphysique, deux postulats : *1° le postulat de l'unité de l'Être; 2° le postulat de sa conformité plus ou moins grande avec les réalités connues.*

II

L'unité que la Métaphysique impose à l'Être ne permet pas de lui attribuer indifféremment toutes les qualités. Autrement, on admettrait, avec les hégéliens, que l'absolue détermination et l'indétermination absolue s'équivalent. En un sens, l'Être serait tout ; en un autre sens, il ne serait rien. Autant vaudrait alors s'en tenir au premier des deux postulats, et se résigner à la seule affirmation de l'unité de l'Être.

N'est-il point contradictoire, cependant, de déterminer l'Absolu ? Déterminer l'Un-Tout, c'est faire descendre l'Être universel au rang d'individu, c'est dégrader Dieu. Le définir, c'est lui accorder, à titre d'essence, un certain nombre d'attributs à l'exclusion de tous les autres, et compromettre ainsi l'unité primordiale des choses. La plupart des métaphysiciens ont pressenti l'objection : ils ont passé outre ; les yeux fixés sur le monde des phénomènes, ils ont voulu savoir quelles sont, parmi les réalités connues, celles qui, plus que toutes les autres, doivent appartenir en propre à l'Être et méritent d'en exprimer l'essence.

La matière ne serait-elle pas digne de ce rôle ? D'abord, elle est partout ; les lois du mouvement et de l'étendue gouvernent l'homme et, en même temps que l'homme, la molécule imperceptible. Du bas de l'échelle au sommet, rien ne se rencontre à quoi le mouvement et l'étendue soient étrangers. C'est donc de la matière que va sortir le

Cosmos. Si « l'objection du Premier Moteur » se présente, vite on l'écarte, et l'on essaye de voir dans la loi de l'inertie un corollaire du principe de la conservation de la Force. (1) La matière ne se repose nulle part. A cette matière en mouvement, faites crédit de plusieurs milliards de siècles, et sur elle, viendront se greffer, en ordre, les corps de la physique, les êtres du monde vivant, les esprits du monde moral. Des propriétés simples sortiront insensiblement les propriétés complexes et, des formes inférieures, les formes supérieures procéderont suivant une loi déterminée. La vie est une combinaison, la mort est une dissociation d'atomes ; la pensée, elle aussi, n'est rien de plus qu'un mouvement moléculaire. Ainsi, tout ce qu'il est possible de concevoir se ramène, de proche en proche et par voie d'appauvrissements successifs, des modes de la pensée à ceux de la vie, des modes de la vie à ceux de la matière.

A première vue, le matérialisme n'offre rien, ni de mystérieux, ni d'invraisemblable. Il paraît bien, en effet, que les lois de l'étendue et du mouvement se sont manifestées avant toutes les autres. L'histoire du monde atteste l'évolution constante de l'inférieur vers le supérieur, du simple vers le complexe. Il semble qu'en essayant de décrire comment s'est formé l'univers, on doive placer à l'origine le mouvement de l'atome. A mesure qu'on s'éloigne de l'état initial, des différences surviennent au sein de la matière ; les êtres couvrent la

---

(1) La loi d'inertie est une loi de mouvement. *Inertie* signifie « incapacité de modifier son état. » Or si la quantité de mouvement dont est animé l'Univers est indestructible, il faut de toute nécessité qu'un corps ne puisse, de lui-même, augmenter son mouvement ou le diminuer.

surface du sol et, par la grâce du temps, dépouillent leurs
formes primitives, pour mieux s'adapter au milieu environnant. Les naturalistes ont enseigné tout cela ; ils l'ont
enseigné au nom de la science. Dès lors, la philosophie
matérialiste mériterait, ou peu s'en faut, le nom de philosophie positive, la part de l'hypothèse y étant presque nulle,
et la métaphysique y restant presque partout et presque
toujours l'écho de la physique.

On ne concevrait pas, en effet, une philosophie matérialiste qui s'insurgerait, de parti pris, contre la science
expérimentale. L'histoire de cette philosophie et de ses
progrès coïncide avec celle des sciences de la nature.
Lange l'a trop bien dit pour que d'autres aient à le
redire (1). Toutefois, un fossé profond sépare la science
et la philosophie matérialiste : entre l'une et l'autre, il y a
toute la distance du relatif à l'absolu, du phénomène à
l'être, de la cosmologie à la cosmogonie. La première
nous apprend qu'à un être en succède un autre ; la
seconde en conclut que le second de ces êtres est un
produit du premier, mieux encore, qu'ils ne sont, l'un et
l'autre, que deux aspects différents d'un seul et même être.
Cela, le matérialisme le sait ou le croit savoir ; sur cela,
précisément, la science fait profession d'ignorance. La
métaphysique matérialiste n'est point la seule possible.

Aux faits d'étendue et de mouvement d'autres faits
s'opposent, que l'esprit humain aurait tenus pour irréductibles, si la passion de tout réduire ne lui avait fait
perdre le sentiment des différences. L'esprit humain, lui-
même, fait partie des réalités dont je parle ; il en est le

---

(1) Voir l'*Histoire du Matérialisme*, t. I, Paris, Reinwald, 1878.

nom, il en est l'étoffe commune. Etre esprit, c'est être conscient et les phénomènes de conscience sont nettement immatériels. Réfractaires à toute participation de l'étendue, ils en diffèrent à un degré tel, qu'aucune différence plus profonde ne sépare, les unes des autres, les formes variées de la matière. Donc, si l'on veut diviser le réel, on tracera d'abord deux circonscriptions : dans l'une, iront prendre place les phénomènes conscients, inétendus ; dans l'autre, viendront se ranger les réalités corporelles. Ici encore, je n'insisterai pas : tout a été dit.

Sur le modèle des réalités étendues, on a construit le matérialisme : sur le modèle des faits de conscience, et en procédant d'une façon analogue, on peut construire une autre métaphysique. On dira de l'Être universel, que son vrai nom est l'Esprit, c'est-à-dire tout ensemble, la Volonté, la Pensée et l'Amour. Dès lors, tout ce qui est participera de l'Esprit : à l'origine et antérieurement aux êtres, l'Esprit parfait ; après la création, des esprits créés, moins parfaits que le Créateur, en nombre incalculable, et ne possédant point tous le même degré de conscience. Ici, la matière subsiste, mais elle déchoit : elle devient une simple apparence, un simulacre, objet de perception, non de conception distincte. L'esprit accapare le titre de Substance et le nom d'Être ne convient désormais qu'à lui seul. Telle est, en raccourci, la métaphysique spiritualiste.

Plus un être croît en complexité, plus grand est le nombre des lois qui le régissent ; cet être semble donc, pour s'expliquer, requérir un plus grand nombre de causes ; tel est le raisonnement que les spiritualistes opposent à leurs adversaires immédiats. « Il faut dans la » cause tout ce qui est nécessaire pour expliquer l'effet. » Descartes l'a dit. Or, si l'on accepte le matérialisme, on laissera entre la cause et les effets le plus grand écart possible, la cause première ne participant que des formes inférieures de l'existence. Les lois de l'étendue et du mouvement sont partout, elles constituent la charpente des choses ; elles jouent, dans l'ensemble de l'univers, un rôle à peu près analogue à celui du squelette dans l'organisme des vivants. Elles sont donc partout ; sans elles, rien ne s'explique. Mais rien, non plus, ne s'explique par elles seules. Le matérialisme est faux parce que, préoccupé surtout des analogies, il ne prend jamais garde aux différences.

III

A première vue, la position du spiritualisme paraît inexpugnable. Au fond, il n'en est rien. Les spiritualistes s'imaginent avoir tout dit quand ils ont expliqué la puissance par l'acte, l'inférieur par le supérieur. Il semble, vraiment, que toute difficulté s'évanouisse, dès qu'on a résolu de lire dans le grand livre du monde, non plus de gauche à droite, comme le font les matérialistes, en se conformant aux inductions des sciences naturelles, mais de droite à gauche. Ce que vous n'avez pas aperçu lorsque vous montiez l'échelle, le remarquerez-vous en la descendant ? Tout à l'heure, on se demandait comment, à l'aide de la seule matière, on fait de la pensée. Maintenant on va se demander comment, avec l'esprit tout seul, on fait de la matière. — L'esprit n'est-il pas supérieur à l'atome étendu ?— Supérieur ? J'ai regret à le dire ; mais je ne comprends pas. Lorsqu'il s'agit de décerner des prix d'excellence on réunit des concurrents de même nature, de même espèce, et l'on fixe avec grand soin, l'objet, la matière du concours. Ici toute comparaison est impossible : ne sait-on pas que la matière et l'esprit sont absolument hétérogènes ? Le spiritualisme essaie d'absorber l'une dans l'autre deux réalités incompatibles. Quelque biais que l'on prenne, on ne réussira jamais à expliquer comment de l'esprit pur est sorti le monde des choses étendues, pas plus qu'on n'a jamais réussi à écrire une genèse intelligible de l'univers en procédant à la façon des matérialistes.

Des deux côtés, même méthode, même échec. Pour expliquer l'ensemble, on en détache une de ses parties, on la baptise : *raison suffisante*, et l'on compte, désormais, pour écarter tout obstacle, sur les vertus soi-disant infaillibles du sacrement administré. Les métaphysiciens se trompent s'ils pensent être sortis du monde des phénomènes. A vrai dire, pas plus que les captifs dont Platon déplore la condition misérable, ils ne sont sortis de la Caverne. Tout métaphysicien est un « phénoméniste » qui s'ignore. Il pense être allé bien loin chercher les matériaux de son système ; il n'a eu qu'à se baisser pour les prendre, quand il ne les a pas trouvés à hauteur d'homme. Tantôt c'est aux phénomènes de matière qu'il donne arbitrairement le nom de Substance ; tantôt c'est au genre des phénomènes conscients qu'il s'adresse, pour l'élever, sans raison décisive, à la dignité d'essence fondamentale de toutes choses.

Entre la matière et l'esprit, l'option est forcée, car l'un et l'autre épuisent toute la réalité connue. Donc, en dépit des variétés qu'elles présentent, toutes les philosophies doivent s'orienter soit vers l'esprit, soit vers la matière. Le matérialisme n'est point partout le même, et la matière de laquelle on croit que tout procède, n'est point, partout, réduite au même degré d'appauvrissement. Nombre de philosophes, déconcertés par l'inertie apparente des corps inorganiques, ont cherché autre part le type de la Substance et l'ont cru trouver dans la matière même des corps vivants. De là est né l'Hylozoïsme, rare dans les temps modernes, fréquent chez les philosophes anciens. — Les variétés du spiritualisme sont presque en nombre égal à celui de ses plus célèbres adeptes ; mais, que l'on place à l'origine des choses la volonté, le sentiment, ou la pensée pure, c'est toujours l'esprit que l'on érige en réalité primordiale.

IV

Notre explication de l'origine des métaphysiques repose, comme il est aisé de s'en rendre compte, sur des raisons théoriques. Cette explication sera-t-elle confirmée par l'histoire? En fait, tous les systèmes sont-ils orientés vers le matérialisme ou vers le spiritualisme? S'il en était ainsi, on s'expliquerait mal l'importance accordée par presque tous les historiens de la philosophie aux systèmes *panthéistes*. — Qu'est-il donc, ce panthéisme, dont le nom, semble-t-il, aurait dû n'être pas oublié ?

Et d'abord, les systèmes panthéistes rentrent dans le droit commun. Ils sont tous à quelque degré, ou matérialistes, ou spiritualistes. Le panthéisme neutre ne s'est rencontré nulle part.

Pourquoi en est-il ainsi? Le panthéisme serait-il moins un système distinct de philosophie, qu'une forme particulière du matérialisme ou du spiritualisme, s'accommodant de leurs solutions, mais les présentant sous un aspect nouveau ? Et même, ne faudrait-il pas admettre la réciproque et considérer les deux grands systèmes dont nous avons expliqué la genèse, comme étant deux aspects différents de la métaphysique panthéiste ?

Par l'un des deux postulats sans lesquels toute entreprise métaphysique reste impossible, on pose en principe l'unité de l'Être ; on exige que toute multiplicité s'évanouisse devant l'unité de la Substance. C'est que la raison spéculative est essentiellement panthéiste ; sa fonction dans le mécanisme de la connaissance consiste précisément à négliger les différences pour s'en tenir aux seules analogies. Expliquer une chose, on l'a déjà dit, c'est l'identifier à une autre chose. Dès lors, un monde dans lequel il ne resterait plus rien à expliquer serait un monde duquel toute diversité aurait disparu. Tel doit être le monde selon la raison humaine, et le panthéisme n'en connaît point d'autre.

Se représenter l'univers comme un, voilà le but qu'il s'agit d'atteindre. Et maintenant, par quels moyens ? Ici l'indépendance du choix peut se donner carrière ; les uns confieront à la matière le soin de représenter l'Être, les autres investiront l'esprit de cette suprême prérogative.

Donc le panthéisme, tel qu'il nous paraît devoir être conçu, sera moins le nom d'une philosophie particulière que celui de la philosophie elle-même. Aussi cette expression « panthéisme » sera-t-elle, dans tous les cas, insuffisante pour bien définir un système. Les historiens de la philosophie s'accordent pour associer presque toujours au terme « panthéisme » les épithètes, d'ailleurs indispensables, de *matérialiste* ou de *spiritualiste*.

Il s'en faut cependant, et de beaucoup, que l'histoire de la philosophie coïncide, dans toute son étendue, avec l'histoire du panthéisme. Toutes les philosophies ne sont pas monistes (1). Or, à moins d'erreur expresse dans les déductions qui précèdent, nous serions conduits à juger incomplètes et, à tout prendre, indignes du nom de métaphysiques, des doctrines dans lesquelles on ne se montre pas suffisamment préoccupé de maintenir l'autorité d'un axiome au postulat fondamental de toute métaphysique, celui de l'unité de l'Être.

On l'a dit, et nous le répéterons après tant d'autres, les atomes de Démocrite en nombre infini laissent intact le problème cosmogonique. Lorsque Pythagore, pour nous expliquer comment le monde est devenu possible, nous fait aspirer par le ciel le vide infini de l'espace, ici encore, nous ne sommes point satisfaits, ou plutôt notre raison n'est point satisfaite. Elle ne le sera pas davantage quand elle entendra Platon réclamer comme indispensable le concours de l'Être et du Non-Être, et Aristote le concours de l'Acte et de la Puissance. Deux principes, deux causes ; deux seulement, il est vrai, mais deux, c'est trop encore. Métaphysiques dualistes, métaphysiques incomplètes.

Et cependant, ni Aristote ni Platon (2) n'ont méconnu combien la raison est impérieuse lorsqu'elle réclame un univers absolument un. Cette fonction par laquelle l'intelligence réussit à concevoir une seule et même chose là où les sens lui en ont montré plusieurs, et toutes dissemblables, Platon l'a comprise et maintes fois l'a décrite.

---

(1) Toutes y tendent. Même les adversaires résolus du monisme y inclinent malgré eux. Descartes prépare Spinosa, Kant prépare Fichte. Et cependant Descartes et Kant ont donné des gages au pluralisme.

(2) La théorie des Idées est essentiellement moniste. (Voir notre étude *Genèse du Monisme*.)

Aristote, lui aussi, compare l'unité du monde à celle d'un beau poëme. L'un et l'autre, ils cherchent l'unité ; l'un et l'autre, ils s'arrêtent en deçà d'elle et ne savent point atteindre le sommet de leur ascension dialectique.

On enseignait autrefois, dans les chaires de philosophie, que les systèmes dualistes portaient la marque d'une raison imparfaite, froissée dans ses propres exigences. On enseignait en même temps que le panthéisme est une erreur sacrilège, fruit d'une ambition déréglée. Le double reproche n'est pas immérité : la raison humaine est impuissante, car elle ne peut tout expliquer ; la raison humaine est ambitieuse, car elle veut expliquer tout (1).

Les mathématiciens, quand ils calculent, négligent certains résultats partiels comme n'étant point de nature à modifier sensiblement le résultat total. Nous-mêmes, quand nous dressons l'inventaire de nos ressources en argent, nous ne tenons aucun compte des petites sommes; absentes ou présentes, peu nous importe ; en serons-nous plus riches ou plus pauvres ? Le défaut des métaphysiciens, et par-dessus tout celui des panthéistes, est précisément d'abuser des quantités négligeables, je veux dire de négliger un trop grand nombre d'éléments. Ainsi, par exemple, ils veulent simplifier tout, et voici comment ils opèrent : ils remarquent que tous les êtres ont au moins une propriété qui leur est commune à tous, à savoir la propriété d'*être*, et ils concluent, avec raison, que tout participe de l'Être. Mais résoudre un problème de logique et résoudre un problème de métaphysique, cela

---

(1) Pour plus de développements, nous renvoyons le lecteur aux belles études de M. W. James publiées par la *Critique philosophique* sur le *Sentiment de la Rationnalité*.

fait deux. Pourquoi l'Être, qui se trouve soi-disant en tout, n'est-il point le même partout ? — « Question négligeable », répliquera le panthéiste obstiné. — Et pourtant, elle vaut qu'on s'y arrête. A supposer qu'on ignore le pourquoi de la diversité des choses, il n'en reste pas moins que cette diversité subsiste, non seulement pour le vulgaire, mais encore pour le métaphysicien ; et, si le métaphysicien n'en rend aucun compte, il n'a rien expliqué.

Comment le *plusieurs* participe-t-il de l'*un ?* Comment *l'un* se disperse-t-il dans le *multiple,* voilà deux problèmes. Le panthéisme, par une illusion qui serait surprenante, si elle n'était aussi commune, résout seulement le premier et se figure, après cela, qu'il ne lui reste plus rien à résoudre.

Alors toute proposition par laquelle on affirmera l'unité de l'Être sera fausse si on lui prête un sens absolu ? — Elle le sera, sans aucun doute ! — Et la Métaphysique sera impossible ? — Depuis Kant, il n'est plus permis d'en douter.

V

Mais ce que Kant a mis en lumière, les *dualistes* semblent l'avoir pressenti. Et les dualistes ne manquent pas dans l'histoire de la philosophie grecque. Ils eurent — ce qui paraît avoir manqué aux représentants de la philosophie moderne, avant l'ère nouvelle, inaugurée par la publication des trois *Critiques,* — le sentiment que la raison humaine pourrait bien se tromper en voulant satisfaire, bon gré mal gré, sa passion de l'unité à tout prix. Ce sentiment, qui n'a reçu nulle part son expression nettement formulée chez les philosophes grecs, ne les a pas moins, tous ou presque tous, dirigés dans leurs spéculations. Héraclite lui-même, d'un génie si profondément panthéiste, qu'il n'osait révoquer en doute l'unité de l'Être universel, s'interrogeait en vain sur l'origine de ses éternelles métamorphoses. J'ai nommé Héraclite, je nommerais à plus forte raison l'auteur des *Dialogues* et l'auteur de la *Métaphysique*. Le premier, dualiste, plaçant l'origine du monde dans l'idée de l'unité, la plus compréhensive, la plus universelle, mais aussi la plus pauvre de toutes ; le second, acceptant le dualisme comme inévitable et plaçant l'unité non point à l'origine des êtres, mais au terme de leur développement. C'est que, pour Aristote, l'essence d'une chose n'est point dans la classe dont elle fait partie, mais dans ce qui constitue sa nature propre, son individualité (1).

Le dualisme a donc, lui aussi, sa raison d'être. En n'offrant qu'une demi-satisfaction aux exigences de l'entendement humain, il présente néanmoins de sérieux avantages. Certes, il embrasse moins; mais, comme on le sait, grâce au vieux proverbe, il réussit à mieux étreindre. Et si la raison proteste parce qu'elle ne voit point d'assez haut, ce pourrait lui être un dédommagement appréciable de voir mieux et de plus près. Le besoin d'idées claires, ne l'oublions pas, est parfois aussi impérieux pour certaines intelligences que l'est, pour d'autres, le besoin d'idées simples et facilement réductibles. Aussi bien, unir et distinguer, unir ce qui est commun à plusieurs choses, et distinguer ce par quoi elles diffèrent les unes d'avec les

---

(1) Chez les philosophes grecs le conflit s'accuse entre les deux tendances, pluraliste et moniste. Jamais l'élément moniste ne réussit à être définitivement éliminé.

autres, ces deux opérations ne sont-elles pas indispensables pour acquérir des connaissances exactes ? Le conflit entre ces deux ambitions contraires et légitimes a empêché que la métaphysique panthéiste ne restât définitivement maîtresse du terrain ; il a rendu le dualisme possible.

Le matérialisme a pour adversaire le spiritualisme ; le panthéisme aura pour adversaires, non-seulement les systèmes dualistes, mais encore ceux qui placent à l'origine des choses, — à titre de seule hypothèse clairement intelligible — une pluralité finie de lois distinctes, travaillant, si j'ose ainsi parler, à une œuvre commune, mais nettement irréductibles.

VI

Voilà donc bien quatre directions, opposées deux à deux et dans lesquelles se meuvent forcément tous les philosophes. C'est qu'en effet le problème de l'être se résout en deux énoncés distincts : Qu'est-il ? Combien est-il ? Il est un ou plusieurs ; il est matière ou il est esprit.

Ainsi, c'est bien avec raison que le panthéisme reçoit, selon les systèmes, l'épithète de matérialiste ou de spiritualiste. De même, à ces deux dénominations les plus communément usitées et qui, d'ordinaire, semblent offrir à elle seules un sens complet, on adjoindrait fort bien et sans crainte de pléonasme l'un des termes précédemment indiqués. On peut être matérialiste sans être moniste, témoin le philosophe d'Abdère, et, pour être spiritualiste, on n'est pas contraint à révoquer en doute l'unité de la Substance.

On sait ce que les navigateurs appellent la *Rose des vents ;* c'est une carte météorologique sur laquelle se trouvent indiquées toutes les directions possibles des courants de l'atmosphère. Le plus souvent, pour déterminer l'un d'entre eux, on a recours à deux points cardinaux : l'Est et le Nord, l'Ouest et le Sud. Si l'on essayait de figurer ce que j'appellerais par analogie « la rose des métaphysiques », on tracerait une circonférence divisée en quatre arcs égaux. A l'extrémité de chacun serait marquée l'une des quatre divisions cardinales : en face du matérialisme, le spiritualisme ; au panthéisme ferait face le dualisme, j'aimerais à pouvoir dire le *pluralisme,* si ce mot ne risquait d'être mal accueilli. Nos quatre points cardinaux marqués, les systèmes se rangeraient à la place convenable selon qu'ils inclineraient vers le matérialisme ou le spiritualisme, vers le monisme ou le dualisme, et selon que l'une des deux directions nécessaires pour déterminer l'orientation d'une doctrine paraîtrait avoir exercé sur son développement plus d'influence que l'autre. Je m'explique : toutes les philosophies antérieures à Socrate sont surtout panthéistes, dualistes ou pluralistes. En revanche, l'orientation vers le matérialisme ou le spiritualisme y est à peine sensible. L'esprit et la matière ne s'opposent nettement l'un à l'autre qu'après Socrate. Les stoïciens sont convaincus, et que l'être est un, et que la nature est corporelle ; mais, à y regarder de près, le point de vue panthéiste est celui qui domine. Chez Spinosa, l'idéalisme et le panthéisme jouent un rôle d'égale importance. Le spiritualisme d'Aristote, ou, pour être plus précis, son « intellectualisme » frappe surtout l'attention de l'historien ; le dualisme péripatéticien doit rester au second plan. Je ne puis multiplier les exemples. Ces indications données à la hâte suffiront, je l'espère, à faire comprendre comment pourrait être exécuté le travail que je propose. J'imagine qu'il y aurait là autre chose qu'un amusement frivole. Aidé de l'histoire, on se fixerait rapidement dans l'esprit la loi qui préside à l'évolution des doctrines métaphysiques ; on la saisirait dans ses applications multiples. Peut-être aussi prendrait-on l'habitude salutaire de ne pas accepter comme autant d'axiomes indiscutables les postulats qui sont les fondements de toute philosophie dogmatique (1). Le terme postulat est souvent un euphémisme ; on dit postulat pour ne point dire pétition de principe, expression désobligeante et qui mettrait bien vite en défiance les esprits les moins prévenus. Si la raison spéculative a ses postulats comme la raison pratique, il s'en faut que nous soyons tenus d'en subir le joug. Aussi bien, s'il n'est d'autres postulats qui s'imposent à notre option que ceux de la raison pratique, c'est décidément à celle-ci que la suzeraineté appartient. C'est elle seule qui doit être, en matière de métaphysique, juge du vrai, ou plutôt du vraisemblable.

---

(1) Il ne peut être question des autres philosophies : les doctrines sceptiques n'ont pas de thèse à imposer. Les doctrines critiques proposent les leurs et leur reconnaissent le caractère de *postulats*.

ART ET PHILOSOPHIE (1)

I

La liste serait longue des acceptions diverses susceptibles de convenir au nom de philosophie, si l'on voulait la dresser complète. On sait d'ailleurs qu'entre tant de façons de se servir du terme, il en est dont la définition échappe. Dire de quelqu'un qu'il a de la philosophie, qu'il se comporte vis-à-vis des hommes et des choses en vrai philosophe, cela peut signifier qu'il est assez égoïste pour rester impassible là où d'autres s'inquiètent ; cela peut signifier encore, non plus l'indifférence de cœur que rien ne trouble, mais la force d'âme que rien n'abat.

Faire servir le nom de philosophie à la désignation d'états de sensibilité ou d'attitudes morales, c'est l'employer d'une manière suggestive, non « dénotative ». Tout ce qui est du domaine de l'âme, et de l'âme intérieure, se traduit par des phénomènes, ou trop fugitifs, ou d'une contexture trop délicate pour entrer dans une

---

(1) Cf. Renan. *La Métaphysique et son avenir*, Paris, 1863. (Inséré à la suite des *Dialogues philosophiques*.) — *La Philosophie des Grecs*, d'Édouard Zeller, traduite en français : *Introduction du traducteur*. — M. Guyau, *l'Irréligion de l'Avenir*. Paris, 1887.

définition : Ce qui émerge à la surface de l'âme, ce qui est du domaine de l'âme extérieure, autrement dit de l'intelligence, se laisse plus aisément définir. La fonction de l'esprit est précisément d'extérioriser l'âme, de lui donner jour sur autre chose qu'elle-même, ce qui est le propre de toute connaissance. Qu'est-ce que connaître ? Connaître un objet, c'est, en quelque sorte, le parcourir, c'est attacher le regard sur chacune des parties dont il est fait, c'est ensuite le mettre en rapport avec d'autres objets plus ou moins analogues. Toute notion qu'un seul mot exprime en contient virtuellement deux autres, celle du genre qui l'enveloppe, celle de la différence qui la constitue à titre d'espèce. Pour *spécifier*, il faut d'abord *généraliser*. Dans les deux cas, il faut comparer. Définir un objet quelconque, c'est le dépouiller de sa matière variable, le réduire en notion, et cela n'est possible que si cet objet demeure fixe, si, pendant l'opération dont le but est de définir, il garde quelque chose de stable.

Or, les sentiments, en raison de leur promptitude à disparaître ou à se métamorphoser, se jouent des efforts du psychologue qui cherche à les immobiliser dans une définition. Aussi les mots à l'aide desquels on exprime telle ou telle disposition intérieure de l'âme ont-ils une signification mouvante et même assez complexe pour ne permettre point de mesurer leur portée. Laissons donc au littérateur le soin de nous dire ce qu'est un philosophe, dans l'acception vague et vulgaire : s'il est doué du talent d'écrire, il composera plusieurs chapitres fort agréables... après lesquels il lui en restera presque autant à écrire ; et jamais il n'aura lieu de se vanter d'avoir épuisé l'analyse.

Si, d'un côté, le terme philosophie s'applique à certaines attitudes de l'âme dont la description est plus facile que la définition, il s'applique, de l'autre, à désigner un genre de spéculation ou d'étude à limites variables, tantôt reculant à l'infini, tantôt enserrant son objet dans une étroite enceinte. Au temps de la première sagesse hellénique, les possessions de la philosophie étaient celles de la science. Au temps qui est le nôtre, les sciences bornent la philosophie et même s'agrandissent à ses dépens. Ceux qui lui font l'honneur rare de s'occuper d'elle, s'inquiètent de la voir exposée à de continuelles cessions de provinces et s'attendent à la voir bientôt rayée de la carte des connaissances. Et la source de cette inquiétude est la constatation d'un fait ou plutôt d'une loi historique.

L'histoire du développement des sciences coïncide avec celle du démembrement de la philosophie. On peut chercher des amendements à la formule donnée par Auguste Comte et qu'il applique à l'évolution du savoir. On ne peut méconnaître combien est vraisemblable cette distinction des *trois états* par lesquels passent et l'esprit et la méthode de la science. La théorie des fluides appartient à « l'état théologique » des sciences de la nature ; la théorie mécanique marque leur avènement à « l'état positif ». Toutes les sciences n'en sont point là : il s'en faut même de beaucoup. Toutes en viendront-elles là ? L'histoire, que Cicéron regardait comme le bien propre de l'orateur, n'a de prix, au temps où nous sommes, que dans la mesure où elle est scientifiquement traitée. La littérature elle-même commence à ne plus valoir qu'à cette condition. La *Salammbô*, de Gustave Flaubert, œuvre magistrale s'il en fut, est éclose lentement, laborieusement : le romancier, pour mieux l'écrire, a tenté de se faire historien. Ainsi, même dans les genres où l'imagination tenait naguère le premier rôle, elle feint de s'effacer devant le document. Plus l'on va, plus l'influence du fait devient prépondérante ; et c'est justice, assure-t-on, car c'est dans le fait que la loi s'enveloppe, et c'est à dégager la loi que l'intelligence humaine doit s'employer désormais.

Nos arrière-neveux souriront peut-être de ces essais qu'ils jugeront, non point, comme nous, sur les promesses, mais sur les résultats. Pour le moment, la confiance que ces résultats sont définitifs est partagée par le plus grand nombre, et la route de l'avenir leur semble désormais ouverte. Où la science n'a pas encore pénétré jusqu'à ce jour, elle pénétrera, et, là où elle aura posé le pied, elle s'installera en maîtresse. Les jours de la poésie indépendante sont déjà comptés. Lucrèce est le modèle que les poètes contemporains se vantent de suivre ; ils désertent le monde du rêve, et c'est de la science ou de l'histoire qu'ils font jaillir leurs sources d'inspirations.

Cet appétit du fait, cette chasse au document, ce souci impérieux d'exactitude, poussé parfois jusqu'à l'obsession, tous ces signes précurseurs d'une réduction de tout ce qui est objet d'effort intellectuel en province de la science, ne sont-ils pas, en même temps, les signes d'une disparition prochaine de la philosophie? Sous le nom de philosophie, plusieurs sciences formaient autrefois un groupe compact. La psychologie, déjà, s'est détachée du groupe ; la morale va bientôt suivre. Depuis Stuart Mill, la logique ne garde plus rien de l'état métaphysique ; le « concept » y est remplacé par la « chose. » De même, en morale, la question de savoir ce que nous avons à faire prime celle de savoir au nom de quoi nous avons à le faire. Les partisans de la morale formelle ne sont plus, semble-t-il, qu'une minorité négligeable et encore, dans cette minorité, on sait faire aux préoccupations « matérielles » d'importantes et graves concessions. La science « du devoir » est détrônée par celle « des devoirs ». Et la même chose se passe en psychologie. La curiosité se détourne de la substance pour s'attacher aux phénomènes. Les mots de matérialisme et de spiritualisme ont cessé d'avoir un sens : si l'on pouvait les oublier, on oublierait complètement aussi les questions démodées dans l'examen desquelles ils tenaient naguère tant de place. On peut faire de la psychologie sans croire à la réalité de la *res cogitans,* de la logique sans croire à la réalité de la pensée, de la morale sans croire à la réalité de l'obligation. Et ces trois sciences ne sont plus, comme on le croyait jadis, suspendues à la science des principes et des causes. La métaphysique n'est plus pour faire l'unité de ces trois sciences et le démembrement de la philosophie a consommé sa ruine. Ce sont là vérités devenues banales et qui mériteraient d'être passées sous silence, s'il ne se trouvait personne pour feindre de les oublier.

De la philosophie se sont détachées trois sciences dont l'idéal paraît être de se rapprocher de plus en plus, par la méthode, des sciences physiques et naturelles. Les causes sont désertées pour les lois, et le motif de cette désertion est partout le même. Il n'est pas autre que la préférence du certain à l'incertain, du travail efficace à l'effort stérile. Le passage de l'état métaphysique à l'état positif équivaut, pour chaque science, au passage de l'état d'adolescence à celui d'adulte. Il exclut, nous dit-on, toute indécision, toute incertitude, toute assertion plus ou moins conjecturale, et réduit les problèmes insolubles à la condition de problèmes imaginaires. « Nous fermons l'inconnu », telle est la devise du positivisme.

Mais pour détourner ses regards d'une chose, la supprime-t-on ? Supprime-t-on, par la seule conviction qu'il y fait obscur et qu'on n'y peut rien voir, cet abîme de l'inconnaissable dont l'existence paraît bien s'imposer, et aussi celle des mystères qu'il tient cachés dans ses profondeurs ? Bien plus, cette conviction qu'il y a des mystères n'est pas toujours un apaisement à la curiosité. A quoi bon d'ailleurs être curieux, obstinément curieux de ce que l'on sait ou de ce que l'on peut savoir rien qu'avec un peu de peine ? Quand on aura déserté la métaphysique, on alléguera pour raison qu'elle n'est pas une science; mais aura-t-on prouvé que tout ce qui n'est pas science n'est pas digne d'être ? L'activité spéculative a pour fin la science, mais la science n'en est point l'unique fin.

L'art, sous toutes ses formes, convient à l'activité d'un être doué de raison. Or, si la littérature, sous toutes ses formes, poésie, éloquence, critique, se laisse pénétrer par la méthode de la science, il semble que les beaux-arts résistent à l'invasion. Pourquoi, dès lors, la philosophie, loin de chercher à être une science, ne chercherait-elle pas à n'en être point une ? Pourquoi le philosophe ne se rapprocherait-il pas de l'artiste ? Tel est le vœu de M. Renan, tel est le souhait d'un assez grand nombre de jeunes esprits très amoureux de métaphysique, et qui, très décontenancés chaque fois qu'un savant vient la décrier ou la maudire, ne savent ni réfuter ni renoncer. Le rêve de leur adolescence spéculative hante toujours leur imagination, et s'ils consentent à dire que ce n'est qu'un rêve, ils refusent désespérément de le laisser évanouir.

A ces sceptiques auxquels manque le courage de savoir l'être jusqu'au bout, M. Renan prête l'appui de son autorité. Depuis l'article publié, vers 1863, sur la *Métaphysique et son avenir*, jusque dans ses écrits les plus récents, *Dialogues* ou *Drames*, il prend à tâche d'enlever à la philosophie tout droit de se présenter comme une science. Et cependant il n'ose lui contester tout droit d'être : « Semblable en cela à l'objet infini dont elle s'occupe, la philosophie offre cette singularité qu'on peut dire avec presque autant de raison qu'elle est et qu'elle n'est pas. La nier, c'est découronner l'esprit humain ; l'admettre comme une science distincte, c'est contredire la tendance générale des études de notre temps. Un seul moyen reste, suivant moi, pour tirer la philosophie de cette situation indécise, c'est de convenir qu'elle est moins une science qu'un côté de toutes les sciences. Qu'on me permette une comparaison vulgaire : la philosophie est l'assaisonnement sans lequel tous les mets sont insipides, mais qui à lui seul ne constitue pas un aliment. Ce n'est pas à des sciences particulières, telles que la chimie, la physique, etc., qu'on doit l'assimiler ; on sera mieux dans le vrai en rangeant le mot de *philosophie* dans la même catégorie que les mots d'*art* et de *poésie*. La plus humble comme la plus sublime intelligence a eu sa façon de concevoir le monde ; chaque tête pensante a été à sa guise le miroir de l'univers ; chaque être vivant a eu son rêve qui l'a charmé, élevé, consolé ; grandiose ou mesquin, plat ou sublime, ce rêve a été sa philosophie.

» Voilà pourquoi l'histoire de la philosophie ne ressemble nullement à l'histoire des autres sciences ; elle n'a pas de développements réguliers, elle ne procède point par des acquisitions successives... La philosophie, c'est l'homme même : chacun naît avec sa philosophie comme avec son style. Cela est si vrai que l'originalité personnelle est en philosophie la qualité la plus requise, tandis que dans les sciences positives la vérité des résultats est la seule chose à considérer. » — M. Renan ne dit pas qu'en philosophie le souci du vrai ne doit apparaître qu'au second plan, qu'on fait de la philosophie uniquement pour se procurer une distraction de grand seigneur, qu'on naît philosophe comme d'autres naissent musiciens, sculpteurs, architectes ; il n'ose aller jusqu'au bout de son opinion. Mais telle est bien l'opinion qu'il ne craindrait pas d'exprimer si depuis longtemps l'habitude ne lui était chère de laisser au lecteur le soin de deviner sa pensée.

Un autre philosophe, et qui est tout l'opposé d'un douteur, M. Boutroux, dans sa belle *Introduction* à la *Philosophie des Grecs* d'Edouard Zeller, n'a pas craint d'écrire : « La philosophie conserverait sans doute un lien de parenté avec la science ; mais elle en aurait un aussi avec la religion et l'art, qui sont les créations relativement immédiates de l'activité pratique ; et cette double parenté constituerait son caractère propre. La philosophie ne serait fondée exclusivement, ni comme la science, sur les principes de la raison théorique, ni comme la religion, sur les principes de la volonté. Elle participerait à la fois de la volonté et de la raison, cherchant si l'une doit être élevée au-dessus de l'autre, ou si toutes deux doivent être mises sur le même rang, si elles doivent être ramenées à l'unité, et de quelle manière. Elle impliquerait, et des éléments scientifiques et des éléments religieux ou artistiques ; et elle aurait pour mission d'établir de justes rapports entre ces éléments. »

M. Boutroux diffère de M. Renan sur plus d'un point. S'il nie que la philosophie ne soit qu'une science, il ne veut pas en éliminer tout élément scientifique ; mais il veut qu'elle ait des relations avec l'art, qu'elle soit une œuvre essentiellement humaine et personnelle. Enfin l'auteur si profondément regretté de l'*Irréligion de l'Avenir*, Guyau, soutient une thèse analogue : il demande à la philosophie de respecter la science ; mais il exige que sans cesse elle innove, et que l'imagination métaphysique ne devienne jamais lasse de fournir. Plus on ferait succéder les hypothèses aux hypothèses, plus on aurait de solutions à choisir, plus on aurait de chances d'avoir mis la main sur la solution vraie. Semblable à l'artiste, le philosophe ne devrait jamais cesser d'enfanter des systèmes, dût celui de demain démolir celui d'hier, et être lui-même bientôt démoli.

Il est donc vrai : plus le temps marche, plus la conception de la philosophie considérée comme science tend à se dissoudre et à se laisser remplacer par une autre. Ou bien la philosophie devient positive (ce qui revient au suicide) ou bien elle déserte le groupe des sciences proprement dites pour se rapprocher du groupe des arts. Que devons-nous penser de ce rapprochement ? Avons-nous des raisons de le présumer durable ?

II

Platon élevait la philosophie à la dignité de *Science*. En même temps il comparait l'art de la dialectique à l'art du musicien. Celui-ci sait à merveille quels sons se marient à d'autres ; celui-là, le dialecticien, excelle à discerner quelles Idées se mêlent à d'autres. Par quelle méthode discernera-t-il les bons mélanges des mauvais ? Le dialecticien sera expert en tout, en géométrie, en astronomie, en musique. Ces arts et ces sciences le prépareront à son métier futur : à les pratiquer il deviendra plus habile, non plus savant et saura mieux faire usage de ses facultés. Tant qu'il n'aura point franchi le seuil de la Science par excellence, il en ignorera le tout. La Dialectique a sa méthode propre, que l'on peut comparer à une méthode d'inspiration : le dialecticien affirme avec certitude, mais les garanties de cette certitude lui échappent. Il dit : « cela est vrai », comme le musicien dit : « cela est harmonieux ». Il ne sait pas, puisque la démonstration proprement dite ne suit point ses affirmations ; il ne définit même pas selon les règles. S'il cherche le vrai, il le cherche donc en vain, car sa méthode ne le conduit qu'au vraisemblable. On semble, par suite, autorisé à conclure en s'appuyant, d'une part, sur les objections d'Aristote, de l'autre, sur les déclarations implicites de Platon lui-même, que la philosophie, selon la manière dont il l'envisageait, serait incomparablement plus près de l'art que de la science.

Platon demandait à l'allégorie de l'élever jusqu'où l'observation ne lui permettrait pas d'atteindre, et, à défaut de l'intuition intellectuelle, il se confiait à l'extase. Cette extase n'avait rien de celle dont l'inconscience est le caractère, état presque pathologique et qui rappelle celui de l'âme aux premiers jours de la naissance, lorsque, tout entier absorbé dans l'objet, le sujet pensant ne sait ni s'il pense, ni s'il existe. Le génie de Platon était trop profondément grec pour ne point faire coïncider, avant Aristote, le Suprême Intelligible et le Suprême Désirable. L'allégorie lui était une méthode pour raviver des souvenirs imparfaitement éteints, pour faire recouvrer à son entendement la possession effective des idées éternelles. A l'extase muette et morne de Plotin, il eût cent fois préféré la condition des misérables captifs qui, sur les murailles de la Caverne, aperçoivent tout au moins les projections lumineuses des choses. L'extase féconde avait seule du prix à ses yeux, celle qui enfante les créations du grand art, de la grande poésie.

Platon assignait donc au philosophe la mission de découvrir les principes suprêmes, mais de les découvrir à l'aide d'une véritable méthode d'invention. Disposé à beaucoup moins de réserves que ne l'était le second inventeur de la Dialectique, M. Renan, lui, délivre le philosophe des derniers liens qui l'attachaient à la science. Tout au plus, afin de ne pas contrister ses jeunes contemporains, accepterait-il pour la philosophie de la part de la science les bienfaits du protectorat : les avantages de l'annexion le laissent incrédule.

On peut penser, avec lui, qu'une parenté peu éloignée rapproche le philosophe de l'artiste. Tous deux imaginent ; curieux de documents, de faits, ils recueillent et collectionnent, mais pour pétrir et transformer.

Les chefs-d'œuvre des devanciers ne sont point pour l'artiste un invincible obstacle à la libre expansion de son génie personnel. Il est vrai que tout a été dit, ce qui n'empêche que tout reste à dire ; le grand artiste renouvelle l'art : Le grand philosophe est celui qui renouvelle la philosophie. Etranger au désagrément d'être venu trop tard, il ne touche pas aux constructions élevées avant sa venue. Il bâtit en face, à côté ; peu lui importent le lieu et la distance. Ni le terrain ne lui manque, ni l'effort pour méditer un plan, ni la patience de l'amener de la puissance à l'acte.

Il est des renaissances dans l'ordre des beaux-arts : il en est dans l'ordre de la philosophie. Aristote gouverne la scolastique : le XVIe siècle, ou l'interprète avec indépendance, ou recule jusqu'à son prédécesseur ; on traduit Platon, on s'attache à ses dogmes, et chaque philosophe se choisit son maître sans tenir compte de l'ordre des temps. La querelle des anciens et des modernes, entre savants, n'aurait point de raison d'être ; Pascal l'a dit en d'autres termes. Mais la célèbre comparaison du grand homme qui marche et qui apprend toujours, applicable au progrès scientifique, ne l'est plus au progrès des arts et des lettres. Aussi bien, dans les lettres et dans les productions de l'art, où est le progrès ? Les grands maîtres ne sont-ils pas les plus anciens ? Et en philosophie, où est le progrès ? Aristote ne dépasse-t-il pas Auguste Comte ? Il savait moins, sans doute ; mais il pensait mieux.

L'artiste par ses créations cherche à se complaire. — Le philosophe souffrirait d'une doctrine qui heurterait ses tendances et ses aspirations ; et la preuve qu'il en souffre, c'est qu'aucune doctrine existante ne réussit généralement à le contenter. Aussi bâtira-t-il sur un fond entièrement à lui.

L'artiste dans ses créations cherche le vraisemblable. — Même quand le philosophe poursuit le faux, il se croit sur la route du vrai. Enfin, si l'on accorde que le point de vue de la science est celui de l'analyse, le point de vue de l'art, celui de la synthèse, c'est de l'art que la philosophie se rapprochera, le plus, car elle s'adresse au concret, au vivant ; et tandis que l'analyse l'en écarterait, la synthèse l'y ramène.

Voilà les analogies sommairement indiquées. L'opinion émise par M. Renan est donc, à tout le moins, spécieuse. Peut-être on fera bien d'attendre avant de s'y rallier.

III

D'abord, si l'on invoque Platon, ainsi que M. Renan ne l'a point fait, mais l'aurait pu faire, il convient de s'en tenir au fond de sa pensée. Sans doute, l'art et la philosophie lui semblent apparentés, mais, au temps de Platon, la distinction des arts et des sciences était moins profonde qu'aujourd'hui. Aristote, non plus, ne croit pas devoir exagérer cette distinction : il est, d'après lui, des sciences poétiques, non théorétiques, et les beaux-arts en dépendent. En outre, si Platon rapproche l'art du dialecticien de celui du musicien, c'est que, d'une part, le dialecticien opère sur les Idées comme le mathématicien sur les nombres, et que, conformément aux enseignements de Pythagore, l'art musical est en quelque sorte greffé sur la mathématique. Le rapprochement de la dialectique et de la musique se fait, chez Platon, à l'aide d'un moyen terme, qui est la science la plus théorétique de toutes, après celles des Idées.

Lorsque Socrate improvisait un mythe (si tant est que l'appareil dramatique des *Dialogues* et le goût du personnage principal pour les allégories soient empruntés à des traits de caractère propres à la personne), il savait bien qu'il ajoutait au vrai, qu'il l'embellissait. Le signe divin, le « démon », consentait par son silence à ces merveilles de la fantaisie. Lorsque Platon écrivait sous la dictée de la Muse, il y allait vraisemblablement de toute sa bonne foi. Il faut distinguer entre la théorie de la Réminiscence et les mythes dont se sert Platon pour la rendre exotérique. Si l'on admet, cependant, que la théorie de la Réminiscence est autre chose qu'une explication par à peu près, on doit admettre qu'entre M. Renan et Platon, il y a bien quelque différence. L'un peut faire penser à l'autre en raison du charme que tous deux répandent sur leurs écrits : mais la similitude ne va pas plus loin et ne saurait masquer les contrastes. Entre eux, on aperçoit bientôt une distance longue à franchir, celle du croyant à l'incrédule. Chez l'un, le mythe est un divertissement, un intermède qui console de la réalité par le rêve ; chez l'autre, il est une méthode qui met l'entendement dans la possession du vrai, l'âme dans la jouissance par anticipation de la vie éternelle.

Les Grecs — et Platon en cela incarnait le génie grec — avaient trop de penchant à l'optimisme pour distinguer, comme nous, le travail et le jeu. Peut-être même la négligence de cette distinction leur a-t-elle coûté leur vie nationale. Mais comment auraient-ils fait ce discernement, eux si prompts à concevoir, à trouver les moyens d'exécution, à ne ressentir qu'en des occasions exceptionnelles le tourment qui s'attache à la puissance d'inventer? Aussi, quand bien même il serait arrivé à Platon d'identifier la philosophie et l'art, — et l'on ne peut dire que cela lui soit arrivé, — quand bien même le texte emprunté à M. Renan serait la traduction littérale d'une sentence platonicienne, on aurait tort de se laisser prendre à l'analogie des formules. Derrière un même texte il y aurait place pour deux pensées profondément séparées.

De même, si l'on soutenait, aujourd'hui, à la fin du XIXe siècle, que la philosophie confine à la musique (1), il faudrait, sous peine de paraître plaisanter, appuyer ce paradoxe sur des arguments aussi invincibles qu'inattendus. La sentence de Platon ne signifierait plus aujourd'hui ce qu'elle signifiait de son temps. La comparaison du philosophe au peintre aura-t-elle plus de chances d'être prise au sérieux? Pas davantage. Le peintre idéalise

---

(1) Ce développement peut sembler oiseux. Nous estimons, pour notre propre compte, qu'à s'épargner les remarques de ce genre, toutes puériles qu'elles aient l'air d'être, on s'expose à se complaire dans des formules vagues ou fausses. Ainsi, que la philosophie soit un art, on peut le dire sans choquer personne; et cependant, comparer la philosophie à chacun des arts classés et définis, cela est bien près d'être une sottise : la contradiction saute aux yeux. Mais, pour qu'elle saute aux yeux, il faut appuyer sur la sottise, la mettre dans tout son jour, et, par suite, faire ressortir, par voie de conséquence, l'erreur initiale, à savoir la tentative de rapprochement entre la philosophie et l'art. Ou bien le mot *art* garde le sens qu'on lui connaît, et le rapprochement est plus que contestable ; ou bien il prend une signification élastique, confuse, et alors le rapprochement ne signifie plus rien.

sans doute, mais il copie avant d'idéaliser ; chez lui, la vraisemblance est près de la ressemblance, qualité jugée secondaire là où on la trouve, mais qui paraît essentielle là d'où elle est absente.

— Vous faites le sophiste, nous sera-t-il objecté; à quoi bon faire ainsi comparaître successivement les beaux-arts pour leur comparer la philosophie ? Prenez-y garde : d'une idée juste de M. Renan vous êtes en chemin d'extraire une sottise, et l'on a mieux à faire qu'à vous réfuter. —

D'accord. On ne peut cependant extraire des mots que ce qu'ils contiennent. Or, qu'est-ce que l'art en dehors des beaux-arts ? Que reste-t-il du concept d'art quand on l'a allégé des concepts spéciaux qu'il enveloppe ? En admettant que l'opération donne un reste, il sera bien difficile de déterminer ce reste et de mettre un terme aux controverses métaphysiques dont il sera la cause occasionnelle. Le mieux est, croyons-nous, de dégager d'un mot, comme celui d'*art* ou de *poésie,* toutes les notions principales qu'il enveloppe. On ralentit la discussion, peut-être ; mais, à la ralentir, on l'approfondit.

Qu'y a-t-il donc de commun à la poésie et à la philosophie ? Platon, Plotin, Malebranche, les ont rapprochées sans doute, mais par leurs attributs secondaires. Il n'est pas vrai que le langage poétique serve toujours au mieux les intérêts ni de la philosophie, ni du philosophe.

Platon, selon nous, cherche, dans l'emploi des ressources poétiques, un moyen de découvrir et de communiquer ses découvertes. On peut cependant contester cet avis et regretter que Platon ait cru devoir, en s'adressant au public, étouffer sa pensée sous les ornements du discours. S'il avait écrit en vraie prose, on saurait mieux quelle fut sa véritable doctrine. Voilà pour la philosophie. Quant à la poésie, le contact de la philosophie ne lui est nullement indispensable, et c'est une profonde parole que celle de Schiller s'adressant au poète : « Ose te tromper et rêver. » Le poète, lui, est irresponsable des palinodies de sa muse. Guyau se reposait de la philosophie en composant des vers. Où allait-il glaner ses inspirations ? A peu près partout, et assez indifféremment ; et souvent l'on cherche ce qu'il a pensé à travers ce qu'il a chanté (1). Ainsi, dans les compositions du genre poétique, la sincérité du poète n'est qu'accessoire, et les poèmes qui ne sont que sincères ne gagnent pas à coup sûr les couronnes de l'Académie française, même sous l'étiquette protectrice de prix Montyon.

Oserait-on poursuivre et mettre en parallèle la philosophie et... l'architecture ? Le caractère *architectonique* attribué par Kant à l'œuvre du philosophe excuserait la comparaison et, au besoin, la justifierait. En effet, toute doctrine de philosophie, au moins dans l'assez grande majorité des cas, vise à être systématique ; elle peut se développer par parcelles et dans un ordre arbitraire, pourvu que l'on modifie cet ordre et qu'on organise les parties, de manière à former un tout concertant. L'architecture se distingue des autres arts en ce qu'elle n'est point, comme eux, fin en soi, et que la recherche du beau n'y est pas absolument désintéressée. Si les piliers de Notre-Dame de Paris servent « à porter jusqu'au ciel le magnifique témoignage de notre néant », ils servent aussi à empêcher la chute de l'édifice. Moins libre que le poète, que le peintre, que le musicien, l'architecte doit assurer l'équilibre de ses constructions ; son métier lui en

---

(1) Tel n'est point l'avis de M. Fouillée. Dans le livre qu'il consacre à Guyau, il prend à tâche d'unir le philosophe au poète, et souvent il est bien près d'y réussir.

fait une obligation. L'art qu'il cultive ne vise donc pas uniquement à la réalisation du beau. Dans l'hypothèse où la philosophie appartiendrait à la catégorie des beaux-arts, elle aurait cela de commun avec l'architecture, qu'elle viserait à tout autre chose qu'à éveiller l'admiration ou l'enthousiasme. La fin accessoire de l'architecture est la solidité, la commodité du bâtiment, la disposition des parties dont il se compose en vue de sa destination. Le peintre peut se dire : « je vais faire un beau tableau », le poète : « je vais écrire un bon sonnet », le musicien : « je vais composer une belle œuvre », sans se préoccuper à l'avance de la nature du sujet. *Currente rota cur urceus exit?* demande Horace. Pourquoi Gœthe, au moment où il composait l'idylle d'*Hermann et Dorothée*, élevait-il ce genre secondaire au niveau de l'épopée ? Pourquoi George Sand, au moment où elle réalisait le projet d'écrire *Consuelo*, donnait-elle à ce qui devait avoir l'étendue d'une simple nouvelle les proportions d'un roman épique, à la manière de Dumas et de Walter Scott tout ensemble ? Le génie a ses caprices, et cela porte bonheur de ne pas les contrarier. Il serait étrange, néanmoins, que l'architecte s'en permît de semblables. S'il a le droit de se mouvoir librement dans l'étroite enceinte d'un programme, transgresser cette enceinte lui est interdit.

Le philosophe, comme lui, n'a point ses coudées franches ; mais, sérieusement, est-il exact, est-il même de bon goût de pousser plus loin la comparaison ? D'abord, tandis que l'un est tenu de bien comprendre sa construction, et de ne jamais perdre de vue l'utile, l'autre reste indifférent à l'utile et ne se préoccupe que du vrai. S'il le manque, il l'imagine ; mais, avant de l'imaginer le plus beau possible, il s'arrange de manière à ne négliger point le vraisemblable.

IV.

On alléguera que l'esthétique n'est pas indépendante, et que la beauté risque d'échapper à qui la cherche hors du vrai. — Il y a là un risque, rien de plus cependant. Si la beauté gagne à la « camaraderie » de la vérité, on ne peut assurer néanmoins que cette camaraderie partout soit indispensable. Les pessimistes, pour qui l'art est un refuge, lui demandent de corriger les imperfections du réel, et de les consoler des maux de ce monde par la représentation d'un monde meilleur imaginaire. L'extrême invraisemblable déplaît, moins peut-être parce qu'il est invraisemblable que parce qu'il est extrême : on peut disputer sur ce point, et, après discussion, se convaincre que la beauté n'est nullement en raison directe de la vraisemblance. Elle se mesure d'ordinaire à l'intensité du sentiment que sa présence détermine. Quant aux racines profondes de ce sentiment, elles varient selon les œuvres et les dispositions des spectateurs. Les dilettantes épris de réalisme sont loin d'être la majorité : en outre, ils auraient quelque peine à démontrer que leurs « réalistes » de prédilection l'emportent sur leurs émules uniquement par l'habileté à reproduire. M. Zola est un faux réaliste : il n'idéalise que le laid, soit, mais il l'idéalise.

Dans sa marche à travers le monde des causes, le philosophe cherche-t-il un autre monde où il se console des imperfections du nôtre ? La philosophie est-elle un divertissement, une distraction, un jeu ? Elle prendrait place dès lors aux antipodes de la science, là où M. Renan souhaiterait qu'elle s'établît pour toujours.

C'est là le fait d'un dilettante revenu des illusions de la métaphysique, revenu toutefois sans être complètement guéri. Désormais, il distinguera les rêves des philosophies des certitudes de la science, mais il s'est bien promis de rêver encore. Il écoutera donc « converser les lobes de son cerveau » et leur servira d'interprète. Il cherchera ce que le monde aurait pu être, ce qu'il pourrait bien être, après tout. Le jour de sa réception à l'Académie française, M. Renan disait que la sphère de l'idéal et la sphère du réel se meuvent sans se toucher. A d'autres moments, il avait dû être d'un autre avis, car il estime que sur les sujets de ce genre la contradiction ne saurait être un mal. Après tout, que lui importe, si le monde par lui rêvé surpasse en excellence l'œuvre du Créateur ! Tant pis pour sa toute-puissance, tant mieux pour le grand artiste aux leçons de qui l'éternel Démiurge a négligé d'assister ! D'autres jouent au whist, aux échecs. M. Renan, lui, joue à Dieu le père, et c'est miracle quand il manque sa réussite. Dans les jours où ce désagrément lui arrive, il met à profit l'insuccès et prend une nouvelle attitude. On a vainement essayé d'une hypothèse : on essaiera de l'hypothèse contraire et on les adoptera toutes deux. Si la pensée de l'homme était soustraite à la loi du temps, elle aurait ou le don d'ubiquité ou l'équivalent de ce don, et elle embrasserait dans une même étreinte l'affirmation d'un dogme et sa négation. Pour remédier à cette imperfection, la pensée ira de l'une à l'autre, elle tournera comme un cheval de manège autour des possibilités métaphysiques et elle ne se lassera point de tourner. « Les vérités de la conscience sont des phares à feux changeants. A certaines heures, ces vérités paraissent évidentes, puis on s'étonne qu'on ait pu y croire. » Demain, on s'étonnera du contraire, et ainsi de suite. N'est-ce pas l'unique moyen d'éviter l'erreur, au moins dans la mesure où elle est évitable ? Si vous avez traversé deux croyances contraires, une fois sur deux vous aurez eu raison. —

Ce sont là « jeux de prince » ou plutôt jeux de dilettante, et nous croyons qu'il est à leur usage un inexprimable plaisir dû à l'inspection des deux cornes d'un dilemme ; et M. Renan n'est point seul à vouloir que la pensée s'expose aux aventures métaphysiques. Peut-on espérer cependant que la pensée ne se lassera point de jouer tant que l'on n'intéressera point la partie ? Le pari de Pascal se comprend, parce qu'il y a un enjeu et que l'enjeu est d'un prix infini. Les paris successifs de M. Renan, de MM. Fouillée et Guyau, sont trop désintéressés pour trouver des parieurs. Un dilemme, d'ailleurs, est un argument d'où il résulte que l'on doit agir ou s'abstenir ; alors on le pose, on le développe et l'on se fait écouter, parce que du degré de persuasion auquel aura été conduit l'auditeur dépendra sa bonne ou sa mauvaise conduite. Ainsi en est-il du pari de Pascal. Les risques métaphysiques auxquels nos philosophes contemporains nous exhortent offrent infiniment moins de dangers : il n'est guère de jeux plus inoffensifs, aussi n'en est-il pas de moins divertissants.

Le plaisir esthétique que le philosophe va chercher dans la spéculation est semblable à ces jouissances que Sénèque qualifie de *sévères*, car elles naissent de la plus sérieuse de toutes les occupations de l'esprit. *Non hanc sed et hanc*, écrivait encore le même Sénèque au sujet des plaisirs procurés par la vertu : ces plaisirs viennent, mais pour compléter, pour parfaire, pour assaisonner l'acte ; ils viennent par surcroît. Tel est le rôle du plaisir dans la pratique du bien, tel nous paraît être le rôle de la beauté dans les méditations du philosophe ; présente, elle charme ; absente, elle se fait à peine regretter. Une hypothèse peut être pleinement satisfaisante et n'être point belle. Le philosophe que sa logique contraint à l'admission des peines éternelles, admet au nom de la justice une croyance contre laquelle ses sentiments d'indulgence et de miséricorde s'insurgent : l'insurrection pourra durer sans être victorieuse. Le disciple de Schopenhauer qui croit à la déraison de la *Volonté* n'y croit pas pour se faire plaisir : s'il est pessimiste, c'est qu'il affirme que le monde devrait être autre qu'il n'est. Voilà deux croyances dénuées de toute valeur esthétique ; ont-elles pour cela moins de chances d'être partagées ?

Examinons maintenant le cas où l'hypothèse peut se prétendre belle. Soit, par exemple, l'hypothèse de l'unité des forces physiques ; elle est majestueuse, elle est grandiose. L'est-elle pour tout le monde, y compris ceux qui la combattent ? Les partisans du libre arbitre dont cette hypothèse, par voie de conséquence, ruine ou semble ruiner les preuves, la jugent fausse et restent insensibles à sa prétendue beauté. La valeur esthétique de la théorie darwinienne n'échappe-t-elle pas aux adversaires de Darwin ? D'une manière générale, la beauté d'une doctrine, d'une théorie, d'une hypothèse, est-elle indépendante de sa vérité présumée ? On ne peut l'affirmer, on doit même soutenir le contraire. Quand il s'agit du mérite esthétique d'une théorie, toute présomption d'erreur ou d'invraisemblance fait baisser l'admiration. Les théories philosophiques seraient-elles donc affranchies de cette loi ?

M. Renan et ceux de son école espéreraient vainement le faire croire. Ou cette opinion est un paradoxe insoutenable, ou les hypothèses, les doctrines, de quelque nom qu'on les appelle, perdent toute raison d'être.

Elles cherchent à expliquer ce que l'expérience laisse inexplicable ou insoluble et elles ne servent qu'à cela. Elles visent à réparer les brèches de la science positive ; elles ont pour but d'étendre et d'élargir le champ de la connaissance et non de le faire perdre de vue. Par les théories, on domine les faits de l'expérience, et voyant de plus haut, on voit plus loin, infiniment plus loin dans tous les sens ; mais on n'en détache point le regard. Si l'homme a besoin de la vie d'outre-tombe, c'est afin de donner un sens à la vie terrestre. Si l'infini l'attire, c'est dans l'espérance de s'y retrouver, non de s'y perdre. Et le savant rêve non moins que le philosophe, et il étouffe comme lui dans les limites étroites du monde des faits. Mais s'ils le dépassent l'un et l'autre, c'est pour savoir et prévoir.

Les créations du philosophe sont des inductions ; voilà ce qui les distingue des créations de l'artiste. Et il n'en faut point davantage pour reléguer à l'arrière-plan les ressemblances, d'ailleurs incontestables, entre ces deux genres d'activité spéculative. Ainsi que le remarquait Aristote, entre la théorie et la pratique, la « poésie » est une sorte de moyen terme. L'artiste n'agit pas au sens propre du mot, non plus que le savant ou le philosophe : de part et d'autre, on *contemple*, on s'étonne, on admire. L'admiration du philosophe a pour fin une explication ; il est tenu de répondre à ceux qui lui demandent : « Qu'est-ce que cela prouve ? » Devant une semblable question, l'artiste a le droit de hausser les épaules. Son devoir est de produire la beauté : du reste on le tient quitte.

Autres différences. L'artiste ne poursuivant que le beau, rien ne l'oblige à se le représenter conforme à un modèle stable. Il peut exercer son talent de mille manières, varier ses sujets. Plus il excelle à les varier, plus il atteste que son génie est souple, plus il montre de fécondité, de puissance inventive. Ne jamais se reposer et chaque fois se frayer une voie nouvelle, voilà son rêve, son ambition. Michel-Ange conçoit le *Moïse* et le sculpte. Après le *Moïse*, c'est le *Penseur* ; après le *Penseur*, c'est le plafond de la Sixtine... — Comparez avec Descartes : après les mathématiques viendra la physique ; après la physique la métaphysique, mais ce seront là les fragments successifs d'une science dont toutes les parties se tiendront étroitement unies. L'artiste exécute des œuvres ; le philosophe se consacre à l'accomplissement d'un « grand œuvre. »

Demander au philosophe d'imiter l'artiste, de varier ses conceptions et ses solutions, c'est lui demander d'abdiquer. Le dilettantisme convient à l'artiste dont il stimule la fécondité ; il ne saurait convenir au philosophe, car l'oscillation perpétuelle entre des thèses contradictoires aurait pour conséquence inévitable l'impuissance d'expliquer, l'incapacité sans remède de se reposer dans l'affirmation, dans la croyance. — « Il est des sujets où l'on aime mieux déraisonner que se taire. » — Il est des sujets où l'on n'aime pas se taire ; mais on aimerait mieux se taire que de déraisonner. Or, si après avoir séjourné dans les environs d'une doctrine, on se transporte aux abords de la doctrine opposée, une fois sur deux l'on aura eu tort et l'on aura déraisonné une fois sur deux.

Depuis Kant, il n'y a plus à discuter pour faire reprendre à la philosophie son rang parmi les sciences. Descartes, qui jugeait la certitude de la métaphysique comparable à celle des mathématiques, se déjugerait sans doute s'il revenait parmi nous. Est-ce une raison, cependant, de vouloir que le nom de philosophie se rapproche de celui de poésie, et que, par une conséquence nécessaire, le rapprochement des noms amène celui des choses ?

On a beau faire, les points de ressemblance entre l'art et la philosophie ne sauraient effacer cette différence essentielle ; le but de la philosophie est d'expliquer, le but de l'art est de plaire. L'art remue l'âme en s'adressant au cœur. Pour atteindre jusqu'à l'arrière-fond de l'âme, il faut que la philosophie se soit fait accepter par l'intelligence. Les vertus esthétiques d'une doctrine dépendent de sa valeur explicative ; celle-ci fait naître celles-là, quand elle les fait naître, ce qui n'arrive pas toujours, et n'est jamais, d'ailleurs, une condition indispensable.

La valeur explicative d'une philosophie est-elle du même genre que celle d'une hypothèse scientifique ? Du même genre, oui, puisque, de part et d'autre, l'important est d'expliquer ; de la même espèce, non. La théorie de l'unité des forces, pour s'être étendue au delà des frontières de la physique, vise, en premier lieu, à établir entre les propriétés de la matière une relation d'analogie ou même d'identité. Originairement, elle ne saurait viser à rien autre. La généralité est le propre des théories scientifiques : une théorie philosophique a l'ambition d'être universelle, d'envelopper dans son explication les faits de toute nature. Il en est, parmi les faits, devant lesquels la science positive ou se tait, ou hésite, ou balbutie ; leur obscurité les rend impénétrables, presque inabordables. Elle ne peut faire qu'ils n'existent, ni même qu'ils ne tiennent une grande place dans la vie de l'homme. Ils appartiennent donc à la réalité au même titre que les autres phénomènes. Une philosophie qui les laisserait en dehors d'elle manquerait à ses promesses, car elle ne doit rien laisser d'inexpliqué.

Ces faits ont l'homme pour siège, et c'est dans notre for intérieur qu'ils semblent résider. Dans le nombre se trouvent compris ceux dont résulte la vie morale et ceux qui composent la vie esthétique. Ils défient toute mesure, car ils échappent aux observateurs du dehors. Aussi n'ont-ils pas encore donné lieu à des résultats positifs, unanimement acceptés. Pour lever cet obstacle, il faudrait les travestir en faits externes, les étudier à travers leurs signes sensibles, comme on va du mot à l'idée. On a essayé, mais sans réussir pleinement. Loin de là ; tout porte à croire que des difficultés insurmontables s'opposent et s'opposeront toujours au succès de semblables entreprises... Et pourtant ces faits se passent en nous : nous les éprouvons, nous leur devons nos joies et nos douleurs les plus profondes : il y a donc lieu de les expliquer.

La méthode des sciences positives expérimentales ne pouvant réussir à les pénétrer, les délaisse, ou, si elle s'en occupe, ne s'attache qu'à ce qu'ils présentent d'accessible, autrement dit de superficiel. De là vient que les problèmes relatifs à ces faits ne se ressentent guère des progrès de la méthode et du savoir scientifiques. De temps à autre, le bruit se répand que l'on a fait une découverte ; on s'informe et l'on en est pour ses frais de crédulité. Ces faits-là ne relèvent point de la science : la patience et l'obstination du chercheur sont impuissantes à en découvrir le secret. Il en est peut-être tout autrement de ce génie de l'intuition, dévolu à certains esprits d'élite et qui paraissent dans l'humanité sans qu'on puisse prédire, autrement qu'après coup, leur apparition nécessaire. La force et l'étendue de leur génie n'est pas en la dépendance du degré d'avancement intellectuel de l'humanité. Dès lors, pour mesurer l'autorité d'un philosophe, il ne suffit point de connaître son siècle. La vue d'un moderne pourra se troubler là où avait pénétré le regard d'un ancien. Auguste Comte est un logicien médiocre ; Aristote, parmi les logiciens, garde le rang suprême. Et la raison, c'est que le progrès des sciences n'est pas indispensable au progrès de la logique ; pour que cette science naquit, il suffisait que l'homme pensât et réfléchît sur ses pensées. Or, qui empêche la puissance de réflexion d'un Aristote d'être supérieure à celle d'un Locke, d'un Condillac ou même d'un Stuart Mill ? De là vient qu'en philosophie, comme dans l'art, la distance des temps ne saurait nécessairement influer sur le choix d'un maître.

Si l'on admet que le génie philosophique se reconnaît à la pénétration, à la profondeur, et que ces qualités précieuses ont pour résultat de tirer de l'obscurité un certain nombre de faits intellectuels ou émotionnels précédemment insaisissables, on est bien près de comprendre pourquoi le philosophe qui s'enfonce dans les replis de l'âme ne peut appuyer ses descriptions ou ses explications sur des preuves invincibles. Il sait donner les conclusions de ses enquêtes ; mais, pour en expliquer tous les motifs, il faudrait qu'il mît sous les yeux des autres ce qu'il a vu par lui-même, qu'il les menât jusqu'où son génie l'a porté. Or, cela est impossible : pour être capable de bien comprendre un philosophe, il faut l'être de le deviner, ce qui exige entre notre esprit et le sien certaines affinités plus faciles à surprendre qu'à définir exactement. Il en résulte qu'une doctrine de philosophie ne saurait avoir, aux yeux de tous, le même degré de vraisemblance. L'allégorie de la Caverne n'a décidément rien perdu de sa signification profonde : pas plus aujourd'hui qu'il y a vingt-trois siècles, le vulgaire ne sait distinguer les voyants agités d'un délire soi-disant divin, du philosophe dont la pensée s'élève ou s'enfonce, domine ou approfondit, mais ne reste jamais à fleur d'expérience.

On enseignait, on enseigne encore que la philosophie est une science fondée elle-même sur une autre dont le but est la connaissance de l'âme, et la méthode, l'observation. Le nom « d'expérience interne » a reçu droit de cité dans notre langue et rien ne semble plus facile que de donner et de développer sa définition. Peut-être, néanmoins, gagnerait-on à s'en épargner un trop fréquent usage. Les mots s'usent à force de servir, et, ce qui est plus grave, ils n'arrivent à l'usure qu'après une longue déformation. Ainsi en est-il advenu du mot dont je parle, et il est devenu presque impossible de le prononcer ou de l'écrire sans lui adjoindre quelque commentaire. Qu'est-ce en effet que cette méthode qui a reçu le nom d'observation interne ? Consiste-t-elle à regarder simplement les choses de l'âme comme chacun les voit, à les décrire comme chacun le pourrait faire, s'il savait ou voulait en prendre la peine ? Dans ce cas, la psychologie mérite à peine le nom de science : à un pêle-mêle de notions indécises et juxtaposées ou superposées au hasard, elle substitue la clarté et l'ordre : elle compare, rapproche, distingue, classe. Le savant fait cela sans doute, mais sa tâche est incomparablement plus étendue. Les matériaux qu'il ordonne sont par lui découverts ; il nous apporte, non-seulement une façon nouvelle de ranger les choses, mais encore des choses nouvelles à ranger ; il ajoute non-seulement à la forme du savoir, mais à sa matière ; non content d'observer, de regarder, il cherche, il fouille, il expérimente.

La psychologie ne devient scientifique que par la substitution de la vraie méthode expérimentale à l'observation vulgaire. Malheureusement, ce qu'elle gagne en précision, elle le perd en étendue : les vérités certaines qu'on lui doit sont, pour ainsi dire, des vérités creuses ; ouvrez-les, vous n'y trouverez rien. Quand vous aurez acquis la preuve que la sensation croît comme le logarithme de l'excitation, vous serez en possession d'une loi nouvelle, autrement dit, d'un fait généralisé : que bâtirez-vous sur ce fait ? A quelles constructions vous semblera-t-il propre ? Sur quels horizons vous ouvrira-t-il une échappée ?

Certes, le fait en question, s'il vient à être mis en doute, ne trouvera que des incrédules volontaires. Qu'ils entrent dans les laboratoires de M. Wundt, et leur incrédulité sera désarmée. Mais quel indice leur fourniront ces expériences sur les ressorts cachés de la vie intellectuelle ? La sensation est à l'avant-garde des phénomènes de l'âme, elle lui communique les messages du monde externe, elle la renseigne sur les choses du corps. Vouée à la fonction d'éclaireur, elle a précisément pour rôle de faire sortir l'âme d'elle-même, de la distraire, de l'aliéner, au sens propre du mot. Dès lors, celui qui reste à demeure dans le monde des sensations reste pour ainsi dire à la porte de l'âme : la psychophysique n'est donc que l'antichambre de la psychologie.

En admettant que la philosophie soit une science, que cette science reçoive ses données d'une autre, il est bien difficile de reconnaître cette dernière, soit dans la psychologie d'observation, chère aux Écossais, soit dans la psychologie expérimentale, où les Allemands se vantent de découvrir chaque jour. La psychologie dont les métaphysiciens se réclament est ou doit être infiniment plus étendue que l'une, infiniment plus profonde que l'autre. L'allégorie de la Caverne n'a pas un autre sens. Elle signifie que l'exercice du métier de philosophe ne va pas sans quelque génie. Soyons moins exigeants que ne l'était l'auteur de la *République;* au lieu de génie, demandons seulement quelque génialité. — Mais quelques degrés de moins dans les exigences ne sauront en changer la nature, et l'on aura beau faire, il sera toujours difficile d'assimiler la philosophie aux autres sciences, soit pour la matière, soit pour la forme. La science de l'esprit qui mène le philosophe à la conquête des vérités suprêmes doit être pénétrée de critique, si tant est qu'elle ne se confonde pas avec la critique elle-même.

V

Peut-être, maintenant, sera-t-on moins en peine de comprendre pourquoi la philosophie ne peut éviter cette situation ondoyante, qui l'expose aux railleries des uns et aux louanges parfois immodérées des autres, rarement, osons le dire, exemptes de gaucherie. Cette situation remonte aux origines de la philosophie elle-même, et il n'y a pas lieu d'espérer qu'elle prenne fin.

On a pensé y apporter quelque remède en reconnaissant franchement que la philosophie, tant qu'elle persisterait à vouloir garder son rang parmi les sciences, y resterait indéfiniment dans la condition d'une déclassée. On l'a invitée à se déclasser elle-même en lui ménageant dans le groupe des arts un asile paisible. Qu'elle renonce au rang de science théorétique a-t-on dit : les sciences poétiques (c'est le nom qu'Aristote donnait aux sciences du vraisemblable) sont toutes prêtes à l'accueillir. Là du moins l'écho des railleries n'arrivera plus jusqu'à elle. On ne se querelle d'ailleurs qu'entre voisins : débarrassées de leur fâcheux voisinage, la science et la philosophie n'auront plus rien à démêler ensemble. —

Que ces propositions partent d'un bon naturel, il y aurait quelque mauvaise grâce à n'en point convenir : qu'elles soient dictées par une juste intelligence des intérêts de la philosophie, il y aurait quelque candeur à le penser. Le même écrivain dont le vœu serait que le sens du mot philosophie se rapprochât de plus en plus des mots poésie, art, etc., n'a pas toujours été de cet avis ; du moins il ne s'est pas exprimé toujours avec ce manque absolu de réserve. A deux pages d'intervalle, la philosophie nous est présentée comme une spéculation artistique, comme un assaisonnement sans lequel tous les mets sont insipides, mais qui, à lui seul, ne constitue pas un aliment, puis comme une recherche dont les esprits bornés seuls ont lieu de médire. « Ce ne sont pas des chimères que ces mots d'infini, d'absolu, de substance, d'universel. » Mais si ce ne sont pas des chimères, on est bien près de dire que ce sont des réalités, à moins qu'entre ce qui est réel et ce qui ne l'est pas, M. Renan ne réussisse à intercaler des moyens termes. Un mot qui est plus qu'un mot désigne une notion ; d'autre part, toute activité intellectuelle qui a pour objet l'analyse d'une notion se rapproche singulièrement de l'activité scientifique. La science vit d'idées : l'art ne vit que d'images, d'images sensibles, tactiles, visuelles, sonores. Le philosophe, dont c'est précisément l'office d'écarter l'imagination et de travailler sur des données suprasensibles, ou du moins présumées telles, travaille donc, en un sens, au rebours de l'artiste. Un lien de parenté ne saurait donc être méconnu entre le philosophe et le savant, et ce lien est d'une solidité éprouvée, car il a sa raison d'être dans la similitude des fins poursuivies. En effet, si l'on songe moins à comparer les résultats que les buts, on cesse d'apercevoir entre eux une différence radicale : chez l'un comme chez l'autre, c'est de vérité qu'on se préoccupe, c'est la vérité que l'on cherche.

Que maintenant, pour la trouver, après avoir soigneusement recueilli les témoignages de l'expérience, la philosophie, estimant sa tâche à moitié faite, à moitié seulement, daigne regarder, ou plutôt écouter ailleurs, qu'elle sache prêter l'oreille à ces mille bruits du dedans dont est faite la vie de l'âme : que, dans la recherche de la grande formule, elle se montre préoccupée de mettre d'accord les témoignages du monde externe et du monde interne, il y a lieu de marquer fortement ce trait de caractère commun, je ne dis pas à tous, mais à la grande majorité des philosophes, et par où ceux-ci se rapprochent du poète. Prenons-y garde, cependant. Quand le poète écoute chanter les voix intérieures, c'est pour goûter le charme de cette pénétrante musique ; quand le philosophe les entend résonner, il cherche à en accentuer la résonance afin de mieux saisir les paroles que la musique accompagne. C'est au sens qu'il s'attache bien plus qu'au son, et ce qui l'intéresse dans la poésie du monde intérieur, c'est la prose qui en constitue la trame. Le philosophe et l'artiste peuvent se rencontrer en chemin : dire qu'ils font route ensemble serait décidément plus qu'exagérer.

Qu'est-donc la philosophie si elle n'est ni un art, ni une science ? Elle ne peut-être la Métaphysique, puisque le règne de celle-ci a pris fin. Ou la Métaphysique est une science, ou elle n'est pas : car toute science est dogmatique et le dogmatisme est, en philosophie du moins, une attitude à peu près condamnée. Il ne reste à la philosophie qu'un nom auquel elle ait droit de prétendre, celui qu'elle porte depuis Kant et qui marque très heureusement et très exactement son rôle : le nom de *Critique*. Et comme rien de ce qui est susceptible d'être pensé, désiré, aimé, voulu ou prescrit n'échappe au contrôle de la critique, attendu que rien ne peut échapper au contrôle de la réflexion, le nom de *Critique générale* se trouve être décidément le vrai nom de la philosophie. Cette Critique n'est point une science, puisque les conclusions qu'elle obtient sont sujettes à d'interminables controverses : et ces controverses, qui mettent aux prises les esprits les plus loyaux, les plus ardents, les plus profonds par le savoir et le génie prouvent, jusqu'à la dernière évidence, que l enjeu de ces paris spéculatifs est des plus graves et qu'il s'agit là de tout autre chose que d'un échange d'impressions esthétiques.

LES DEUX MORALES

La première leçon d'un cours de morale est consacrée, d'ordinaire, à l'examen des définitions. Le professeur rappelle les définitions les plus connues et les plus communes, puis fait son choix. La morale est-elle la science des mœurs ? est-elle la science du devoir ? Le philosophe qui traite de la morale doit-il s'attacher surtout à la description des caractères, afin de saisir les relations de notre tempérament avec l'ensemble de notre conduite ? Ainsi entendue, la morale serait une annexe de la psychologie ; ce n'est pas assez dire : elle aurait sa place marquée dans la psychologie descriptive ; elle serait, pour ainsi parler, la critique des caractères. Est-ce ainsi que la morale veut être entendue ? — Elle serait, aux yeux d'un grand nombre de philosophes, une science à part, indépendante des autres, n'exigeant, pour se constituer, qu'une psychologie rudimentaire. Elle serait, selon Kant, la *Métaphysique des mœurs*, science d'ordre pratique, fondée sur une science spéculative dont l'objet serait précisément de rechercher les fondements de la *Doctrine du Droit* et de la *Doctrine de la Vertu*.

Ai-je besoin de rappeler qu'entre les différentes définitions de la morale un choix ne saurait s'improviser, que la définition de la morale se confond avec la solution du problème moral même, qu'ici, comme en tant d'autres matières, il faut définir alors seulement qu'on est près de finir? Ainsi, pour arrêter notre définition, nous attendrons d'avoir construit notre morale.

I

Avant de commencer, j'imagine qu'il y aurait profit à faire connaître le terrain que nous devons explorer, à en indiquer les grandes divisions, les grandes lignes de partage. On dit assez que la géographie physique ne change pas, et que, prise dans son ensemble, la surface du sol terrestre n'a guère, depuis les temps historiques, varié sensiblement. Ainsi en est-il de la morale : elle, non plus, n'a guère changé, quoi qu'on en dise.— On voudrait nous faire croire à une sorte de querelle des anciens et des modernes en morale, et de date très récente. Elle serait née, cette querelle, en même temps que la philosophie de l'évolution et elle aurait divisé les moralistes en deux camps: ici, l'on plaiderait pour la vieille ; là, pour la nouvelle morale. — Qu'est donc cette nouvelle morale? c'est la morale du bonheur ; la vieille, c'est la morale du devoir. La première a changé de costume, et c'est pourquoi bien peu la reconnaissent ; la seconde est restée vêtue à l'ancienne mode, et c'est pourquoi on la reconnaît trop et l'on ne veut plus d'elle. Souvenons-nous, cependant, qu'il y a vingt ans à peine, la vieille morale faisait effort pour se rajeunir. Elle changeait de nom : au nom de morale spiritualiste elle préférait celui de morale indépendante.

Qu'est-ce que la morale indépendante? L'expression est des plus obscures et se prête à des interprétations différentes, sur lesquelles il me paraît impossible de ne pas insister. L'indépendance de la morale sera réclamée de tous, s'il s'agit d'émanciper la science des mœurs de toute tutelle théologique. La morale ne dérivera ni d'une théologie ni d'une doctrine métaphysique : voilà qui est entendu. Si l'on vient soutenir, maintenant, que la morale, une fois en possession de ses principes et de ses préceptes, peut s'accommoder également bien de tous les systèmes de philosophie, on s'expose à une erreur grave : nous chercherons un jour pourquoi. Pour le moment, la question importante est celle-ci : la morale peut-elle se constituer sans rien emprunter aux autres sciences ? Kant, qui voulait cela, ne voulait-il pas l'impossible ? Comment, d'ailleurs, la morale se pourrait-elle passer de psychologie ? Faite pour l'homme, négligerait-elle de savoir ce qu'il est, ce qu'il fut, ce qu'il peut devenir sous la double influence de l'habitude et de la bonne volonté ?

Il y a plus. Peut-on constituer la morale en dehors des sciences positives ? Quelle attitude devrait observer le philosophe moraliste, si, par l'application de sa méthode, il se trouvait conduit à mettre en péril les principes mêmes sur lesquels reposent les sciences expérimentales ? Il est de sens commun que le devoir exige le libre arbitre. Et comment concilier le libre arbitre avec ce principe qu'en ce monde rien ne se crée ni se perd ? Si rien ne déroge à la loi de la conservation de la force, c'est-à-dire au déterminisme, il faut que la morale cesse d'être. J'entends « la morale » dans le vieux sens du mot, celle qui, s'adressant à l'homme, lui impose des règles de conduite, le croit capable d'exécuter ses ordres, le juge responsable de tous ses actes réfléchis, et, partant, le déclare libre. Or, peut-on affirmer en même temps deux propositions contradictoires, peut-on croire en même temps au déterminisme universel et à la liberté de l'homme ?

C'est assez dire qu'une rencontre est inévitable entre la morale et la science. — Des deux qui cédera ? Si c'est la morale, il lui faudra disparaître. Si c'est la science, on recommencera bientôt le procès de Galilée, on interdira aux savants de nier le libre arbitre. Abolie en matière de dogme religieux, l'Inquisition sera rétablie en matière de doctrine philosophique ; présidée par un collège de métaphysiciens, elle tranchera, sans appel, du vrai, du faux, et mesurera la vérité d'une théorie scientifique à son degré de moralité.

Cette méthode de réfutation par les conséquences morales est une méthode paresseuse. Si, du moins, chaque fois qu'ils arrêtent une doctrine au passage, pour lui faire produire son certificat de bonne moralité, nos inquisiteurs laïques produisaient une pièce quelconque attestant leur droit de haute police sur la vérité, on pourrait discuter avec eux, peut-être même se laisser convaincre. On pourrait s'entendre avec eux, s'engager vis-à-vis d'eux, à garder pour soi les vérités mauvaises à dire, à ne les communiquer à personne, à les oublier soi-même ; on le pourrait, s'ils réussissaient à prouver que le devoir existe et que l'obligation d'obéir à la loi par respect pour la loi n'est pas une illusion de la conscience. Cette démonstration n'est donnée nulle part. Le devoir est posé comme la ligne droite ou le cercle sont posés par les géomètres. Je vois bien ce que le devoir impliquerait si le devoir existait : mais rien de plus. Oui ou non, sommes-nous les sujets de la loi morale, de l'*impératif catégorique* ?

Il est des philosophes qui prétendent s'incliner devant l'impératif catégorique, et pour qui le devoir ne serait néanmoins qu'un piège, une duperie savante de la nature. L'homme se sait et se sent dupé ; cependant il croit à la

loi morale. « Et nulle critique et nulle philosophie néga-
» tive n'y fera rien... Prêcher à l'homme de ne pas se
» dévouer est comme prêcher à l'oiseau de ne pas faire
» son nid et de ne pas nourrir ses petits. »

Quelle candeur d'optimisme ! Ne dirait-on pas que
M. Renan doute des bienfaits de l'esprit critique, qu'il
n'a jamais appris à « décroire », qu'il est resté l'écolier
docile du séminaire de Tréguier? Ainsi, cela ne sert à rien
de dire aux enfants qu'il n'est point de croquemitaine, et
c'est peine perdue que de les exercer au libre examen !
Ainsi, le jour où nous aurions pris notre conscience
morale en flagrant délit de mensonge, nous ne cesserions
pas de croire en elle !

A entendre parler M. Renan, il semblerait qu'en
secouant le joug de la vieille morale nous ferions un pas
de plus dans la voie de la libre pensée. Et M. Renan
n'est pas seul à vouloir émanciper les consciences. Les
évolutionnistes du temps présent vont plus loin : ils frappent droit et fort, et leurs tentatives contre la morale
traditionnelle semblent bien près de réussir.

II

Quelle idée se fait-on de la morale dans l'école évolutionniste ? On la définit, à première vue, du moins, selon
la définition commune : La morale est l'art de la vie, la
science de la bonne conduite. Cette science ne peut s'acquérir tout d'un coup, ni se posséder par une sorte de droit
de naissance. L'opinion si répandue, que pour se bien conduire, il n'est qu'une peine à se donner, celle de naître,
ne vaut même plus la peine qu'on la discute. Au fond,

rien n'est malaisé comme de se gouverner soi-même et de vivre sagement heureux sans troubler le bonheur d'autrui. L'homme vit dans la société, par la société ; il en reçoit beaucoup et doit beaucoup lui rendre. La société est un organisme : l'individu est un de ses organes. Ainsi, la connaissance des lois morales suppose la connaissance des lois sociales.

La connaissance des lois sociales, à son tour, n'est-elle pas une suite de la psychologie et de la biologie tout ensemble ? Mais, ce qu'est l'homme, ni la psychologie ni la biologie ne suffiraient à nous l'apprendre. L'être vivant est un laboratoire ou plutôt une collection de laboratoires où se font sans cesse et se défont de vrais édifices moléculaires. Sans la chimie, les secrets de la nature vivante nous échapperaient presque complètement.

Ainsi la morale vient la dernière des sciences, car elle les suppose toutes. Et elle les suppose toutes parce que, selon les évolutionnistes, comme aussi selon Bossuet, l'homme est un tout naturel. En l'homme se trouvent condensées et concentrées les lois de l'univers, et la morale implique la science universelle. On la définirait fort bien, non plus, comme le voulait Kant, la « métaphysique », mais la « physique » des mœurs.

L'idée d'une physique des mœurs est, semble-t-il, d'éclosion récente ; aussi la science morale en est-elle encore à ses débuts. Elle ne se développe que lentement, mais elle se développe, et toujours sans péril aucun pour les sciences positives, dont elle n'est, en somme, qu'une application réfléchie. Plus nous irons, plus la loi du devoir ira se rapprochant de la loi de la nature. Or, la loi naturelle nous invite au bonheur. C'est donc à notre bonheur à tous que nous devons travailler ? — Oui et non. Il faut s'entendre sur « notre bonheur. » Dans le monde, tel qu'il est aujourd'hui, la lutte de l'homme contre l'homme et contre la nature est une nécessité ; l'abnégation et l'oubli de soi-même sont encore de saison, et l'on perdrait beaucoup à vouloir trop s'affranchir de ces vertus provisoirement nécessaires. Notre bonheur pourrait en souffrir et se faire attendre quelques siècles de plus. On le disait, il n'y a qu'un instant : l'individu n'est qu'un organe, qu'un atome perdu dans l'immensité de l'être social. Le *moi* n'est rien à côté du *nous*. Le *nous*, au contraire, voilà l'être, le Grand-Être, dont le sort doit nous préoccuper exclusivement. Notre bonheur doit se confondre avec celui de l'espèce humaine et la préparation d'un règne de félicité générale doit rester, envers et contre tout obstacle, le but de nos efforts.

Les évolutionnistes nous parlent d'un idéal dont il faut assurer la réalisation. Mais comment parler d'idéal à poursuivre, sans avouer qu'un temps plus ou moins long nous sépare du jour où nous le verrons réalisé? On avoue cela d'ailleurs et l'on nous demande un crédit de plusieurs siècles. Soit. Nous acceptons l'offre et faisons crédit à la nature de tout le temps dont elle a besoin pour rendre l'humanité parfaite. C'est elle qui, par la bouche des évolutionnistes, nous propose un idéal de félicité universelle ; afin qu'il soit plus promptement réalisé, elle veut que nous devenions de plus en plus obligeants et justes. Ainsi préparerons-nous la venue d'un âge d'or ; ainsi rapprocherons-nous l'humanité de ces temps qui doivent venir où le bien se fera sans effort, où nul, alors même qu'il le voudrait, ne pourra plus s'écarter de la voie droite. Tout le monde sera vertueux et le sera par l'effet d'un sage égoïsme. De cet univers ainsi transformé la douleur s'est exilée pour toujours, les maux ont disparu, comme ces races inhabiles à vivre disparaissent, condamnées dès leur apparition à une existence précaire. C'est le règne de la vérité, de la beauté sans mélange, de la bonté la plus aimable et la plus aimante : c'est le règne de Dieu sur la terre ou plutôt de l'homme fait Dieu. Bref, nous rentrons dans le paradis terrestre avec l'innocence en moins, mais avec la civilisation en plus, ce qui mérite bien d'être compté pour quelque chose.

Rêvons de ce paradis terrestre dont « nos arrière-neveux nous devront les ombrages » et donnons-nous des soins pour leur félicité. Dans les jours de tristesse, détournons les yeux de la vie présente et sachons les fixer sur cette vie future que nous préparons à notre postérité. Jouissons à l'avance de ces joies, et goûtons « par procuration » la béatitude de ceux qui n'ont plus rien à demander aux dieux. Quand Phidias songeait à sa Minerve, et qu'il la contemplait en imagination, il se faisait en quelque sorte spectateur de son ouvrage et déjà, peut-être, il l'admirait jusqu'à l'adoration. Avant qu'elle soit née, l'artiste s'enchante de son œuvre. Faisons comme lui, nous, les architectes du paradis futur, livrons-nous à la joie bienfaisante qui toujours accompagne la vision anticipée des grandes productions du génie. Exerçons-nous à contempler cette cité de Dieu bâtie de la main des hommes.... et cela nous reposera de souffrir.

Ainsi parlent certains enthousiastes dévoués à la doctrine de l'évolution. Ils nous offrent une vision pour nous distraire de la souffrance et ils croient nous faire un don précieux. « Mes descendants, leur répondrai-je, sont
» destinés à un bonheur sans intermittence? Pourquoi
» donc, moi, me contenterais-je d'une destinée comme la
» mienne, où la part du bien me semble nulle, tant est
» grande celle du mal ? Mes droits ne sont-ils pas les
» mêmes que ceux de mes descendants ? Je travaille pour
» eux ; c'est donc à moi que revient le prix de mon tra-
» vail, à moi et à mes collaborateurs. Or, quel prix
» m'offrez-vous ? Des plaisirs purement imaginaires.

» Cette récompense me paie mal de mes fatigues. »

On m'assure que ces plaisirs sont d'un prix infini. — Lesquels ? Ceux de mes descendants ? — Je le concède et c'est pour cela que j'en veux ma part. — Ceux que j'éprouve en pensant aux joies des hommes du trentième siècle ? Alors les plaisirs fictifs ont même intensité que les plaisirs réels ! Dans ce cas, reposons-nous ; ouvriers du paradis terrestre, mettons-nous en grève. Qu'importe que nos descendants soient délivrés de tout déplaisir réel, puisqu'il suffit, pour être heureux, de s'imaginer l'être ?

La compensation que vous m'offrez n'est pas sérieuse ; les joies par procuration dont vous me conseillez l'essai ne valent pas les plaisirs les plus grossiers dont l'usage est à la portée de chacun. L'image est *faible,* la sensation est *forte ;* les évolutionnistes feraient bien de ne pas oublier leur propre psychologie. Donc les plaisirs imaginés retentissent plus faiblement que les plaisirs immédiatement ressentis. Et encore les plaisirs imaginés dont je parle ont leur source dans le souvenir : leur objet est un ensemble d'états de conscience par lesquels nous avons passé. Les plaisirs que l'on imagine sont toujours des plaisirs dont on se souvient ou des plaisirs inconnus, mais dont la qualité et la quantité se jugent à l'avance par comparaison avec d'anciens plaisirs. Je n'ai jamais entendu exécuter la *Symphonie pastorale ;* mais je connais déjà la musique de Beethoven. Avant que le chef d'orchestre ait donné le signal d'attaque, je sais à quels plaisirs je m'attends et mon admiration est toute prête. Cependant, encore une fois, cette admiration imaginée à l'avance a besoin d'être complétée, contrôlée, par celle que j'éprouverai tout à l'heure. Sans la certitude d'un contrôle prochain, je ne me mettrais pas en frais d'imagination.

Et l'on veut que mon imagination prenne son essor à la pensée de ce que seront les hommes de l'avenir !

D'abord toutes les imaginations n'ont ni même souplesse ni même fécondité. Il est nombre de gens qui ne savent regarder que les yeux ouverts ; rentrés chez eux, ils oublient totalement ce qu'ils ont vu, ne peuvent le décrire, le raconter aux autres, tant leur imagination est inhabile à faire revivre même les perceptions récentes. Si je suis de ceux-là, quel plaisir voulez-vous que j'éprouve à contempler votre nouvelle Jérusalem ? Tout ce que je puis me dire, c'est que je souffre et que, si j'étais né dix siècles plus tard, je ne souffrirais pas. A ce compte, les pauvres n'auraient guère le droit de se plaindre : « Si j'étais né dans une autre famille, dirait l'un d'eux, j'aurais chevaux et carrosses. » D'ordinaire, les réflexions de ce genre aigrissent bien plus qu'elles ne consolent.

Moïse, nous objectera-t-on, vit de loin la Terre promise, et il mourut consolé. — Sans doute. Mais Moïse connaissait ceux qui devaient l'habiter un jour. Il était leur aîné de deux ou de trois générations seulement. C'est une loi psychologique à retenir, qu'au fur et à mesure que nous devenons ancêtres (on peut toujours le devenir, au moins en imagination) la félicité de nos descendants nous laisse de plus en plus insensibles. Sont-ce donc nos arrière-petits-fils qui verront l'âge d'or ? Mais un âge d'or à si courte échéance n'aurait guère besoin d'être annoncé par quelques prophètes. Si des jours nouveaux devaient se lever sur les petits-enfants de nos petits-enfants, déjà nous en verrions l'aurore, et ce ne seraient plus des joies par procuration qui feraient tressaillir nos cœurs, mais des joies réelles qui empliraient nos âmes.

L'âge d'or ne commencera donc point de sitôt. Quand commencera-t-il ? — Question indiscrète ! — Soit. Mais, si on ne peut prévoir le moment où sera transfigurée l'espèce humaine, comment peut-on savoir que cette transfiguration aura lieu ?

L'équilibre, nous dit-on, est le terme de l'évolution. Si tout se meut, c'est pour en arriver à un état de repos relatif. Le travail de l'univers consiste dans un échange d'actions et de réactions entre l'être et le milieu : l'un cherche à s'adapter à l'autre jusqu'à une acclimatation parfaite. L'acclimatation, voilà une première forme de l'équilibre. Si maintenant nous passons de l'ordre des faits biologiques à l'ordre des faits dont la morale s'occupe, il est facile de comprendre ce que sera l'équilibre. Il consistera nécessairement dans la disparition de la douleur, car la douleur, — cela est de toute évidence, — est le résultat d'une acclimatation insuffisante ; car, si l'équilibre est parfait, la douleur abdiquera. — Oui, mais le désir aussi abdiquera : « Le désir
» est le grand ressort providentiel de l'activité... *Pothos*
» reste éternellement le premier des dieux... Pas d'objet
» désiré dont nous n'ayons reconnu, après l'embrasse-
» ment, la suprême vanité. Cela n'a pas manqué une
» seule fois depuis le commencement du monde. N'im-
» porte, ceux qui le savent parfaitement d'avance dési-
» rent tout de même, et l'Ecclésiaste aura beau prêcher
» éternellement sa philosophie de célibataire désabusé,
» tout le monde conviendra qu'il a raison et néanmoins
» désirera. »

M. Renan nous assure de l'immortalité du dieu Pothos. Je ne sais trop si les moralistes de l'école évolutionniste nous en assureraient comme lui. Ils ne le pourraient, d'ailleurs, qu'au prix d'une inconséquence. Peut-on désirer quand on a tout ? Cela est difficile. — Du moins, ne peut-on pas se représenter les hommes de l'âge d'or ayant des désirs en petit nombre et les voyant presque aussitôt satisfaits ? Je désire sortir, bien que personne ne me contraigne à rester chez moi ; je désire sortir, et je sors. Aussitôt dit, aussitôt fait. Le désir est à l'avant-garde de l'action : il en doit toujours être l'annonce. Il y aura donc toujours désir tant qu'il y aura des hommes, et Pothos gardera sa divinité ! —

Il en gardera le nom, mais c'est tout. Je ne voudrais pas m'attarder à faire de la psychologie ; je ne puis cependant laisser croire que les désirs dont il vient d'être parlé aient rien de commun avec ces émotions qui nous agitent chaque fois que l'image d'un bien s'offre à notre intelligence et que nous ne sommes point sûrs de l'obtenir. Un désir ne va jamais sans la pensée de quelque obstacle, et par conséquent sans quelque trouble d'âme, dont l'amertume n'est pas toujours exempte de plaisir : on se plaît à désirer, parfois même on se complaît à craindre. Mais qu'est-ce qu'un désir qui n'a qu'à se montrer pour que l'objet désiré aussitôt se montre ? Un désir inutile et qui n'a point de retentissement dans notre sensibilité.

Ainsi, les hommes qu'aura métamorphosés l'évolution n'auront plus de désirs. Certes, il est curieux d'envisager de près cette transfiguration prédite au genre humain, et cela étonne de voir combien cet optimisme vague se dissout peu à peu, à mesure qu'on le presse, et se transforme insensiblement jusqu'à se tourner en son contraire. Une vie sans occasions de craindre, une vie exempte de hasards et d'imprévus, c'est bien là le rêve de l'homme d'aujourd'hui. Mais, qu'il y prenne garde, il n'est infini que dans ses vœux, il ne l'est pas dans sa nature. A cette nature bornée le désir est indispensable. Qui sait ? le jour où, par impossible, les hommes seraient tellement heureux que le don de former des souhaits semblât désormais inutile, saisis peut-être par la nostalgie du désir, qui n'est après tout que « la maladie de l'idéal », ils voudraient qu'on les « renvoyât aux carrières » pour y retrouver la souffrance et aussi la joie, son inséparable compagne : souvenons-nous des débuts du Phédon.

L'âge d'or doit rester un rêve. S'il fallait le prouver une fois de plus, nous dirions ce que l'expérience enseigne à tous, que plus on a, plus on désire, que plus on fait de pas vers l'idéal, plus il recule au loin. Lorsque nos biens croissent en progression arithmétique, il semble que le désir d'avoir davantage augmente en progression géométrique. L'âge d'or, tel qu'on voudrait nous le faire entrevoir, est un état invraisemblable. Jamais il ne se réalisera parmi les hommes. Rien donc ne saurait contraindre ceux qui vivent maintenant à presser l'avènement de cette ère nouvelle.

Voilà le dernier mot de l'évolutionnisme. En commençant, nous étions remplis de confiance dans cette morale aimable et pleine de bonnes promesses. En avançant, une première désillusion nous est venue : les bonnes promesses d'aujourd'hui ne seront point tenues de sitôt, ce sont des promesses à longue échéance. Arrivés au terme de notre examen, nous cessons de prendre au sérieux les rêves d'une humanité régénérée, rêves moins bizarres peut-être que ceux auxquels se complaisaient les utopistes du phalanstère, mais c'est tout ce qu'on ose en dire. — Nous serions accusé d'être présomptueux si nous enregistrions, dès aujourd'hui, la banqueroute de l'optimisme évolutionniste. Et pourtant n'est-ce point la banqueroute vers laquelle s'achemine une école qui fait un incessant appel aux capitaux de tous, et qui a besoin de l'infini du temps pour amortir ses créances ?

L'optimisme d'Herbert Spencer a trouvé des incrédules, même chez ceux qui ont le secret de la doctrine de l'évolution. Il en est, parmi les fidèles de la philosophie à la mode, qui se troublent à la seule pensée des mécomptes réservés à l'espèce humaine, le jour où toutes ses vieilles croyances s'éteindront les unes après les autres. Ils se sentent pris de vertige en se rappelant les fantaisies lamentables et lugubres écloses dans le cerveau d'Édouard de Hartmann, et voici que le même cauchemar les hante. Déjà il leur semble que l'humanité atteint le terme de son évolution, que le sentiment de l'éternelle infélicité la saisit, et qu'elle est sur le point de brûler ses dernières cartouches. Elle va rentrer d'où jamais elle n'aurait dû sortir : elle va rentrer dans l'Inconscient. Après tout, n'est-ce pas une façon comme une autre de conquérir le paradis, et de s'absorber en Dieu ? Ainsi pensaient les boudhistes; et j'en sais plus d'un, parmi les philosophes de notre siècle, qui s'exerce à penser comme eux.

III

Sans rien exagérer, on peut dire que le pessimisme est une mode intellectuelle dont aucun pays de l'Europe n'est resté exempt. Je parle des pays où s'est conservée l'habitude de penser et de réfléchir. Le pessimisme s'est développé parallèlement à la philosophie de l'Évolution, et il serait peut-être injuste de rendre l'évolutionisme seul responsable des lassitudes mentales et morales dont nous sommes trop souvent les témoins. La vérité, cependant, oblige qu'on se demande si le pessimisme ne risque point d'être encouragé par des moralistes comme il s'en trouve un grand nombre dans l'Angleterre contemporaine. Là, on s'est toujours figuré que la vie morale ne faisait qu'un avec la vie heureuse. Cette opinion n'a rien qui la condamne au premier abord : c'est l'opinion d'Épicure, c'est l'opinion des stoïciens, de Socrate, de l'Antiquité presque tout entière. Cette opinion n'a rien de funeste, tant que l'on croit au bonheur et qu'on partage l'illusion de ceux qui nous le promettent au bout d'un certain temps de sacrifice. Malheureusement, si la foi au bonheur devient de plus en plus rare, et elle le devient (car plus le bien nous arrive, plus nous nous apercevons de toute la quantité de bien qui nous manque), les choses changent de face. Au vrai, c'est merveille que la logique s'impose à un si petit nombre d'esprits et que l'effroi des conséquences fasse dévier le raisonnement, car, si l'on raisonnait juste, on dirait, comme un poète de notre génération :

Plus d'hommes sous ce ciel, nous sommes les derniers!

Un écrivain anglais — philosophe d'exception celui-là — prétend que ce qui sauve la génération présente du pessimisme, c'est le christianisme, qui survit inconsciemment en nous, malgré les échecs que lui infligent les progrès de l'esprit critique. A ses yeux, l'humanité des temps présents ne ferait que jouer au pessimisme et céderait, uniquement pour suivre la mode, aux séductions de la doctrine du désespoir. Il en serait encore de la foi chrétienne comme de ce cortège de superstitions que l'on sait absurdes et qu'on ne cesse pas de suivre, soit par la tyrannie de l'habitude, soit par l'impossibilité d'être sceptique jusqu'au bout. Aujourd'hui, on ne pense plus comme des chrétiens, mais on continue d'agir comme des chrétiens. Toutefois ce pessimisme, qui n'est, à l'heure actuelle, qu'un délassement maladif de l'esprit, pourrait, un jour à venir, envahir l'âme tout entière et se substituer peu à peu à ce qui surnage en nous des débris de la foi religieuse. Et alors ce serait la fin du monde moral.

Elle est, certes, curieuse entre toutes, la façon dont maint penseur de notre époque entend poser le problème moral. Tout d'abord on croirait que l'énoncé est celui de tout le monde : nous l'avons pensé nous-même. Maintenant nous ne le pensons plus. On n'a rien dit, en effet, quand on a défini la morale la science de la conduite. Reste à définir la bonne conduite. Or, quand on soutient que, pour bien se conduire, il faut et il suffit de multiplier les chances d'adaptation de plus en plus complètes et rapides de l'être au milieu environnant, on admet par cela même que la vie honnête se confond avec la vie heureuse. La morale, se dit-on alors, c'est l'art d'être heureux.

Aussitôt un problème surgit : pouvons-nous être heureux ? Et le pessimisme est là, sa plaidoirie toute prête et sa cause sur le point d'être gagnée. Le pessimisme est donc le résultat, sinon nécessaire, du moins extrêmement probable d'une erreur commise dans la solution du problème moral. Non seulement on s'expose à mal résoudre ce problème en confondant le devoir et le bonheur, en subordonnant le premier au second, mais on supprime pour ainsi dire le problème moral dans ce qu'il a d'essentiel. Au lieu de rechercher quelles sont les obligations de l'homme, on se met en quête de savoir quelle est au juste la valeur de la vie et si elle mérite qu'on la vive. Grâce à ce changement de front, grâce à cette faute irréparable de tactique, on s'expose au pire de tous les scepticismes, à celui qui tarit la source même de l'action, et donne aux sacrifices librement consentis l'apparence d'héroïsmes inutiles, en contradiction formelle avec les exemples que la nature, cette grande indifférente, met chaque jour sous nos yeux. Pardonnons à la nature de faire de l'ordre du désordre, car elle ne sait point ce qu'elle fait. Si, d'aventure, un hasard adroit lui permet d'extraire un peu de bien d'une grande source de mal, sachons modérer nos élans de reconnaissance. Nous ne devons rien à la nature, ni gratitude, ni haine. Nous lui devons surtout de ne nous point régler sur elle.

Ainsi en juge la sagesse de chacun ; et ce n'est point à l'exercice d'une méditation prolongée qu'on doit en faire honneur. La notion du devoir est de celles dont il faut surveiller l'éclosion dans l'âme. Rien n'est fragile comme une conscience d'enfant : une réflexion faite mal à propos par ceux qui l'entourent, et il n'en faut pas davantage pour que le sentiment moral prenne un mauvais pli.

Cependant, même sans avoir philosophé, même sans s'être interrogés sur les fondements théoriques de la morale, des parents sincèrement et naïvement honnêtes peuvent mener à bien leur mission d'éducateurs. Les bons exemples viennent de partout, même du logis de l'ouvrier sans culture. L'honnêteté s'y rencontre parfois, souvent même, sans élégance, à vrai dire, mais non pas sans vigueur. On se plaît à répéter que le bien faire croît en raison directe de la science : on se donne le change en prêtant à cet aphorisme un faux air d'axiome. Non. La vertu n'a point de préjugés aristocratiques : elle n'a point non plus, soyons francs, les préjugés contraires. Elle est de toutes les classes, comme elle est de tous les temps et de tous les pays. Reconnaître cela, c'est, qu'on le veuille ou non, affranchir l'accomplissement du bien de la tutelle de la science. C'est proclamer, dans la pratique, l'indépendance de la morale.

On serait donc, par analogie, tenté de croire à l'indépendance théorique de la science des mœurs et de donner raison à Kant, malgré les attaques fréquentes dont sa morale est trop souvent l'objet. Soutenir que le devoir commande sans s'inquiéter des résultats, c'est, disions-nous en commençant, adhérer à une morale de casse-cou, insoucieuse des suites de nos actes, étourdiment ignorante des lois de la nature ; c'est même, disions-nous encore, prendre vis-à-vis de la science une attitude d'inquisiteurs. Toutefois, il est à noter qu'une inquisition de ce genre ne mettrait pas en péril les droits de la libre pensée. —

On ne croit point à l'évidence de la morale, comme on croit à l'évidence d'une vérité géométrique. Celle-ci, nul ne la conteste : on peut toujours, si l'on veut, douter de la morale, ou, ce qui revient au même, identifier l'honnête et l'utile. Le devoir exige de nous une adhésion libre, et ce n'est point véritablement y croire que d'y croire malgré soi.

Parions donc pour le devoir, et, de propos délibéré, marquons notre place à côté des disciples de Kant. — Au moment de parier, l'hésitation nous revient. Sans doute, le bonheur n'est point fait pour l'homme, bien que l'homme, à ne consulter que ses aspirations, semble destiné au bonheur ; de là un motif pour revenir à la vieille morale. Mais ce que nous avons dit des exigences du savoir, du savoir scientifique (ne craignons point le pléonasme), est bien fait pour ajourner notre décision. La vérité est une, et la morale ne peut aller contre elle. Donc, souvenons-nous-en, point de morale en dehors de la science.

Le respect de la science — cela est hors de doute — l'homme doit se l'imposer comme un devoir. Toutefois il lui faut se souvenir que la science humaine n'est pas la science parfaite, celle qui sait tout. La science humaine, éprise de la « monomanie de la certitude », confère le titre d'axiomes à des propositions qu'elle n'a pu encore mettre à l'épreuve d'un examen prolongé. Elle le leur confère de bonne foi, par un excès de confiance en ses propres forces. L'illusion de l'infaillibilité est le partage des savants : parmi eux aussi se rencontrent des dévots et des idolâtres, des athées crédules. Le positivisme orthodoxe — n'en déplaise à ses disciples — est moins un système qu'un *credo*: il est moins une méthode qu'une idolâtrie. Donc, le respect de la science, moralement obligatoire, chaque fois qu'il se confond avec le respect du vrai, cesse de l'être quand il se tourne en un culte superstitieux.

Je ne sais ce qu'il en sera dans un demi-siècle et si la tyrannie de la méthode soi-disant expérimentale aura eu raison des résistances qu'on lui oppose. Je n'ignore pas que ceux qui plaident la cause de la liberté, c'est-à-dire, et j'y reviens, la cause de la morale, ont un tort très grave. Ils sont les avocats d'une philosophie discréditée, condamnée. Ils parlent encore comme on parlait il y a cinquante ans, de devoir, d'obligation morale ; ils défendent une doctrine qui, si elle était vraie, serait la négation de la science. Comment donc n'être pas assuré de leur capitulation prochaine ? — Le devoir n'exige de nous ni l'affirmation ni la négation de ce que nous ne savons pas : c'est M. Spencer qui tient ce langage. A plus forte raison, le devoir ne saurait-il exiger la négation de ce que nous savons. Or, ne sait-on pas que la théorie déterministe seule rend possible une explication scientifique des choses ? —

Quelles sont, pourrions-nous demander à notre tour, les preuves irréfutables que tout en ce monde est déterminé ? Où sont les arguments par lesquels on nous contraint d'accepter la croyance au déterminisme universel ? Les *Revues* de notre temps, celles de l'année qui va finir, sont pleines de controverses où il n'est question que du principe de la conservation des forces vives dans ses applications possibles ou impossibles à tout le détail de l'univers. La bataille est engagée, elle dure et le champ de bataille n'est encore au pouvoir d'aucun parti.

Ne nous y trompons pas, c'est la lutte de la morale et de la science dont nous sommes aujourd'hui les témoins. La morale combat pour l'existence, la science combat pour la suprématie. Quelle sera l'issue du conflit?

Certes, si le déterminisme universel n'était pas défendu par les représentants les plus autorisés des sciences expérimentales, la morale et la science pourraient vivre côte à côte, sans avoir à se redouter mutuellement. Dès lors l'indépendance de la morale resterait assurée. La morale reconnaît le déterminisme et dans la nature, et dans la pensée ; elle conteste seulement qu'il régisse les décisions de la volonté humaine. Si la science lui accordait cela, un traité de paix pourrait être signé. Par malheur, la science est un personnage muet ; ce sont les savants qui lui prêtent leur langage. Vous en doutez ? Chaque fois qu'ils étendent leurs inductions au delà du champ de l'expérience, ils cessent de parler la même langue, imitant les philosophes en cela, qu'ils sont désapprouvés ou désavoués les uns par les autres ; et ce n'est pas seulement en cela qu'ils les imitent. Philosophes sans le savoir, ils spéculent sur tout un ordre de choses dont la nature ne leur a encore rien appris.

De là vient que les philosophes, ceux qui le sont en connaissance de cause, manquent parfois de respect à la science, au risque de se faire appeler inquisiteurs. Ils ne sont cependant point de ceux qui prétendent que toute vérité n'est pas bonne à dire ; ils croient à la bienfaisance du vrai, et c'est pour cela qu'ils attendent avant d'accorder un respect superstitieux à ces prétendues vérités dont l'évidence, soi-disant incontestable, entraînerait la déchéance irrémissible de la vieille morale. — Inquisiteurs tant que l'on voudra ! Mais jusqu'à quel point mériterions-nous cette épithète ? Galilée démontrait le mouvement de la terre. Démontrez-nous l'évolutionnisme, et que le

vrai bien de l'homme est le bonheur! Vos preuves se
font attendre? D'autres sont là qui guettent l'occasion
d'entrer dans les esprits, et, si elles y entrent, vos arguments n'y entreront plus ; le pessimisme leur barrera le
chemin et, pour le chasser de l'âme humaine, il faudra
revenir à la morale d'il y a cent ans, à celle qui nous
affranchissait du désir d'être heureux, en nous obligeant
à la volonté d'être honnêtes.

Cette volonté d'être honnêtes, cette « bonne volonté »,
tel est son vrai nom, Kant avait raison de voir en elle un
bien auprès duquel tous les autres semblent avoir perdu
leur prix ; il l'appelait la seule chose absolument bonne,
et il ne se trompait pas. — Elle serait, certes, absolument bonne, si elle existait, et la loi morale mériterait
d'être appelée trois fois auguste et trois fois sainte, si elle
était autre chose qu'une création de l'esprit humain. Est-
elle autre chose que cela ? Kant soutient que ni le temps
ni l'espace n'ont d'existence réelle. La loi morale ne
partagerait-elle pas le sort de ces intuitions imaginaires ? —

Le déterminisme universel n'est pas encore démontré,
et de fortes présomptions nous autorisent à croire que
cette démonstration se fera toujours attendre. En attendant, beaucoup sont déterministes ; tous le seraient
peut-être, sans l'intervention de la loi morale. A tout
prix, démontrons cette loi morale, prouvons qu'elle n'est
pas un fantôme évoqué par un reste de superstition religieuse. Sans cela, l'homme, placé entre les superstitions
de la science et celles de la religion, ne tarderait pas à
choisir, et c'est du côté de la science que se porterait
son choix. La loi morale se prouve-t-elle ?

IV

Non, certes, elle ne se prouve pas ; elle ne se prouve point par raisons démonstratives, elle ne s'impose pas comme s'impose la conclusion d'un syllogisme, elle ne fait pas brutalement invasion dans l'esprit, comme certains axiomes que nous ne pouvons plus nier du jour où nous venons à les concevoir. La démonstration géométrique ne convient pas à la loi morale. Peut-être, cependant, exagérerait-on à soutenir, avec Kant, que le devoir manque de preuve. Il est de grandes résolutions héroïques dont on peut dire qu'elles influent sur les destinées de notre planète ; il est des sacrifices, à moins longue portée, humbles et obscurs, ceux-là, et qui seraient inexplicables, si le devoir n'était rien de plus qu'une illusion de l'orgueil humain. Les actes de vertu prouvent le devoir comme l'effort de la pensée de Descartes atteste l'existence de son esprit. Les philosophes pessimistes, disciples égarés de Kant, ont bien compris que la nature et la loi morale sont deux puissances ennemies ; ils ont bien vu que, par le devoir, l'homme proteste inconsciemment contre la nature. Donc, croire à la réalité de l'obligation morale, c'est nier, autant qu'il est en nous, la validité des solutions données aux problèmes de la philosophie par ceux qui s'imaginent procéder à la façon de la science et selon la méthode expérimentale : c'est élever une métaphysique contre une métaphysique. La croyance au devoir en amène bientôt une autre. Elle nous incline à croire que le monde pourrait être, au fond, meilleur qu'il ne semble. Elle nous fait espérer une transformation graduelle du genre humain, opérée, celle-là, sans le concours des ingénieurs ou des économistes, mais non sans le concours de toutes les volontés. J'ai dit de toutes, car la tâche dont je parle, et que je n'ai nul besoin de définir, — il s'agirait seulement de travailler à se rendre meilleurs les uns les autres et les uns par les autres, — serait à la portée de tous, ainsi que les moyens propres à l'accomplir. Ce serait donc une œuvre essentiellement démocratique. L'œuvre serait laborieuse et longue ; elle durerait aussi longtemps que l'homme. Mais, en s'y attachant, l'homme y gagnerait quelque chose ; il y gagnerait de vivre. Or, sachons-le, on ne vit pas, quand on passe sa vie à s'interroger sans pouvoir se répondre ; on ne vit pas, quand on se demande, presque à toute heure, à quoi sert de vivre et si la nature, en nous appelant à vivre, ne s'est pas jouée de nous. — Il n'est pas de problème plus grave ! — Sans doute : raison de plus pour nous contraindre à en oublier l'énoncé. Pense-t-on résoudre ce problème par une série d'arguments ? S'imagine-t-on que la cause de la vie se plaide comme se plaident devant les tribunaux les affaires d'héritage ou d'expropriation ? L'erreur est lourde, et déjà nous commençons à l'expier. Nous avons demandé au devoir de prouver la légitimité de son existence, et si nous continuons encore de faire le bien, nous le faisons par routine. Nous avons demandé à la vie si elle vaut la peine qu'on la vive. Nous avons entendu Schopenhauer, Hartmann, et nous en entendrons d'autres, jusqu'au jour où nous aurons compris que notre destinée, ici-bas, ne saurait être de dresser perpétuellement un inventaire. Pendant que nous sommes là, couchés sur notre registre, occupés à inscrire les joies sur la colonne de droite et les douleurs sur la colonne de gauche, nous perdons la faculté d'être hommes, nous perdons aussi la faculté de souffrir les douleurs instructives, celles dont chacun sort mieux armé pour la vie. La vie n'est, en soi, ni bonne ni mauvaise. Elle n'a pas un prix fait à l'avance, comme ces objets de consommation, également nécessaires au riche et au pauvre. Elle se prête à des mouvements de hausse et de baisse, selon la hardiesse ou la timidité des spéculateurs. Elle peut devenir, selon une parole célèbre, la meilleure ou la pire des choses. Elle ne vaut donc point par elle-même, mais seulement par nos bonnes œuvres et par le sage emploi de notre activité.

TABLE DES MATIÈRES

	PAGES
INTRODUCTION.	1
L'Axiome et la Croyance.	1
Dogmatisme, Scepticisme, Probabilisme	29
Dogmatisme et Déterminisme	79
De la Réalité : le Réalisme du sens commun.	99
De la Réalité : Dualisme et Monisme	132
De la Réalité : Genèse du Monisme.	151
De la Réalité : la Substance	169
De la Réalité : le Phénomène.	205
De la Réalité : l'Être et la Loi	223
Genèse des Métaphysiques	259
Art et Philosophie	281
Les deux Morales	313

ERRATA

Pag.	Lig.	Au lieu de :	Lire :
8	32	si l'expérience est bien faite	si l'on croit que l'expérience a été bien faite
8	34	le phénomène n'a pas été	le phénomène ne semble pas encore avoir été
35	4	contemporaine de l'humanité	contemporaine de la première humanité
55	30	ne porter que sur	porter que sur
80	32	métathysique	métaphysique
81	3	la nécessité logique ou mathématique	la nécessité soit logique, soit mathématique, soit métaphysique
89	1	sur les origines mathématiques de la méthode	les origines de la méthode
98	18	l'affirmation par contrainte	*supprimer ce membre de phrase*
132	19	doit se passer de preuves	doit néanmoins se passer de preuves
140	29	allait-elle bientôt	allait bientôt
144	6	cela n'implique en rien l'identité	cela implique nécessairement l'hétérogénéité
235	17	par analogie	par l'analogie
290	23	projections lumineuses	les silhouettes

www.ingramcontent.com/pod-product-compliance
Lightning Source LLC
Chambersburg PA
CBHW060604170426
43201CB00009B/896